南京航空航天大学

中国市场经济理论与实践

陈其霆　主编

南京航空航天大学研究生学院研究生教育优秀工程教材建设项目资助

科学出版社
北　京

内 容 简 介

本书主要结合新中国成立以来经济与社会发展历史脉络，阐述中国市场经济理论和实践演化发展的历史逻辑和现实状况。本书在分析新中国成立之初采取计划经济体制的历史逻辑的基础上，介绍了中国从计划经济向市场经济的转型过程，并进一步厘清中国社会主义市场经济的内涵。最后，分别从经济增长与结构转型、经济波动与政府调控、市场经济的微观体制以及中国经济的对外开放等方面对中国市场经济的实践情况进行了详细的探讨。本书具有以下两点鲜明的特色：①注重理论联系实际。综合大量鲜活的经济事实和案例印证中国市场经济理论和实践的发展。②内容新颖。从数据、图表到具体的案例，都充分纳入了新近的发展。

本书适用于经管类各专业本科生专业课、研究生和 MBA 学生的专业基础课程教学。

图书在版编目（CIP）数据

中国市场经济理论与实践／陈其霆主编．--北京：科学出版社，2015.8
南京航空航天大学研究生系列精品教材
ISBN 978-7-03-045399-0

Ⅰ.①中… Ⅱ.①陈… Ⅲ.①中国经济－社会主义市场经济－研究生－教材 Ⅳ.①F123.9

中国版本图书馆 CIP 数据核字（2015）第 193606 号

责任编辑：张　凯／责任校对：张晓静
责任印制：徐晓晨／封面设计：蓝正设计

科 学 出 版 社 出版
北京东黄城根北街 16 号
邮政编码：100717
http://www.sciencep.com

北京建宏印刷有限公司 印刷
科学出版社发行　各地新华书店经销

*

2015 年 9 月第 一 版　开本：787×1092　1/16
2017 年 3 月第三次印刷　印张：13
字数：308 000

定价：45.00 元
（如有印装质量问题，我社负责调换）

前　言

1978年家庭联产承包责任制的实行开启了中国改革开放的大幕，1992年党的十四大确立了建立社会主义市场经济体制的改革目标，党的十八届三中全会进一步指出，"经济体制改革是全面深化改革的重点，核心问题是处理好政府和市场的关系，使市场在资源配置中起决定性作用和更好发挥政府作用"，中国经济在从计划体制向市场体制的转换过程中迸发出极大的活力，取得了举世瞩目的成就。以不变价格计算的国内生产总值（GDP），1978~2014年的年均增长率达到9.73%，而同期人均GDP的年均增长率也达到8.65%。

但伴随着经济的高速增长，原有的外延式增长模式带来的负面影响及其不可持续性逐步显现。新一届中央领导集体结合中国经济发展的阶段性特征和全球经济格局的深刻变化，指出中国经济目前正处于"三期叠加"的状态，并试图通过进一步市场化改革激发市场主体活力，推进增长模式转变。而这一模式转变将需要大量具有协同创新精神的复合型人才，对中国教育体系提出了更高的要求。

自2008年承担中国市场经济理论与实践教学工作以来，选用的教材要么内容比较陈旧，难以较为全面地反映当前国内经济社会发展的现实状况；要么思维比较固化，难以充分反映当前国内经济理论和实践发展的动态状况。编写本教材的主要目的是提供一个内容和体系较为新颖的适合教学工作的教材，帮助学生更好地理解中国经济从计划体制到市场体制转型的历史、现状以及未来发展趋势，提升理论水平，推进实践工作的进行。

本教材由陈其霆负责编撰大纲和写作细纲。各章节的分工如下：第1章，陈其霆；第2章，朱红恩；第3章，钱忠勇；第4章，苗倩倩；第5章，张超；第6章，陆晨婷；第7章，吴晋；第8章，李凤丹。全书由陈其霆统稿。

本教材的编写得到南京航空航天大学研究生学院研究生教育优秀工程教材建设项目资助。南京航空航天大学经济与管理学院提供的广阔平台是促使这部教材出版的动力之一，特别感谢苗建军教授在本门课程的教学过程中给予的帮助和支持。编写过程中得到科学出版社张凯编辑的热情帮助，在此表示衷心的感谢。对书中存在的不足之处，请同行专家和读者不吝赐教！作者Email：chen_qiting@163.com。

陈其霆
2015年5月

目　录

第1章

导 论

1.1 中国的经济发展：一些基本数据

1. 宏观经济总量

自1978年实行改革开放政策以来，中国经济实现了高速增长，取得了举世瞩目的成就。如图1.1所示，按当年价格计算的GDP由1978年的3 650.2亿元增加到2014年的636 463亿元，而以不变价格计算的GDP，2014年是1978年GDP的约28.27倍，年均增长率达到9.73%；以当年价格计算的人均GDP也由1978年的381元增加到2014年的46 530元，以不变价格计算的人均GDP，2014年达到1978年的19.82倍，年均增长率达到8.65%[1,2]。

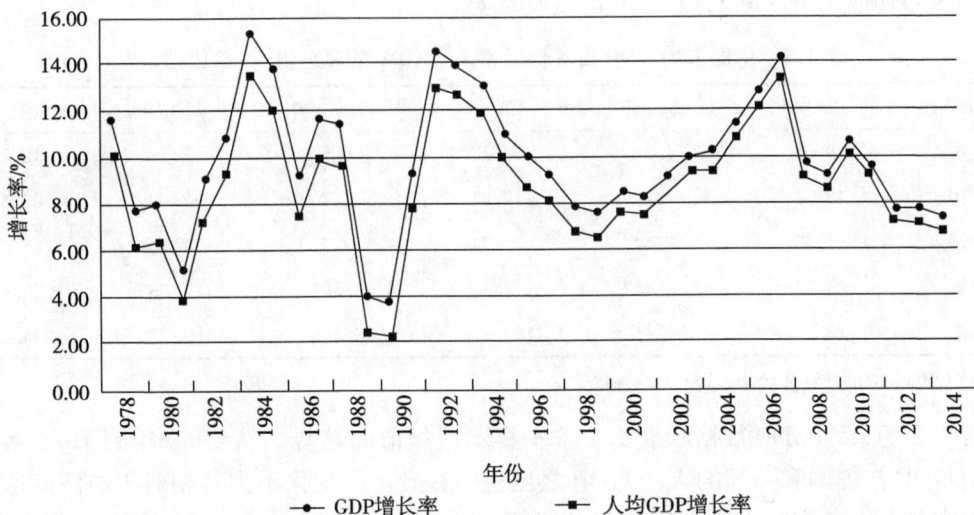

图1.1 中国GDP增长率和人均GDP增长率变化图(1978~2014年)

表 1.1 使用了宾夕法尼亚大学佩恩世界表(Penn World Tables)8.0 和世界银行的购买力平价数据,来对比中国和其他几个国家 GDP 的变动趋势。

表 1.1　中国 GDP 占其他国家 GDP 的百分数(1952～2011 年)[3](单位:%)

国家	1952 年	1970 年	1978 年	1990 年	2000 年	2011 年
美国	15.84	18.31	20.17	28.32	38.32	82.20
德国	100.66	79.16	89.25	130.46	183.82	378.95
英国	73.24	97.07	118.92	185.30	245.62	566.16
日本	194.63	76.92	68.41	77.51	115.32	269.05
印度	107.68	114.78	143.19	210.25	222.25	232.64

注:GDP 数据以购买力平价计算,引用的数据为 Output-side real GDP at chained PPPs(rgdpo)

从表 1.1 可以看出,1949 年新中国成立以来,特别是改革开放政策实施后,无论从经济总量还是人均水平来看,中国的经济发展都取得了长足的进步。1978 年以前中国 GDP 的增长速度比美国、英国和印度都高,但落后于日本和德国。1978 年以后,中国大规模、持久而且出人意料的经济腾飞使中国经济规模迅速上升,按照佩恩世界表 8.0 的数据,2011 年中国的 GDP 由 1978 年占美国、德国、日本的 20.17%、89.25% 和 68.41% 分别上升为 82.20%、378.95% 和 269.05%。根据国际货币基金组织的报告,2014 年按照汇率法计算的中国 GDP 达到 103 804 亿美元,仅次于美国的 174 189 亿美元,排名世界第二;而按照购买力平价计算的中国 GDP 则达到 176 173 亿美元,超越美国的 174 189 亿美元,排名世界第一[4]。

2. 人均 GDP 及生活水平

表 1.2 同样使用了宾夕法尼亚大学佩恩世界表 8.0 和世界银行的购买力平价数据,来对比中国和其他几个国家人均 GDP 的变动趋势。

表 1.2　中国人均 GDP 占其他国家人均 GDP 的百分数[3](单位:%)

国家	1952 年	1970 年	1978 年	1990 年	2000 年	2011 年
美国	4.51	4.72	4.88	6.51	8.73	18.72
德国	12.49	7.47	7.27	9.20	12.00	23.37
英国	7.47	7.44	7.74	9.77	11.73	25.01
日本	26.57	8.44	7.68	8.51	11.96	26.52
印度	73.77	79.11	102.78	167.65	192.97	224.02

注:人均 GDP 的计算公式:人均 GDP=rgdpe/pop

表 1.2 的人均 GDP 数据和表 1.1 基本显示了相似的趋势。从 1952 年到 1978 年,中国人均 GDP 与美国和英国的人均 GDP 之比稳中有升,但变化不大;相对于经济高速发展的日本和德国,人均 GDP 之比分别由 1952 年的 26.57% 和 12.49% 下降到 1978 年的 7.68% 和 7.27%;与同属发展中国家的印度相比,中国人均 GDP 显示出较为明显的优

势。真正的经济发展出现在 1978 年以后，中国人均 GDP 与其他所有国家相比，都有了持久而显著的改善。

人均产量的快速增长明显提升了中国人的生活水平，也使数量众多的贫困人口得以脱离贫困状态。Hu 等根据官方公布的数据计算得出，1978～2002 年，中国的农村贫困人口由 2.5 亿人下降到 2 820 万人，平均每年约有 924 万人脱贫，同期的农村贫困率也由 1978 年的 33.1% 下降到 2002 年的 3.7% 左右[5]。虽然测算指标有差异，但世界银行的数据显示了同样的变动趋势。根据世界银行的数据，中国的农村贫困人口由 1990 年的 2.8 亿人下降到 1997 年的 1.28 亿人，下降幅度达到 54.3%，年均脱贫人口达到 2 171 万人。按照年人均收入 2 300 元（2010 年不变价）的农村扶贫标准计算，2014 年我国农村贫困人口为 7 017 万人，比上年减少 1 232 万人，贫困率为 16.16%。

在联合国开发计划署（United Nation Development Programme，UNDP）公布的人类发展指数（human development index，HDI）中，2013 年中国 HDI 得分为 0.719 分，相比 1980 年中国初次进入该指数排名的 0.423 分有了长足的进步，排名也上升了 10 位，在 187 个国家和地区中排名 91，属于高发展组。根据 UNDP 的数据，2013 年中国的人均国民收入为 10 339 国际元，人均预期寿命为 75.3 岁，成年人平均受教育年限为 7.5 年，而其预期受教育年限则达到 12.9 年[6]。

3. 经济增长与结构转型

1978～2014 年中国人均 GDP 的年均增长率为 8.65%，Brandt 等指出增长的部分原因是劳动力参与率的提升，但经济的高速增长现象是伴随着两项重要的结构转变出现的，即农业劳动力大幅度向制造业和服务业部门转移、从国有企业到非国有企业的劳动力及其他资源的重新配置[7]。1978 年改革开放以来，经济发展过程的一个基本特征就是原先被计划体制固定在土地上的农村劳动力大幅度地向制造业和服务业转移，这使得农业劳动人口在总就业中所占的比例由 1978 年的 69% 下降到 2013 年的 31.4%。这种变动趋势符合描述经济发展与产业结构关系的"配第-克拉克定理"，即伴随着 GDP 水平的提高，第一产业的劳动力数量逐渐减少，而第二产业和第三产业的劳动力数量逐步增加[8]。

与上述两个主要的结构转变相对应，中国国民生产总值（GNP）的三次产业结构和国有企业及非国有企业的产值贡献也发生了显著的改变。如图 1.2 所示，第一产业、第二产业和第三产业增加值的占比分别从 1978 年的 27.9%、47.6% 和 24.5% 演变为 2013 年的 9.4%、43.7% 和 46.9%。图 1.3 显示，同期第一产业、第二产业和第三产业的就业人数占比分别从 70.53%、19.30% 和 12.18% 演变为 31.40%、30.10% 和 38.50%。

表 1.3 给出了 1978 年以来代表年份的城镇就业人员总数、城镇就业人员中国有单位人数及后者占比的变化。由表 1.3 可以看出，随着时间的推移，国有企业就业人数不但在总体占比上呈现下降趋势，而且从 20 世纪 90 年代中期开始，绝对数量也逐步下降。与此对应，无论是城镇就业人员还是总就业人口中的非国有单位就业人数都出现了大幅上升。以 2013 年的城镇就业人员数据为例，城镇就业人员总数为 38 240 万人，其中，国有单位 6 365 万人，占比 16.64%；私营企业 8 242 万人，占比 21.55%；个体企业 6 142 万人，占比 16.06%；外商投资及港澳台投资企业 2 963 万人，占比 7.75%；有限责任公司和股

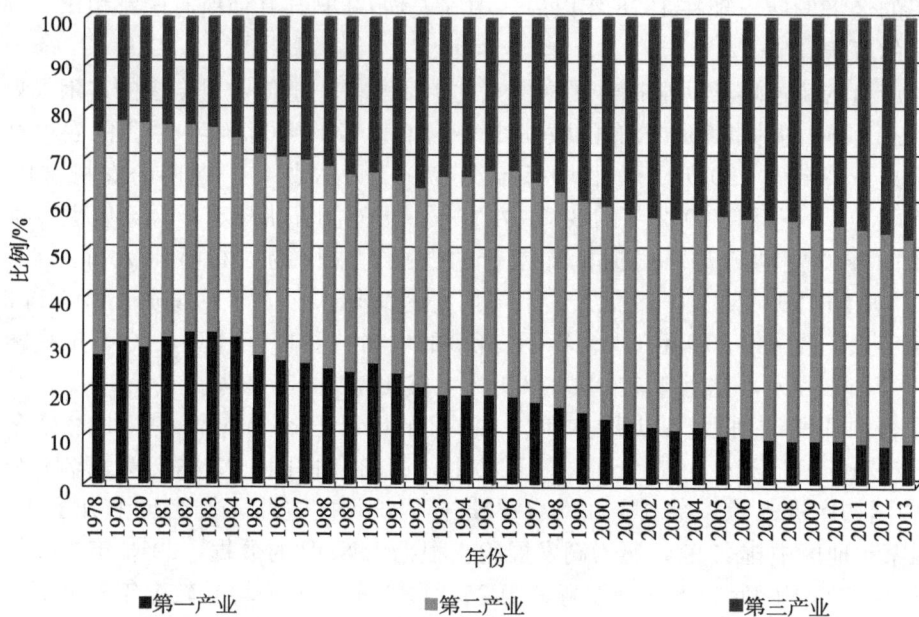

第一产业　　　　　第二产业　　　　　第三产业

图 1.2　三次产业产值占比构成变化(1978~2013 年)

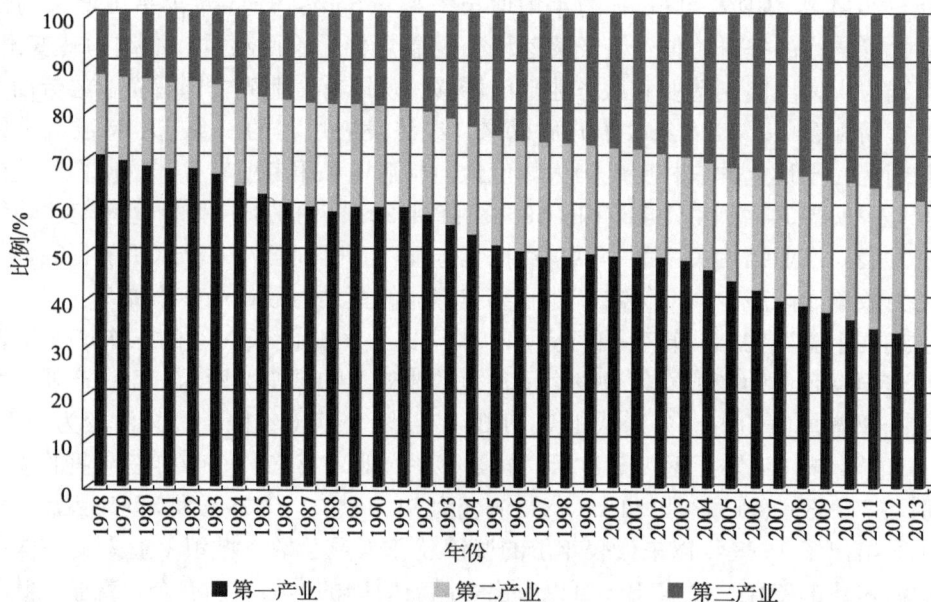

■第一产业　　　　　■第二产业　　　　　■第三产业

图 1.3　三次产业就业人口占比变化(1978~2013 年)

份有限公司 7 790 万人,占比 20.37%;其他单位 699 万人,占比 1.83%。

表 1.3　城镇就业人数及国有企业就业人数(1978~2013 年)

年份	城镇就业人数/万人	国有企业就业人数/万人	占比/%	年份	城镇就业人数/万人	国有企业就业人数/万人	占比/%
1978	9 514	7 451	78.32	2000	23 151	8 102	35.00
1980	10 525	8 019	76.19	2005	28 389	6 488	22.85
1985	12 808	8 990	70.19	2010	34 687	6 516	18.79
1990	17 041	10 346	60.71	2012	37 102	6 839	18.43
1995	19 040	11 261	59.14	2013	38 240	6 365	16.64

资料来源：国家统计局

在经济增长和结构转型的过程中，中国经济在生产和需求不同角度的增长源泉也在发生着深刻而深远的变化，我们将在第 5 章中进行详细论述，此处不再赘述。

1.2　教学内容及分析框架

1. 教学内容

毋庸置疑，自从 1949 年新中国成立以来，特别是 1978 年实行改革开放政策后，中国的经济发展取得了举世瞩目的成绩。特别地，以这样一个 10 亿人口规模级别的国家实现经济将近 40 年的高速增长，更是人类经济发展史上的一个奇迹。但是，在肯定成绩的同时，我们也不得不承认，当前中国政治、经济、社会发展中面临许多问题，如资源枯竭、环境污染、人口老龄化、贫富差距拉大……

新一届中央领导集体上任以来，结合中国经济发展的阶段性特征和全球经济格局的深刻变化，做出了中国经济进入"新常态"的判断，客观准确地判断出中国经济目前正处于增长速度换挡期、结构调整阵痛期和前期刺激政策消化期这三期叠加状态。自 1992 年党的十四大报告明确提出建立社会主义市场经济体制的改革目标，中国共产党十八大报告中指出，"深化改革是加快转变经济发展方式的关键。经济体制改革的核心问题是处理好政府和市场的关系，必须更加尊重市场规律，更好发挥政府作用"后[9]，党的十八届三中全会进一步指出，"经济体制改革是全面深化改革的重点，核心问题是处理好政府和市场的关系，使市场在资源配置中起决定性作用和更好发挥政府作用"①。

作为工商管理硕士教育的核心课程之一，"中国市场经济理论与实践"课程的主要教学目的有以下两点：①通过课程教授，使学生能够掌握市场经济的基本理论，并具备应用相关理论分析现实经济问题的能力；②通过课程讲授，帮助学生了解中国经济发展的历史、现在和未来趋势。特别地，通过对新中国成立以后经济建设理论和实践的发展及演变的学习，学生能够厘清中国市场经济理论与实践的发展脉络。

本书共八章：第 1 章，导论。在对当前中国经济发展现状和问题进行综述的基础上，

---

①　中共中央关于全面深化改革若干重大问题的决定，2013。

阐明中国市场经济理论与实践课程的教学内容和分析框架，并对课程整体内容进行提纲挈领式的介绍。第2章，社会主义计划经济时期：1949～1978年。本章主要包括中国计划经济形成的历史背景、计划经济的演变过程及对计划经济的分析评价。第3章，中国市场经济的转型：战略和过程。本章主要包括放权让利和行政性分权、"增量改革"——民营经济的破土和双轨制的形成，以及"全面改革"——整体推进的改革新局面。第4章，社会主义市场经济的内涵。本章主要包括从计划经济到市场经济的演化过程、市场经济的内涵及资源配置三部分内容。第5章，中国的经济增长和结构转型。本章主要包括经济增长的原因及动力分析、中国经济增长动力及挑战、中国经济的产业结构调整。第6章，中国的经济波动与政府调控。本章主要包括经济周期理论、政府宏观调控手段及宏观调控目的三部分内容。第7章，中国市场经济的微观体制。本章主要包括中国国有企业改革进程、中国民营企业发展进程及中国外资企业的发展三部分内容。第8章，中国经济的对外开放。本章主要包括对外开放的历史演变、对外开放的现状、对外开放的新目标和构建对外开放新格局。

2. 分析框架

一个适合课程体系的分析框架对于厘清问题、寻求共识是非常重要的。考虑到本书内容的性质和特点，以"经济人"假说为出发点，结合制度经济学中文化对制度的影响途径来分析中国经济制度的历史演变和未来发展。

参考文献

[1]中华人民共和国国家统计局. http://data. stats. gov. cn/easyquery. htm？cn=C01.

[2]中华人民共和国国家统计局. 2014年国民经济和社会发展统计公报，2015.

[3]Feenstra R C, Inklaar R, Timmer M P. The next generation of the Penn World Table，2013.

[4]International Monetary Fund. World economic outlook—uneven growth：short-and long-term factors，2015.

[5]Hu A G, Hu L L, Chang Z X. China's economic growth and poverty reduction（1978-2002. IMF Working Paper），2003：2-37.

[6]United Nation Development Programme. Human development report 2014，2014.

[7]Brandt L, Hsieh C T, Zhang X D. 中国的经济增长和结构转型. 见：勃兰特 L，罗斯基 T. 伟大的中国经济转型. 上海：格致出版社，上海人民出版社，2009：584.

[8]科斯 R H. 论生产的制度结构. 盛洪，陈郁译校. 上海：上海三联书店，1994.

[9]胡锦涛. 坚定不移沿着中国特色社会主义道路前进　为全面建成小康社会而奋斗，2012.

第 2 章

社会主义计划经济时期：1949～1978 年

计划经济是生产资源分配及产品消费各方面都由政府事先进行安排的一种经济体系。在这种体系下，所有的生产和消费都依赖于政府的指令性计划，因此计划经济也被称为指令性经济。在计划经济体制下，政府需要解决生产什么、如何生产及为谁生产三个基本经济问题。社会的资源几乎完全由政府拥有，资源的分配也是按照政府的指令来完成，不受市场的影响。有计划地发展社会主义经济的思想在马克思、恩格斯早期的著作中就已形成，他们预见在未来的社会主义制度下，大工业将"由整个社会按照确定的计划和社会全体成员的需要来领导"，"一切生产部门将由整个社会来管理，也就是说，为了公共的利益按照总的计划和在社会全体成员的参加下来经营"①。计划经济是由马克思、恩格斯设想，在苏联成为现实，并在中国和其他社会主义国家得到进一步发扬光大的经济体制。

20 世纪 50 年代，中国开始学习并实施苏联式的计划经济制度。任何一种经济体制的建立和贯彻实施都有一定的历史和现实依据。1949 年的中国人口约有 5.42 亿人，粮食产量 1.13 亿吨，钢产量 15.8 万吨，煤炭产量不足亿吨，全国铁路 2.18 亿千米、公路 8 万千米，且由于战争的破坏、损毁而大半不能通车。新政府在处理接收一定程度破坏的官僚资本企业的同时，还需要开展对几百万名土匪、流寇的清剿工作。这时，迅速恢复和发展社会经济、稳定社会秩序成为新政府的首要任务。但是在条件恶劣、形势严峻、资源匮乏的条件下完成任务，难度极大。在落后凋敝的经济，刚刚结束半殖民地半封建社会状态，饱经战乱、动荡的社会环境，大一统思想和儒家文化为主要特征的政治、文化背景，紧张的国际局势等因素汇聚在一起组成的复杂历史背景下，新中国选择了计划经济体制。因此，为了准确地把握社会主义市场经济确定之前的历史背景，需要对计划经济体制的形成进行一个简单的历史回顾，这样可以更加清晰地了解计划经济是如何向市场经济演变的。

---

① 《马克思恩格斯选集》第 1 卷第 217 页。

■2.1　中国计划经济形成的历史渊源

2.1.1　经济背景分析

经济发展水平是当时的中国选择计划经济体制的根本原因。西方资本主义国家一般都是按照"轻工业—重工业—工业化"的发展道路来发展的，这个过程至少需要一百年。这对于当时工农业水平极端低下的中国来说，利用常规的市场经济体制，在短期内实现国家工业化是不可能的，而且也是当时面临复杂的国内外政治、经济、军事形势的政府所不能忍受的。新中国成立初期，之所以选择计划经济体制是由当时的经济发展状况决定的。

1. 新中国工业状况概述

1949 年中国共有人口 5.42 亿人，其中，城镇人口 0.58 亿人，占总人口的 10.70%。当时，中国工业生产总值为 140 亿元，其中，轻、重工业总产值分别为 103 亿元、37 亿元，所占比重分别为 73.6%、26.4%。由于长期战争带来的影响，同历史上最高水平相比，1949 年工业总产值减少将近一半，重工业总产值减少 70%，轻工业减少 30%。在主要的工业产品中，粗钢产量只有 16 万吨，减少 80%；生铁减少 60%，只有 25 万吨；煤炭产量约为 3 243 万吨，减产 48%。根据联合国亚洲及太平洋经济社会委员会统计，1949 年中国人均国民收入只有 27 美元，尚不足亚洲平均水平的 2/3[1]。

如果说长期战乱刚刚结束的 1949 年的工业数据不能真实地反映当时中国的整体工业实力，那么经过三年的恢复，到了 1952 年，各项数据指标可以更加真实地反映出当时中国的工业究竟薄弱到何种程度。1952 年，中国 GDP 增长到 692.2 亿元，但是总人口数也增长到 5.75 亿人，人均 GDP 只有区区 120.4 元。当年工业总产值为 349 亿元，重工业产值只有 124 亿元，占工业总产值的 35.5%。

经过三年的发展，到 1952 年中国工业生产总值占 GDP 的比重达到 50.4%，超过一半以上，中国似乎可以看做一个工业化国家了。但是在工业产品中有很大一部分产品是原材料或者简单的手工业品，如丝、卷烟、纱、原盐等，去掉这些"水分"，中国工业生产总值占 GDP 的比重肯定低于 50%。从质量上来看，1952 年中国的工业体系非常不完善，基本没有采掘工业、加工工业、原材料工业等重工业。1955 年中国的汽车产量只有 100 辆，而且基本都是解放卡车。1956 年中国开始生产家用电冰箱，整年的产量也仅仅是 300 台。直到 1972 年中国才开始生产彩电，整年产量不足 200 台。洗衣机的生产更是推迟到 1978 年，第一年的产量只有 400 台。

中国的工业水平不仅整体发展水平落后、产能低下，而且工业体系残缺不全，轻工业的技术设备几乎完全是在新中国成立前从国外进口的，而重工业设备和技术完全空白。新生的中国虽然在形式上独立了，但是工业发展的命脉依然没有掌握在自己手中。若想实现轻重工业技术设备自给自足，首先要实现国家的工业化，并且建立较为完整的重工业体系。如果中国不想同西方国家一样花费百年时间实现国家的工业化，就只能选择已被苏联证明了的、可以快速实现国家工业化的计划经济体制。

2. 新中国农业状况概述

新中国成立之初，中国就是一个农业国家。在历史上，工业产值只在 1959 年和 1960 年短暂超越农业产值，其他年份都低于以农业为主的第一产业的产值。

经过 3 年的恢复，1952 年中国的农、林、牧、渔业总产值为 461 亿元，其中，农业总产值为 396 亿元，林业为 7 亿元，牧业为 52 亿元，渔业为 6 亿元，所占比重分别为 85.90％、1.52％、11.28％和 1.30％。

图 2.1 显示了 1952 年我国主要农产品的产量，但是这些产量平均到当年 5.75 亿全国总人口上，则每人每年约有粮食 570 斤(1 斤＝0.5 千克)、水果 8.5 斤、猪牛羊肉 17.6 斤，都只能满足人们生存的最基本需求。由于新中国工业落后，经济发展所需的技术设备、建设材料等必须依靠粮食、肉类、水产品等农副产品的出口来换取，这也大大减少了人均食物拥有量。实际上，新中国成立初期的中国人每天获取的食品供给量仅仅能够使大多数人处于半饥饿状态。

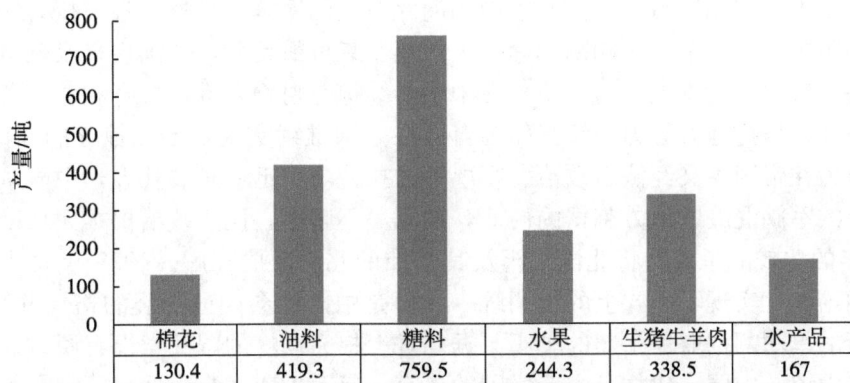

	棉花	油料	糖料	水果	生猪牛羊肉	水产品
	130.4	419.3	759.5	244.3	338.5	167

图 2.1　1952 年主要农产品产量

资料来源：国家统计局国民经济综合统计司. 新中国 50 年统计资料汇编. 北京：中国统计出版社，1999；6-7；《中国统计年鉴》(不同年份)

中国农副产品产量低下的原因不是粮食播种面积不足。实际上，1952 年，中国的耕地面积为 10 791.87 万公顷，农作物总播种面积为 14 125.60 万公顷，其中，粮食面积为 12 397.90 万公顷，但粮食的劳动生产率只有 1 900 斤/人。如果按照中国历史上粮食配给额每人 360 斤计算，则每个劳动力只能养活 5 个人。因此，可以看出，造成 1952 年中国农业生产力低下的直接原因是中国的工业体系落后、残缺，特别是重工业严重缺乏，导致中国农业一直停留在依靠人力、有机肥进行生产的原始状态。当时，中国农业生产严重缺乏拖拉机、化肥等现代农业生产资料，就连最基本的铁质农具都很稀少，大部分农户只是在木质农具外包裹一层铁皮作为主要生产工具。农业生产主要依靠人力，少数富裕地区或富裕农户能够使用牲畜，在数量极少的国营农场有少量的农用拖拉机。肥料以有机肥为主，化肥由于产量稀少，使用量和使用率很低。农田水利设施缺乏，已有的水利设施大多年久失修，基本失去防洪灌溉的功能。

近百年的列强掠夺和长期的战争破坏，使中国工业和农业整体上处于近乎原始的落后水平，落后的农业和残缺的工业形成了恶性循环。落后的农业不能为工业提供足够的原料，贫穷的农村也无力消费大量相对昂贵的工业品；中国的工业体系残缺不全，轻工业门类不完整，重工业几乎没有，很多机械设备不能自行生产，无法满足轻工业的自主发展需要，也无法生产或大量生产多种农业生产需要的物资和设备。1952年中国的化肥产量只有3.9万吨，农药约200吨，农业机械总动力只有18万千瓦，农村用电量仅为0.5亿千瓦时，此时的中国农业近乎靠天吃饭。所以，要解决几亿中国人的吃饭问题、为中国的工厂提供足够的原料和市场，必须依靠工业的力量，尽快实现农业生产的规模化、机械化、集约化，必须尽快加快国家的工业化速度，因此，中国只能选择计划经济体制。

2.1.2　政治背景分析

1912年，清王朝退出历史舞台，开启了中国在形式上统一、实际上分裂的序幕。袁世凯势力在帝国主义列强的扶持下不断发展壮大，渐渐登上中国的权力顶峰。但是袁世凯在上台之后不久便与南方革命势力爆发了不可调和的矛盾，革命党相继发起了二次革命和护国战争，南方各省相继独立，拉开了中国南北对立的序幕。另外，各省权力纷纷落入地方强力人物手中，为后来的军阀割据埋下了伏笔。袁世凯死后，帝国主义没能再找到可以集中中国各方势力的代理人，为了便于在中国继续掠夺财物，维护自身利益，各个帝国主义列强纷纷开始扶持地方势力，将其作为自己在中国继续实施统治和掠夺的新的代理人。中国地方势力在帝国主义经济、政治、军事等的扶持下，迅速发展壮大，中国从此开始了长达几十年的军阀混战、地方割据的局面，期间民不聊生，民主政治根本无从谈起。

1926年的北伐战争成功将北洋军阀及其掌控的北洋政府瓦解。1928年北伐战争结束以后，中国国民党实现了形式上的全国统一，但是中国社会四分五裂的格局并没有改变，实质上是新的军阀割据取代了旧的军阀割据。登上权力顶峰的国民党没有履行北伐战争之初许下的武力统一中国、建立民主新民国的诺言，反而迅速成为大地主、大官僚、大买办资产阶级的利益代表。从1927年到1949年，国民党对民主人士，特别是对共产党员进行了严厉的抓捕和大规模的屠杀。根据中共六大所做的不完全统计，1927年4月至1928年上半年，在"清党"名义下被杀害的有31万余人，其中，共产党员2.6万余人。根据当时全国各地慈善救济机构所做的不完全统计，1927年4月至1928年7月，全国各省被国民党逮捕和杀害的人数总计81 055人，其中，被杀害者40 643人，被逮捕者40 412人[2]。

1945年抗日战争结束以后，国民党实施的"党外无党"的独裁政策不仅没有调整，反而愈演愈烈。国民党在胜利之后并没有领导全国人民进行社会重建，以改善长期战争带来的民不聊生的现状，而是发起了旨在消灭中国共产党的内战，封禁各民主党派，严禁统治区内争取民主与和平的抗议活动。

1949年，经过4年的解放战争，中国共产党领导广大人民群众取得了最后的胜利，标志着中国分裂的社会局面和半殖民地半封建社会的终结。1949年9月21日，中国人民政治协商会议第一届全体会议在北平(1949年9月27日改名为北京)隆重举行，这次会议建立了具有中国特色的多党合作的政治制度，打开了中国政治的新局面。

专题 2.1

中国人民政治协商会议第一届全体会议

中国人民政治协商会议第一届全体会议于 1949 年 9 月 21 日至 9 月 30 日在北京举行。中国共产党及各民主党派、人民团体和无党派民主人士等单位的代表(含候补代表)共 662 人参加了此次会议。

此次会议代行了中国的立法机构——全国人民代表大会的职权，通过了具有临时宪法性质的《中国人民政治协商会议共同纲领》，制定了《中国人民政治协商会议组织法》《中华人民共和国中央人民政府组织法》，决定了新中国的名称为中华人民共和国，国都定于北平，中华人民共和国的纪年采用公元，国歌未制定前以《义勇军进行曲》为国歌，国旗定为五星红旗。会议选出毛泽东为中央人民政府主席，朱德、刘少奇、宋庆龄、李济深、张澜、高岗为副主席，同时选举出了中央人民政府委员 56 人。会议还选出了由 180 人组成的政治协商会议第一届全国委员会。

1954 年第一届全国人民代表大会召开后，中国人民政治协商会议不再代行全国人民代表大会的职权，但作为中国最广泛的爱国统一战线组织继续存在，并在国家政治生活和社会生活以及对外交往中发挥着重要作用。

因此，在政治方面，新中国成立前中国是国民党独裁专政，其压迫各民主党派，逮捕甚至杀害各民主党派的主要领导及其他爱国民主人士，使中国政治面临十分严酷的局面。新中国成立后，中国是共产党执政、各民主党派共同发展，中国共产党联合各个民主党派开创了中国民主政治的崭新局面，共同建立了多党合作和政治协商制度，实现了民主建国。

2.1.3　文化背景分析

新中国成立前，中国社会的思想文化领域是以儒家思想为主的封建文化占统治地位。特别是在广大农村地区，传统的、以儒家纲常礼教文化思想为基础的封建文化深深影响着中国广大群众。多子多福、人多力量大等思想对中国人的影响十分深远，从国家领导到普通民众，大部分中国人都在一定程度上受到这种思想的影响。这种思想为维护中国多民族统一做出了重要贡献，也是新中国成立后确立计划经济体制的一个非常重要的影响因素。另外，这种思想为中国计划经济时期大型工程的建设提供了助力，也成为人口膨胀、社会资源人均占有量较少、国强民贫的文化根源。

随着帝国主义的侵略，封建买办资产阶级诞生并不断壮大，在中国少数地区，资产阶级享乐文化和殖民文化开始流行。在这种资产阶级享乐文化和封建特权思想的侵蚀下，我国在对国民收入进行分配的过程中建立了 24 级工资制，即从元帅到准尉，从国家元首到办事员共划分为 24 个级别，工资从 594 元到 45 元不等，级差最多 50 多元，最少 5 元。因地区类别不同(全国划分为 4～11 类)，同级地方干部相差 10～40 元①。同时，中层以下的行政工作

---

① 引自凤凰网：建国后工资制度的建立及其沿革．http://news.ifeng.com/history/zhongguoxiandaishi/special/maozedongshidaishouru/detail_2013_12/04/31801775_2.shtml.

人员和军官每月固定收入包括基本工资和一些补贴，并按级别享受一定的福利分房。但随着级别的增长，中高级别的行政官员和军队将领享有大面积的住房，配备轿车、厨师、保姆、警卫，以及完全免费的医疗保健和生活物资，并形成了实际的领导干部终身制。这种利益固化制度导致领导者改革动力不足，对国家政治和经济、社会发展过程中不合理因素进行调整的主动性降低，甚至成为调整和改革的阻力。

专题 2.2

表 2.1　1956 年国务院行政级别工资评定标准（单位：元）

党政系统			军队系统		
行政级	行政职务	月工资	军队职务	军衔	月工资
1	国家主席	594	军委主席	大元帅	594
2	国家副主席/总理/委员长/政协主席	536	军委常委/军委总部首长	元帅	536
3	资深政治局委员	478			478
4	副总理/大行政区正职	425	大军区级	大将	425
5	大行政区副职	382	副大军区级	上将	382
6	省部级	355	兵团级	中将	355
7	副省部级	310	副兵团级		310
8	司厅地级	277	正军级	少将	277
9		252	副军级		252
10		217	正师级		217
11	副司厅地级	200		大校	200
12		177	副师级		177
13	正县处级	159	正团级	上校	159
14		141		中校	141
15	副县处级	127	副团级	少校	127
16		113			113
17	正科级	101	正营级	大尉	101
18		89	副营级		89
19	副科级	80	正连级	上尉	80
20		72	副连级		72
21	科员	63	正排级	中尉	63
22		57			57
23	办事员	50	副排级	少尉	50
24		45		准尉	45

　　1919 年的新文化运动是解放思想的民族资产阶级的思想启蒙运动，系统反思了中国传统封建文化的负面影响和狭隘性，为中国文化减轻了封建文化的束缚。俄国社会主义革命的胜利使中国的有识之士找到了一条解救中国的道路，他们开始宣传马克思列宁主义思想理论，为中国共产党的建立奠定了重要的思想和理论基础。中国共产党坚持民主革命斗

争，建立革命根据地，在日寇全面侵华后又陆续建立大片的抗日根据地和边区政府，中国文化又增添了红色革命文化元素。随着革命文化的发展和传播，马克思主义的理论不断被革命群众了解和接受，为新中国建立后施行计划经济体制做了思想认识上的铺垫。

2.1.4　社会背景分析

中国社会经历了近一个世纪的半殖民地半封建时期，从清王朝退出历史舞台开始，中国不仅在社会性质上是一个半殖民地半封建社会，在社会形态上也陷入地方势力分裂割据的局面。在反抗外国势力侵略、争取民族独立过程中，中国共产党依靠先进的马克思主义理论的指导，在发展过程中不断积累、纠正、总结工作方法和方针、政策，逐渐从众多党派之中脱颖而出，最终取得了全国政权，成为执政党。中国的社会性质及其执政党性质成为新中国选择计划经济体制的另一个重要的影响因素。

从 1840 年鸦片战争开始，西方列强用武力敲开了中国紧闭几百年的大门。中国的国家主权开始逐步沦丧、领土不断被割占，自成一体的自然经济体系逐步被瓦解。中国开始从一个主权完整、独立的封建国家，逐步沦为一个半封建半殖民地国家。地方割据势力为了获得帝国主义的支持，在半强迫半自愿的情况下，将控制范围内的铁路修建、开矿、农产品收购、工业品垄断销售等特权打包给帝国主义国家。中国完全成为帝国主义的原料产地和商品销售市场。

半殖民地的中国并没有因为帝国主义列强的侵略活动而成为资本主义国家，也没有完全改变中国社会的封建性质。帝国主义在华投资办厂、收购原料，在客观上瓦解了中国的自然经济，催生了中国资本主义经济，但是当时资本主义经济在中国不是主导地位。其主要原因如下：一是新中国成立前，许多民族资本家都是大地主出身，投资生产所得到的利润大部分又回流到土地中；二是中国民族资本产业主要是作为帝国主义在华企业的附属和补充而存在的，主要从事小型船舶、小型机械设备的维修与加工等；三是第一次世界大战期间，虽然生产食品和日用品的面粉厂、火柴厂、纺织厂等轻工业得到短暂发展，但是战后，帝国主义卷土重来，在资本雄厚的帝国主义同行的经济、政治压迫下，这些工厂纷纷破产倒闭。中国民族资产阶级在发展过程中一方面受到本国军阀和官僚的压榨，另一方面又受到帝国主义的压迫，始终都是在夹缝中生存，一直没有也不可能大范围发展起来。

1927 年国民党执政以后，中国官僚资产阶级迅速壮大，强行将民间大量的金银贵金属、美元、英镑等外汇和众多私人厂矿企业收入囊中，以"四大家族"为首的官僚资产阶级借此大肆壮大自身实力。到 1949 年，官僚资本大约占全国工矿和交通运输业固定资产的 80%，垄断全国钢铁产量的 90%、煤产量的 33%、发电量的 67%，并拥有全国最大的银行和十几个垄断性贸易公司①。中国官僚资产阶级具有买办的封建性质，他们掌握大量的资本和资源，但并没有发展中国的民族工业和经济，只是一味谋求自身私利，严重阻碍了中国近代经济和工业化的发展。1927 年中国钢产量为 3 万吨，到了 1934 年钢产量只有 5 万吨，1935 年全国

---

① 引自百度百科：官僚资本．http://baike.baidu.com/link?url＝rFx9Fx3Gj3oQvVJprWSmBzQYLHWTvdg0IhjuIZa-EusasOsWtpkzuQlg83GV8c7I.

钢产量为 25.7 万吨。中国官僚资产阶级并不关心中国工业特别是重工业的发展，除了个别轻工业有一定的发展外，国家需要的所有工业产品几乎都是向帝国主义购买。可见，中国的官僚资产阶级在生产、经营活动中虽然采取资本主义方式，但他们的性质同样是半殖民地半封建的。

新生的人民政权虽然暂时取得了革命胜利，但必须尽快采取有效手段彻底改造中国依赖外部市场的半殖民地半封建经济，才能防止帝国主义、官僚资本主义和封建主义的反攻，真正巩固人民政权。快速实现工业化，建立独立的现代化经济体系就成了新政权需要优先完成的任务。

2.1.5　国际背景分析

1946 年 3 月，英国前首相丘吉尔在美国富尔顿发表了著名的反苏、反共的"铁幕演说"，正式拉开了冷战序幕。1947 年美国杜鲁门主义出台，冷战开始。在此背景下，世界主要资本主义国家不承认新生的中华人民共和国政权的合法性，尤其是美国采取了敌视和分裂中国的政策。而以苏联为首的社会主义国家则在新中国正式成立的当天就立刻同新中国建立了友好的外交关系。这种情形下，中国采取了"一边倒"的外交政策，即坚定不移地站在社会主义阵营一边。

1950 年 6 月 25 日，朝鲜战争爆发，1950 年 9 月 15 日，以美军为首的"联合国军"登陆仁川，此后"联军"一路北进，1950 年 11 月"联军"一度进抵鸭绿江边。与此同时，美军空军飞机不断轰炸和扫射中国东北边境地区，一再声称是误炸，却一直没有停止。美国的军事挑衅行为严重威胁了中国国家安全，于是，新中国在刚满周岁之际，于 1950 年 10 月 25 日入朝参战。另外，世界资本主义国家还对中国采取了敌对和经济封锁。时任美国总统的杜鲁门于 1950 年 6 月 27 日发表声明，称"共产党部队对台湾的占领将直接威胁太平洋地区的安全，及在该地区执行合法与必要职务的美国部队"，并宣称"必须等待太平洋安全的恢复、对日本的和平解决或联合国的审议"。

而与此同时，甚至更早时期，中国就得到了以苏联为首的广大社会主义国家的承认和帮助，再加上意识形态方面的原因，在这种紧张的国际局势下，新中国被迫采取"一边倒"的外交政策，倒向社会主义阵营。"骑墙是不行的，第三条道路是没有的。"[3] 紧张的国际局势和美帝国主义实施的敌视和颠覆政策是促使中国政府选择计划经济体制、巩固国防、快速实现国家工业化的最重要的外部因素。

专题 2.3

杜鲁门主义

第二次世界大战后，德、意、日三个法西斯国家遭到了彻底失败，而英、法的力量也被严重削弱，只有美国依仗其在战争中发展起来的经济、军事实力，在资本主义世界取得了统治地位。同时，苏联作为第二次世界大战的主要战胜国，在世界上亦占据一席之地。星条旗与镰刀锤子旗同时飘扬。1947 年 2 月 21 日，英国照会美国国务院，声称由于国内经济困难，3 月 31 日之后，英国无法再给希腊和土耳其提供经济和军事上的援助，希望美国继续给予援助。3 月 12 日，美国总统杜鲁门在国会两院联席会议上宣读了后来被称为"杜鲁门主义"的国情咨文，发表了敌视社会主义国家的讲话。国会两院经过辩论后，分别于 4 月 22 日和 5 月 8 日通过了关于援助希腊、土耳其的法案，并拨款 4 亿美元援助希腊政府和土耳其政府，帮助它们镇压人民革命运动。"杜鲁门主义"是对别国内政的干涉，被学者们认为是美苏之间"冷战"正式开始的重要标志。

"杜鲁门主义"是美国对外政策的重大转折点，它与美国当时实行的马歇尔计划共同构成美国对外政策的基础，标志着美苏在第二次世界大战中同盟关系的结束及冷战的开始，也标志着美国作为战后第一大国的世界霸主地位的确立。在此后长达 30 年的时间内，杜鲁门主义一直作为美国对外政策的基本原则并起着支配性作用。

2.2　中国计划经济的演变历程

计划经济不是固定不变的，而是随着中国经济形势的变化发生相应的演变。从新中国成立初期到 20 世纪 70 年代末，计划经济可以划分为以下几个时期[4]。

1. 1949～1952 年的经济恢复时期

1949 年中国新一代领导人决定在中国建设社会主义，这意味着中国共产党要再创造一个中国式的苏联经济模式，而且在当时，中国领导层在是否采取苏联模式方面没有存在重大的争议或不同意见。长期的战争对中国工业和农业损害极大，恶性通货膨胀持续蔓延。因此，当时中国面对的急迫问题不是是否采取苏式体制或者如何赶超苏联，而是如何迅速恢复经济。

在农村，共产党推动了一场急风暴雨式的土地改革运动。在新中国成立之初，半殖民地半封建社会的中国仍然维持着封建土地制度。地主、富农人口占农村总人口的比例不到 5%，却拥有 50% 左右的土地。相反，贫农、雇农和中农在农村人口的比例达到 90%，而他们拥有的土地不足 30%。地主和富农凭借对土地的占有，残酷地剥削和压迫农民，贫困劳动人民终年辛苦劳作，却连基本的温饱都难以保证。显然，这种封建的土地制度严重阻碍了中国经济社会的发展。另外，在新中国成立后，占全国三亿多人口的新解放区也没有进行土地改革，广大农民迫切要求进行土地改革，获得土地。1950 年 6 月 30 日，中央人民政府响应广大农民对土地的渴望，颁布了《中华人民共和国土地改革法》（简称《土地改革法》）。它规定废除封建剥削的土地所有制，实施农民土地所有制；没收地主土地归国家所有，除了留给地主自身应得的一部分土地，让其自食其力之外，其余土地分给少地和无地的农民。《土地改革法》颁布以后，拥有 3.1 亿人口的新解放区有计划、有领导地开展了土地改革运动，近 3 亿无地、少地的农民不仅获得了 7 亿亩（1 亩≈666.7 平方米）土地和大量的农具、牲畜和房屋等，而且不用每年再向地主缴纳约 350 亿千克粮食的地租。共产党通过轰轰烈烈的土地改革运动，极大地解放了农村生产力，促进了农业快速发展，为新中国的工业化开辟了道路。

在城市，新政府接收了许多工厂，其中包括战后没收的日本人的工厂和国民党的工厂，以及1949年逃离中国的资本家的工厂。通过这样的举措，新政府直接和间接控制的工业比重不断上涨，1950年政府控制的工业产出占工业总产出的45%，到1953年该比重达到63%。1950年新政府控制的商业也达到批发业的24%和零售业的15%。而且新政府还实行了外贸垄断政策，对最重要的工农业物资和外贸进行国家垄断。新政府实施的一系列政策在当时受到社会其他群体的普遍欢迎。新政府认识到，只有通过有技能的企业家和技术人员的工作，才可能以惊人的速度恢复工业。因此，政府欢迎那些愿意与新政府合作的非共产党人，也鼓励那些愿意留在中国的资本家扩张自己的工厂。当时政府的投资主要集中在对大推进发展战略极为重要的东北地区，因为东北地区拥有新中国最大和最重要的重工业。另外，1951年年底开始的"三反"运动（反贪污、反浪费、反官僚主义）及1952年年初开始的"五反"运动（反行贿、反偷税漏税、反盗骗国家财产、反偷工减料、反偷窃国家经济情报）打退了不法资本家的进攻，不仅巩固了工人阶级的领导地位，而且进一步稳固了社会主义国营经济在国民经济中的领导地位。在私营企业实行民主改革，对企业管理者进行守法经营教育，为私营工商业实行社会主义改造创造了有利的条件。

事实上，政府在新中国成立最初几年迅速将目标转向恢复国内经济，并取得了令人瞩目的成就，经济恢复和经济重建大获成功。一方面，政府抑制了中华民国时期遗留的恶性通货膨胀，使物价得到稳定、被战争严重破坏的国民经济得以迅速恢复。另一方面，基本完成对封建土地剥削制度的改革，极大地解放了农村生产力；发展社会主义国营经济，确立了国营经济对资本主义经济和个体经济的领导地位，为有计划地进行经济建设创造了条件。

2. 1953～1957 年的第一个五年计划

经过1949～1952年三年的恢复期，国民经济得以快速恢复，在此背景下，1953年政府决定开始实施国民经济发展的第一个五年计划。"一五"计划的主要任务是集中主要力量进行由苏联帮助设计的156个建设单位和694个限额以上建设单位组成的工业建设，为中国社会主义工业化建设创造条件；发展部分集体所有制的农业生产合作社，发展手工业生产合作社，建立对农业和手工业进行社会主义改造的初步基础；基本上把资本主义工商业分别纳入各种形式的国家资本主义轨道，建立对私营工商业进行社会主义改造的基础，并以此为基础，推进财政、信贷、市场三大平衡和保障人民生活水平。

专题 2.4

"三反"中的打"大老虎"行动

1952年1月中旬，全国"三反"运动普遍展开，经过领导自我检讨、群众检举揭发、有贪污行为者坦白，"三害"问题的基本情况已大体清楚，运动的重点开始转入清查和打击严重的贪污分子阶段，即打"大老虎"阶段。

时任政务院财政经济委员会副主任的李富春于1952年1月30日作报告时提出判定"大老虎"的六条标准：①个人贪污一亿元以上的；②不满一亿元，但使国家损失很大者；③满一亿元以上的集体贪污案的组织者、主谋者；④贪污5 000万元以上，性质严重，如克扣救济粮、侵吞抗美援朝捐款者；⑤坐探分子，与私商勾结盗窃经济情报，或利用职务自肥、使国家损失一亿元以上者；⑥隐瞒各级国家财产或官僚资本未报，价值在一亿元以上者。

在打虎斗争高潮中，各地不同程度地出现了一些过激情况，如定出打虎指标，出现逼供、诱供、假供的情况，伤害了一些无辜者。中央发现苗头后，采取措施进行了纠正。1952 年 10 月 25 日，"三反"运动结束。据统计，全国参加"三反"运动的人数达 850 万～900 万人，受到处分的占 4.5%左右，查出贪污 1 000 万元以上的 10.5 万余人，约占 2.7%，绝大部分免予处分，部分给予行政处分；判处有期徒刑的有 9 942 人，无期徒刑的有 67 人，死缓的有 9 人，判处死刑的有 42 人。

毫无疑问，当时中国的发展模式基本采用的是苏联模式，而且中国社会的各方面都受到苏联极大的影响，苏联的大推进与指令性经济被全盘照搬过来。苏联在中国各地提供了大量的技术援助，进行了大量的技术培训，从建筑到体育训练、工业工程、科研组织和教育机构，几乎所有领域都是按照苏联的指导和培训来进行的。这一时期，苏联派出了6 000 名顾问到中国，在苏联学习的中国留学生则有 10 000 多名。对于一个没有发展经验的中国来说，想在全国范围内成功实施一个复杂的投资计划，是极其困难的事情，因此苏联的援助对于中国来说非常重要[4]。

1956 年中国基本完成对农业、手工业和资本主义工商业的社会主义改造，"一五"计划原定的主要目标大都提前完成，工农业都取得了骄人的成果。到 1957 年年底，"一五"计划的各项指标都大幅度超额完成。

社会主义改造方面：基本完成了对生产资料私有制的社会主义改造，使社会主义经济成分在整个国民经济中占有绝对优势。

通过图 2.2 可以看出，在国民经济中，国营经济所占的比重由 1952 年的 19%提高到1957 年的 33%；合作经济所占的比重提高最大，由 1952 年的 1.5%提高到 1957 年的56%；公私合营经济所占的比重则由 1952 年的 0.7%提高到 1957 年的 8%。相反，1957 年相对于 1952 年，个体经济在国民经济中的比重由 71.8%下降到 3%，资本主义经济由 7%下降到 1%。

工业方面：1957 年全国工业生产总值达到 783.9 亿元，比原定计划高出 21%，相比1952 年则增长 128.5%。生产资料和消费资料的生产相对 1952 年分别增长 210%和 83%，重工业生产在生产总值中的比重也由 1952 年的 35.5%提高到 1957 年的 45%，十分落后的旧中国重工业面貌得以改善。从几种重要的工业品产量来看，1957 年的粗钢产量为535 万吨，比 1952 年增长近 3 倍；生铁为 594 万吨，比 1952 年增长 207.77%；原煤和原油分别为 1.31 亿吨、44 万吨，比 1952 年分别增长 98.60%、231.81%；发电量为 193 亿千瓦时，比 1952 年增长 164.40%；糖 86 万吨，比 1952 年增长 91.11%；纸及纸板为50.5 亿米，比 1952 年增长 145.95%（图 2.3）。"一五"期间，全国工业所取得的成就远远超过旧中国一百年，跟世界其他国家工业发展初始时期的增长速度相比也是名列前茅的。

农业方面：1957 年农业总产值达到 604 亿元（按 1952 年不变价格计算），完成原定计划的 101%，比 1952 年增长 25%，平均每年增长 4.5%。1957 年粮食产量达到

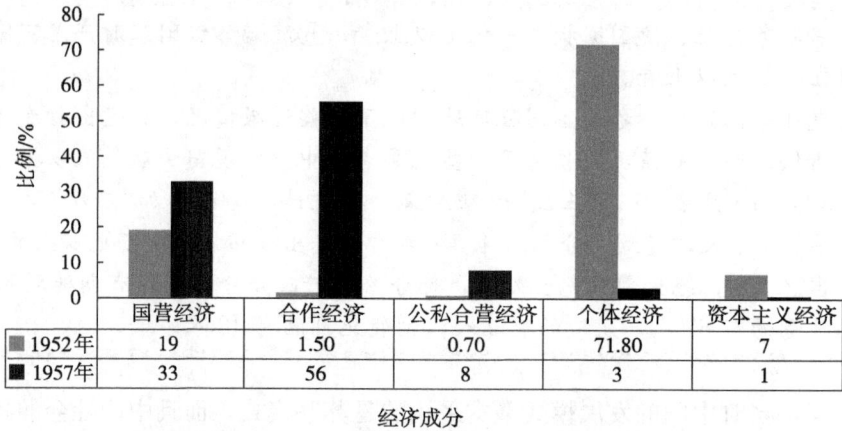

经济成分	国营经济	合作经济	公私合营经济	个体经济	资本主义经济
1952年	19	1.50	0.70	71.80	7
1957年	33	56	8	3	1

图2.2 "一五"前后各经济成分占国民经济的比重

资料来源：国家统计局国民经济综合统计司. 新中国50年统计资料汇编.

北京：中国统计出版社，1999；6-7；《中国统计年鉴》(不同年份)

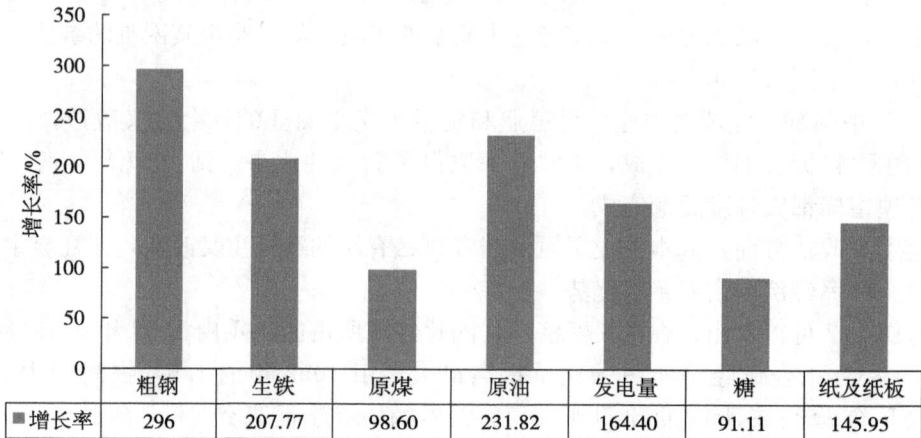

	粗钢	生铁	原煤	原油	发电量	糖	纸及纸板
增长率	296	207.77	98.60	231.82	164.40	91.11	145.95

图2.3 "一五"前后主要工业品增长率

资料来源：国家统计局国民经济综合统计司. 新中国50年统计资料汇编.

北京：中国统计出版社，1999；6-7；《中国统计年鉴》(不同年份)

19 504.5万吨，比1952年增长18.99%；棉花产量为164.0万吨，比1952年增长25.77%；糖料产量为1 189.3万吨，比1952年增长56.59%；茶叶、水果产量分别为11.2万吨、324.7万吨，相比1952年分别增长36.59%、32.91%；猪牛羊肉产量为338.5万吨，比1952年增长17.73%(图2.4)。

五年内全国扩大耕地面积5 867万亩，1957年全国耕地面积达到16.745亿亩，完成原定计划的101%。五年内全国新增灌溉面积21.810万亩，相当于1952年全部灌溉面积的69%。

生活方面："一五"期间，全国物价基本稳定，人民生活水平有了较大提高，全国居民平均消费水平在1957年达到102元，相比1952年的76元提高了近1/3。其中，职工平均

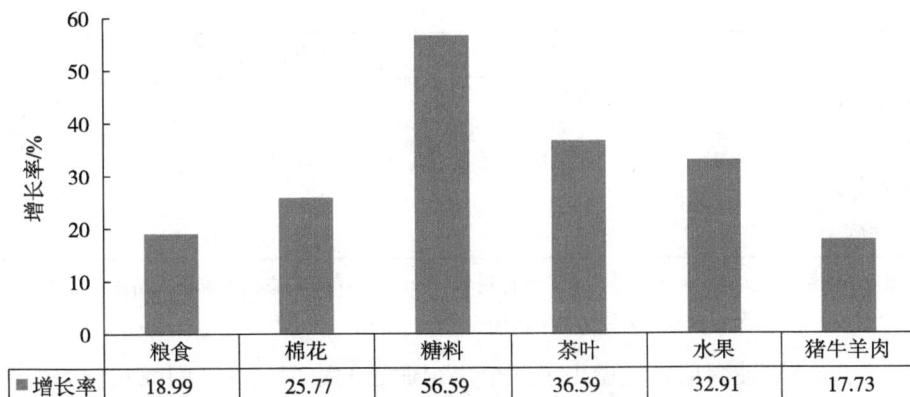

	粮食	棉花	糖料	茶叶	水果	猪牛羊肉
■增长率	18.99	25.77	56.59	36.59	32.91	17.73

图 2.4　"一五"前后主要农产品增长率

资料来源：国家统计局国民经济综合统计司. 新中国 50 年统计资料汇编.
北京：中国统计出版社，1999：6-7；《中国统计年鉴》(不同年份)

消费水平由 148 元提高到 205 元，提高 38.5％；农民平均消费水平由 62 元提高到 79 元，提高 27.4％。

3. 1958～1962 年的第二个五年计划

1956 年 9 月召开的党的八大正式通过由周恩来主持编制的《关于发展国民经济的第二个五年计划的建议的报告》，规定从 1958 年到 1962 年的主要指标是工业产值增长一倍左右，农业总产值增长 35％，钢产量在 1962 年达到 1 060 万～1 200 万吨，基本建设投资占全部财政收入的比重由"一五"时期的 35％增长到 40％左右，基本建设投资总额比"一五"时期增长一倍左右，职工和农民的平均收入增长 25％～30％。

"二五"计划的总路线是"鼓足干劲、力争上游、多快好省地建设社会主义"。在总路线提出后不久，发动了"大跃进"运动。"大跃进"运动本身被一种极度的政治狂热所左右，想象着可以在几年内进入完全的共产主义社会。"大跃进"也常常被视为中国第一次提出的有别于苏联模式的社会主义发展道路。"大跃进"确实有一些建设"人民公社"、经济权力下放、建立"两条腿走路"的技术方针等创新性因素，但是由于意识形态领域的气氛持续偏激，加上当时生产计划采用两本账，导致所有的报告都存在浮夸，官员竞相报告引人注目的成就，结果是统计报告的水分越来越多(表 2.2)。

表 2.2　1958 年主要农产品产量的核实情况

农产品/单位	1958 年公报数	1959 年 8 月核实数	1980 年核实数
粮食总产量/亿斤	9 600	5 000	4 000
粮食亩产量/斤	412	375	209
棉花总产量/万担	6 638	4 200	3 937.5
棉花亩产量/斤	77	49	47
生猪/亿头	1.8	1.6	1.38

续表

农产品/单位	1958 年公报数	1959 年 8 月核实数	1980 年核实数
花生/万担	8 000	6 700	5 714.6
烤烟/万担	1 100	760	773.1
黄麻洋麻/万担	650	520	534.9
农业总产值/亿元	880	655	

　　资料来源：国家统计局．建国三十年全国农业统计资料(1949—1979)．北京：中国统计出版社，1980；国家统计局党组．国家统计局关于 1958 年主要统计数字核实情况的报告，1959

　　农业上的"丰收"使高层领导做出了两个决定命运的决策：一是削减农业的生产资料供给，尤其是粮食生产的供应；二是增加粮食收购，即增加向国家缴粮的任务。这两个决定导致农民拥有的粮食急剧减少。另外，1958 年国有部门招收了近 3 000 万名新工人，数百万个年轻力壮的工人脱离农业进入乡镇工作，其中包括轰动一时的"大炼钢铁"。钢产量比 1957 年翻一番，提出"以钢为纲"的口号，号召全民炼钢。但由于技术不合规范，只是炼出大量的废铁，造成极大的浪费。"二五"期间共产党也曾意识到危险，对政策进行了纠正。1959 年夏天，党在庐山召开工作会议，决定纠正已经严重失衡的经济。但是仅仅几天后，毛泽东不能忍受共产党内部和政府内部对"大跃进"的批评，于是 1960 年新一轮"大跃进"又开始了，国营企业继续大量招收新工人，粮食收购又达到一个新的高度。但是，这一次丰收已经不在，农民们已经拿不出更多的粮食，粮食库存也已经耗尽。

　　"二五"高指标、高积累、高估产、高征购的错误计划给人民生活带来了巨大挑战，加上从 1959 年起连续三年的自然灾害导致农业生产急剧减少，到 1960 年夏季，全国范围内出现了前所未有的粮食供应紧张局面。当时鞍钢工人的粮食供应每月只有 2 两(1 两＝0.05 千克)肉，每天只有 4 两菜，而且这些最基本的生活需求也难以长期维持，一场大饥荒不可避免。

　　"二五"计划执行不力的主要原因是在"左"的思想指导下，提出了"大跃进"，不断修改原有计划，提出脱离实际的建设任务和难以达到的奋斗目标。整个"二五"时期，全国农业、工业大幅度减产，社会总产值平均每年下降 0.4％，工业总产值增长速度只有 3.8％，大大低于"一五"时期；主要农产品粮、棉、水果、纱、布等的产量都低于 1957 年，第一次出现了严重失调的国民经济比例；到 1962 年年底，"二五"计划的执行结果与原先提出的计划相比，除原煤、原油、发电量达到规定指标外，钢、生铁、粮食、棉花等都未达到规定指标，粮食、棉花的产量甚至低于 1952 年的水平，具体数值见图 2.5。全国居民平均消费水平也是不断下降，平均每年下降 2.5％，人民生活遇到很大困难，连最基本的温饱问题都难以解决。而这些都是由背弃实事求是的原则，片面追求高指标、高积累而导致国民经济严重失衡的恶果，教育意义十分深刻。

4. 1963～1965 年的"三线"建设

　　"三线"建设是由毛泽东同志和中共中央在 1964 年发起的一场以备战为中心的经济建设战略。严格意义上说，"三线"建设从 1964 年开始，历时 15 年，国家总共投入 2 052 亿

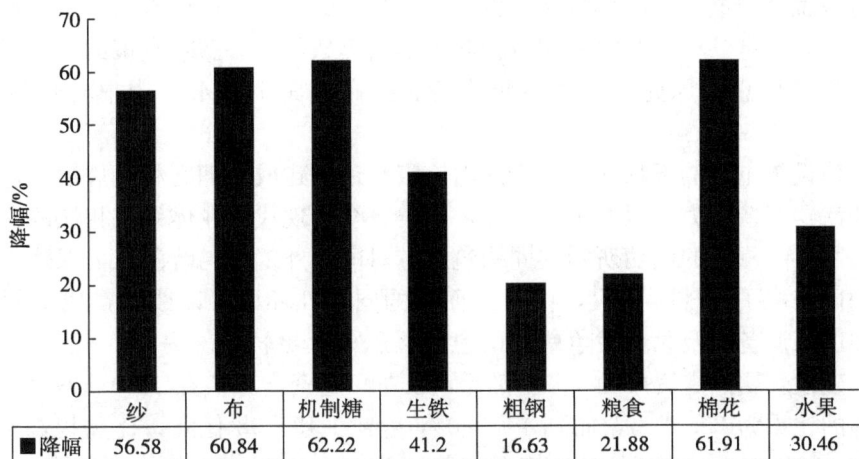

降幅	纱	布	机制糖	生铁	粗钢	粮食	棉花	水果
■降幅	56.58	60.84	62.22	41.2	16.63	21.88	61.91	30.46

图 2.5　"二五"期间主要工农业品产量的降幅

资料来源：国家统计局国民经济综合统计司. 新中国 50 年统计资料汇编.

北京：中国统计出版社，1999：6-7；《中国统计年鉴》(不同年份)

元资金和 400 多万人力。根据毛泽东同志的构想，中国在地域上可以划分为不同的战略区域：沿海一带包括东部沿海和边疆省区为一线，后方区域包括四川、云南、甘肃、贵州、宁夏、陕西、山西、湖南、湖北、河南等省区为三线，处于两者之间的地域则被视为二线。这一期间，全国在整个三线地区建立了以国防工业、基础工业为主的近 2 000 个大中型工厂、水电站、科研院所等基础设施。"三线"建设堪称新中国成立以来经济建设战略的空前壮举。

　　"三线"建设战略的实施是有其历史原因的，其中最重要的原因来源于当时中国所处的国内外环境。

　　国际方面：20 世纪 60 年代，中印边界冲突不断，最终导致中印藏南边境战争的爆发；中苏在意识形态方面出现较大分歧，苏联单方面撕毁合同、撤走专家、逼还债务，其一系列举措导致两国关系恶化；美国侵略越南的战争步步升级，对中国南部地区造成严重的军事威胁；在苏、美两国的唆使下，印度、日本、韩国等国对中国也持敌对态度，中国一时之间处于四面受敌之势。近现代历史上曾经饱受外国侵略践踏、奴役痛苦的中国人民对外敌入侵的可能性抱有高度警惕。这一国际形势是制订、实施"三线"建设计划的国际因素。

　　国内方面：一方面，全国拥有百万以上人口的城市就有 14 个，50 万～100 万人的大城市有 25 个，而且这些大城市集中于沿海地区，集中的人口分布不利于备战，一旦战争爆发，大规模人口的城市如何抵御外来攻击是当时面临的一道难题；另一方面，全国的工业也主要集中于大城市，百万以上人口的城市集中了 52％的国防工业、60％的民用机械工业和 50％的化学工业，如果这些城市遭受攻击，全国的工业将遭受沉重的打击。

　　在内忧外患的背景下，毛泽东同志考虑到可能存在新的世界战争的危险性，提出在原子弹时期，没有后方不行，他指出应该先集中力量搞内地战略后方的建设，即"三线"建设的设想。毛泽东在 1966 年 3 月 12 日给刘少奇的一封信中提到了"备战、备荒、为人民"的方针，其也曾说过应该以可能挨打为出发点部署日后的工作。可以看出，备战是"三线"建设的根本出发点，是党中央制定一切方针政策的前提条件。"三线"政策的实施标志着中国经济建设的指导思想由原先的大力发展农业、提高人民生活水平为中心转为加强国防建设。

"三线"建设最主要的贡献在于在中国内地腹心地区建成了拥有相当规模，包括常规武器和导弹核武器制造能力，以军工为主体，门类齐全的现代工业体系及相应的交通网络后方基地，与"两弹一星"的成功研制共同构筑起应对国内外复杂局势的有力保障。虽然不能说是由于中国采取了"三线"建设，中国所面临的国内外环境得以改善，战争危机得以缓解，但是中国高调备战及无惧战争威胁的意识，恐非无足轻重。另外，截至1980年，三线地区基本建设新增固定资产为1 145亿元，工业固定资产原值在1964年只有286.81亿元，占全国的比重为29.12%，而到了1980年达到1 435.98亿元，比重提高到38.5%。以1964年为基数，1980年三线地区工业产值增长493.7%（按当年价格计算），平均每年增长30.86%。

"三线"建设在为人民做出巨大贡献的同时，也付出了一定的牺牲，其最大的问题就是资源配置效率低、见效慢。"三线"建设常年的高投入，挤占了国家对沿海工业和既有企业的正常投入。"三五"期间，东部基本建设投资占全国基本建设投资总额的比重不断下降，由开始的35%以上下降到30%以下；用于老企业更新改造的资金在"二五"期间平均每年增长33%，而在"三五"期间每年增长只有7.5%。对老工业和既有企业的补偿不足导致这些企业老化速度加快，到了20世纪70年代，东部沿海城市工业增长速度明显放缓，在"四五"期间，工业增长率一向位居全国前列的沿海11省市反而低于全国平均水平0.72百分点，这些都严重拖累了整个工业的发展。

5. 1966～1976年的"文化大革命"

1966年，正当国民经济的调整基本完成，国家开始执行第三个五年计划时，意识形态领域的批判运动逐渐发展成矛头指向党的领导层的政治运动，一场长达十年、给党和人民造成严重灾难的"文化大革命"爆发了。"文化大革命"并不是很复杂，也不是什么说不清楚的现象，通常认为"文化大革命"是在1966年5月至1976年10月由毛泽东错误发动和领导、被林彪和江青两个反革命集团利用，给中华民族带来严重灾难的政治运动。

"文化大革命"对经济的影响主要表现在经济增长率低下、波动较大，而且地区之间的差异较大。根据中国官方的统计数据可以得到"文化大革命"十年期间的经济增长率变化。由于在"文化大革命"时期没有关于GDP的统计，只能通过国民收入和社会总产值来反映我国的经济总量。根据估算，不管是国民收入还是社会总产值，"文化大革命"期间（1966～1976年）每年经济的平均增长率不仅低于其前13年（1953～1966年），也低于其后5年（1977～1982年）。后来根据换算的GDP的统计，"文化大革命"10年间的经济增长率略高于其前13年，但是大大低于其后5年。考虑到在"文化大革命"之前的20世纪60年代出现的严重的负增长，"文化大革命"期间的经济增长率要低于其前13年。

从图2.6可以看出，"文化大革命"期间我国经济增长主要具有以下三个特征。

第一，经济增长率较低。按照1952年的不变价格计算，"文化大革命"前后，GDP年

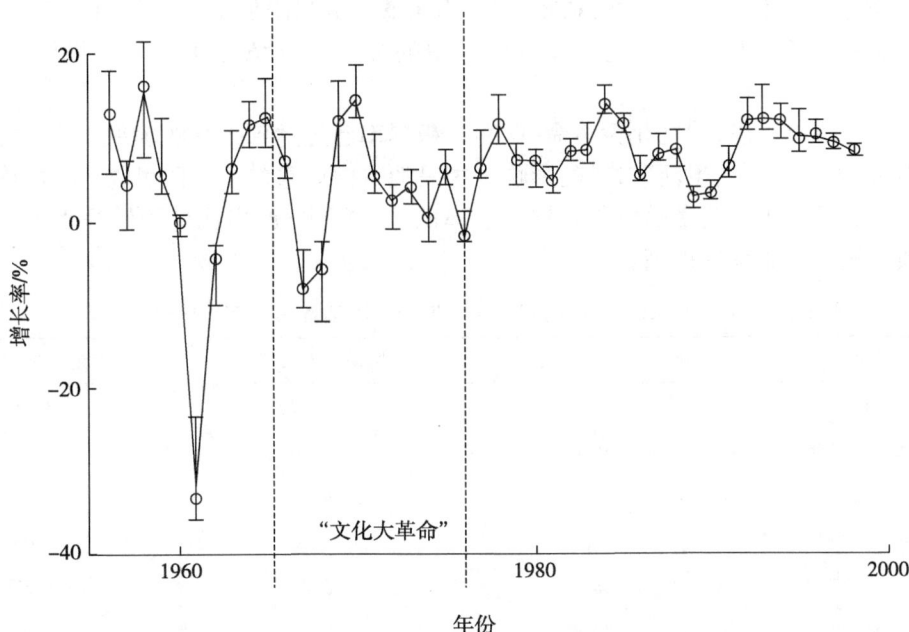

图 2.6 新中国成立以来的 GDP 增长率

注：纵轴表示的是 GDP 的增长率（按 1952 年不变价格计算），每一年的增长率上限对应增长
速度最快的省份，下限对应增长速度最慢的省份，各年份的连线为增长率中位数的连线

资料来源：国家统计局国民经济综合统计司. 新中国 50 年统计资料汇编.

北京：中国统计出版社，1999：6-7；《中国统计年鉴》（不同年份）

均增长率为 5.16%。新中国成立以来，除了"大跃进"时期经济出现明显负增长以外，这一段时期增长率处于较低水平。例如，"一五"（1953～1957 年）期间年均增长率为 6.62%，1962～1965 年的年均增长率为 8.05%，"文化大革命"以后，"六五"至"九五"期间的年均增长率分别为 9.3%、10.8%、7.9%、11.6%，都明显高于"文化大革命"时期。

第二，经济增长波动较大。从图 2.6 可以看出，"文化大革命"期间经济增长率的曲线波动明显高于其后时期，特别是在"文化大革命"初期阶段，波动尤为剧烈。

第三，不同地区之间经济增长差异显著。图 2.6 中，每年经济增长率的上限对应的是经济增长最快的省份，而下限对应的是经济增长最慢的省份，因此，图 2.6 中的每一年中上下限之间的距离在一定程度上反映了经济增长的地域差异程度。由图 2.6 可以看出，"文化大革命"期间不同地区之间经济增长的差异明显高于其后时期。

"文化大革命"期间的经济增长还有一个显著的特征，即希望通过较高的积累率来推动经济增长。"文化大革命"时期国内经济的发展战略依然是优先发展重工业，因此，当时经济的增长速度很大程度上取决于重工业的投资增长率。投资增长率的计算公式为

$$\frac{\Delta I}{I} = \frac{\mu}{\nu_1}$$

其中，μ 为重工业投资比例；ν_1 为资本-产出比。

显然，要使投资增长率提高，可以提高重工业的投资比例 μ，也可以降低重工业部门

的资本-产出比ν_1。但是资金价格（利率）被人为压低，通过降低重工业部门的资本-产出比ν_1来提高投资增长率是不可能的，投资增长率的提高只能依靠重工业的投资比例μ的提高。

由表2.3可以看出，"文化大革命"期间，积累率已经达到很高的水平。这一方面是由于受到当时"先生产、后生活"口号的影响，居民消费被严重忽视，国民收入分配向积累倾斜。另一方面是由于缺乏激励机制，技术效率低下，资本-产出比处于较高水平，经济增长也必须依赖于积累率的提高。

表 2.3 "文化大革命"期间的积累率、增长率和边际资本产出比（单位：%）

时期	积累率（占国民收入%）	国民收入增长率	内在资本-产出比
1953~1957 年	24.2	6.62	3.66
1958~1962 年	30.8	−4.30	
1963~1965 年	22.7	8.05	2.82
1966~1970 年	26.3	6.50	4.05
1971~1975 年	33.0	5.26	6.27
1976~1980 年	33.2	5.57	5.96
1981~1985 年	30.8	9.95	3.10

资料来源：麦克法夸尔 R，费正清. 剑桥中华人民共和国史（下）——中国革命内部的革命（1966—1982）. 北京：中国社会科学出版社，1992：516

6. 1978 年十一届三中全会的决定性转折

1978 年 12 月 18 日，中国共产党在北京召开了具有伟大历史意义的十一届三中全会。这次会议结束了粉碎"四人帮"之后两年来党的工作在徘徊中前进的局面，决定将党以后的工作中心转移到社会主义现代化建设中，实现了新中国成立以来党的历史性的伟大转折。

政治上，十一届三中全会确立了以邓小平为代表的正确领导，形成了以邓小平为核心的党的第二代领导集体，做出了关系党和国家前途命运的两大历史性贡献：一是总结新中国成立以来的历史经验，纠正"文化大革命"的错误，坚持从科学的角度认识和评价毛泽东同志的历史地位和毛泽东思想体系。二是创立和发展了建设中国特色社会主义理论，制定了党在社会主义初级阶段"一个中心、两个基本点"的基本路线，成功开辟了在改革开放中实现社会主义现代化的新道路。可以说，如果没有十一届三中全会确定的以邓小平同志为核心的第二代领导集体，党在寻找建设社会主义现代化的道路上还要摸索更长的时间。

经济上，十一届三中全会正确分析了当时国家社会主义初级阶段的国情，肯定了毛泽东同志在新中国成立初期将工作重点转移到经济方面来的重要思想，做出了将党的工作重心转移到社会主义现代化建设上的决定，这是新中国历史上第二次将党的工作重心放于经济建设上。第一次确定将党的工作重心转移到经济建设上来是在 1956 年三大改造基本完成时，当时由于缺乏理论认识，而且不善于处理在社会发展中出现的阶级斗争问题，片面地确定了"以阶级斗争为纲"的思想路线。这一次正确地总结了经验教训，科学地认识了社会主义的客观规律，使我们党在工作中始终保持清醒的头脑，坚持经济建设毫不动摇。

思想上，十一届三中全会的一个重要的贡献就是打破了党内存在的"左"倾思想的严重束缚，从根本上否定了"两个凡是"的错误思想方针，重新确定了实事求是的马克思主义思想路线。这对指导中国改革开放的伟大事业，推动中国社会经济发展具有重要意义；使党重新焕发生命活力，迎来社会发展新机遇；使党对社会主义的认识不断深化，确定了邓小平理论这一当代中国马克思主义的伟大理论；大大推动了党的第三代领导集体对社会主义认识深化的进程，促使第三代领导集体迅速走向成熟。

总之，党的十一届三中全会以党的正确思想路线、政治路线的重新确立及其深入透彻的认识为基础，以新的成熟的中央领导核心的形成为保证，以对中国社会发展道路科学和富有远见的设计为蓝图，奠定了中国社会发展的基础，决定了中国社会的发展方向。

2.3　中国计划经济的实践评价

2.3.1　计划经济体制对中国经济社会发展的贡献

新中国成立以后，由于实行了计划经济体制，中央政府得以集中整个治理范围内的人力、物力和财力，在较短的时间内建立起大批重点工业项目、兴修大量的农田水利设施，进行大量的基础设施建设。国民收入在 1952～1979 年的 28 年增加了 4 倍，即从 1952 年的 600 亿元增加到 1978 年的 3 000 亿元，人均国民收入指数（以不变价格计算）从 1949 年的 100 增加到 1978 年的 440。在计划经济体制下，中国经济进入高速发展时期。

1. 对工业发展的贡献

在新中国成立之初实施计划经济体制，可以将当时中国有限的人力、物力和财力汇聚起来，有计划地投资于工农业项目。经过计划经济近 30 年的艰辛努力，中国初步实现了工业化。整个计划经济时期，中国的工业总产值增长了 38 倍，平均以每年 11.3% 的速度增长，重工业总产值增长了近 90 倍。如图 2.7 所示，1949～1978 年，中国的粗钢产量从16 万吨增长到 3 178 万吨；生铁由 145 万吨增加到 3 479 万吨；原煤从 3 200 万吨增长到 6.18 亿吨；原油由两位数的 12 万吨增加到 10 405 万吨；化肥产量由 0.6 万吨增加到 869.3 万吨；水泥产量由 66 万吨增加到 6 524 万吨。

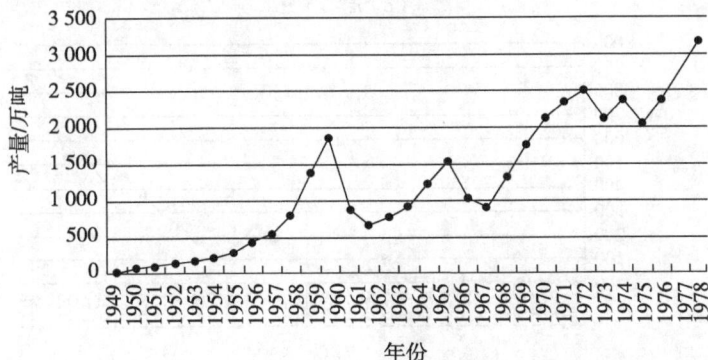

（a）粗钢产量

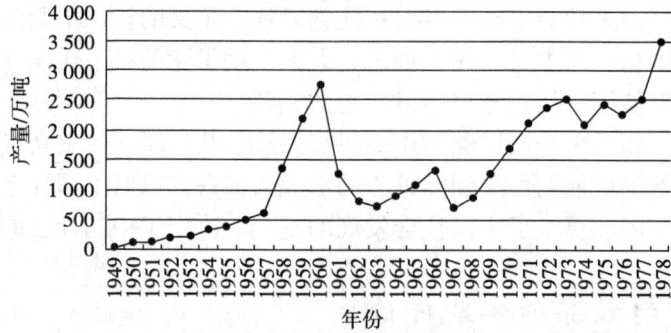

（b）生铁产量

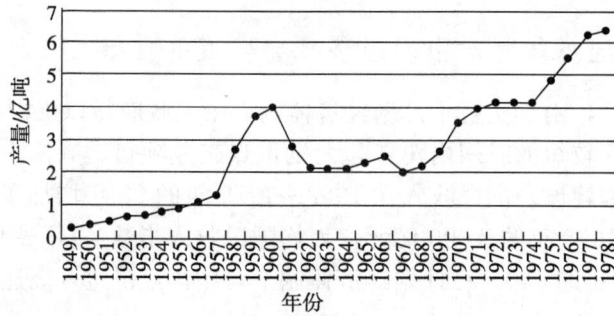

（c）原煤产量

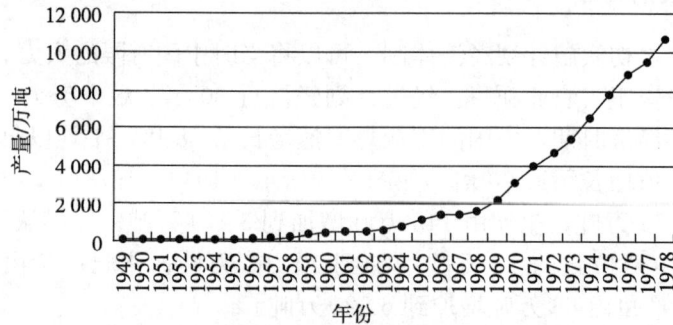

（d）原油产量

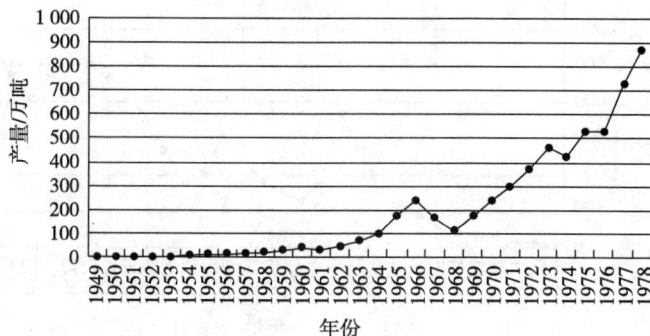

（e）化肥产量

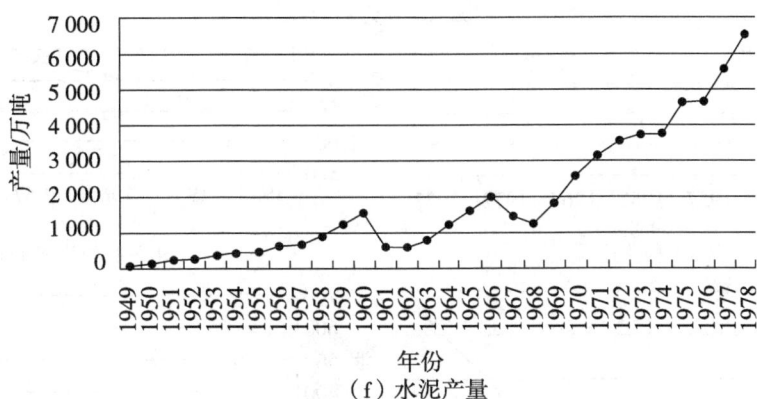

（f）水泥产量

图 2.7　计划经济时期主要工业品产量

资料来源：国家统计局国民经济综合统计司. 新中国 50 年统计资料汇编.
北京：中国统计出版社，1999：6-7；《中国统计年鉴》（不同年份）

经过计划经济时期，中国具备了完整的设计和工业化生产能力，个别领域的科技水平达到甚至领先国际水平。1964 年，中国第一颗原子弹爆炸成功；1967 年，中国第一颗氢弹试验爆炸成功；1970 年，中国下水了第一艘核潜艇；1970 年 4 月，中国第一颗人造卫星发射上天，中国成为世界上第五个用自制火箭发射国产卫星的国家；1971 年，中国第一枚洲际弹道导弹"东风 5"型，在酒泉试验场发射试验成功。

计划经济体制带来的初步工业化不仅改变了中国落后的经济面貌，提高了中国的工业和国防实力，同时也改变了中国的社会结构。由于没有实施计划生育政策，中国人口大量增长，虽然中国的绝大多数人口仍然从事农业或生活在农村，但中国的城市人口也从 1952 年的 7 163 万人增加到 1978 年的 17 245 万人，增长了近 1.5倍；同期农村人口由 48 402 万人增加到 79 014 万人。工人阶级从 1952 年的 300 多万人增加到 20 世纪 70 年代中叶的 1 800 万人以上。另外，中国科技人员的数量从1949 年的 5 万人增加到 1979 年的 500 万人以上，这些人 99% 是在 1949 年以后培养出来的。

2. 对农业发展的贡献

计划经济体制下的中国农业势必要走上一条集体化的发展道路，农民由原来一家一户的分散经营形式逐渐转变为集体占有生产资料、集体共同生产、劳动产品共同分配的集体化生产方式。农业集体化将广大农民有序地组织在一起，形成了合力，提高了本就短缺的生产工具的使用效率，增强了农业对灾害的抵抗能力，提高了农业生产率。

如图 2.8 所示，实现农业集体化后，粮食产量由 1952 年的 16 392 万吨增长到 1977 年的 30 477 万吨；26 年内全国农作物灌溉面积从 1 995.9 万公顷扩大到 4 496.5 万公顷。1952 年农村用电量 0.5 亿千瓦时，到 1977 年增长到 10 262 万千瓦；化肥使用量从 1952年的 7.8 万吨增加到 884 万吨。

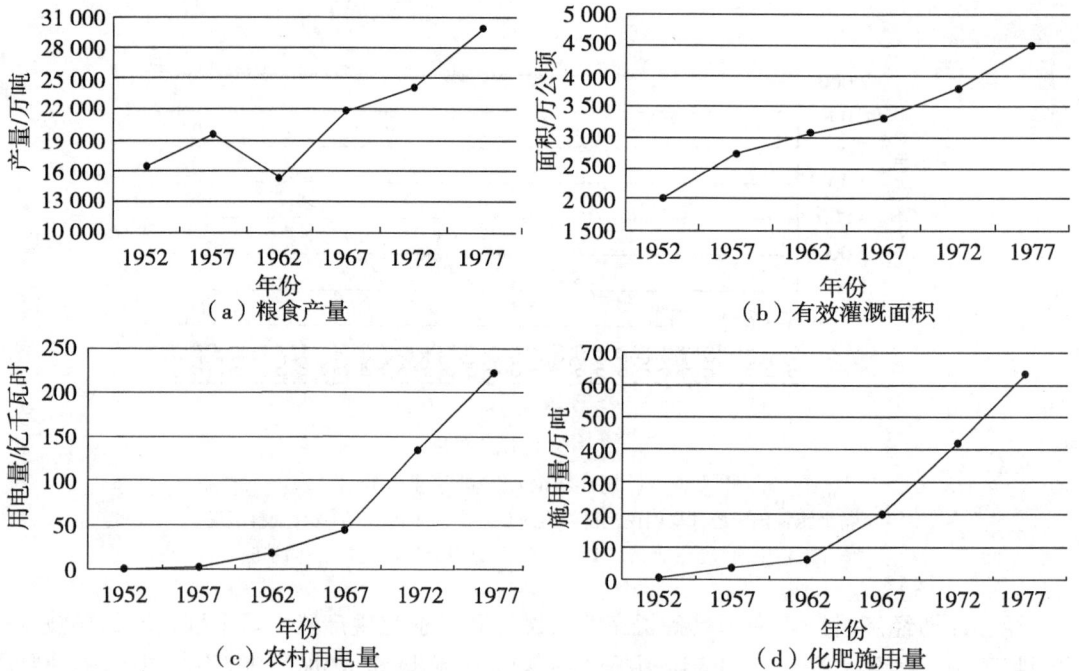

图 2.8 计划经济时期农业有关指标的变化情况

资料来源：国家统计局国民经济综合统计司. 新中国 50 年统计资料汇编.

北京：中国统计出版社，1999：6-7；《中国统计年鉴》(不同年份)

在计划经济时期，中国兴修了大量的农田水利设施，为农业发展提供了可靠的保障，很大程度上改变了中国农业"靠天吃饭"的局面。新中国成立前，中国只有大型水库 6 座，中型水库 17 座，小型水库 1 200 座(含部分灌溉工程数)，大中小水库 1 223 座(含部分灌溉工程数)，总库容估计 200 亿立方米左右。1949～1976 年，全国建成大型水库 302 座，中型水库 2 110 座，小型水库 82 000 多座，大中小水库 84 000 多座，容积在 10 万立方米以下的塘坝 640 余万口，总库容 4 000 多亿立方米。人工河渠总延长 300 多万千米，配套机井 220 多万眼，各类堤防总长 16.5 万余千米。工程总量体积折合土石方近 3 610 亿立方米，相当于 1 200 座三峡水库的工程量。

集体化后的中国农业在 20 多年时间里基本解决了中国人的吃饭问题，而且为高速发展中的工业提供了大量农产品原料和发展资金。中国工业化的成功实现与中国农业集体化密不可分。

3. 就业体系的建立

1949 年新中国成立时，全国城镇就业人员只有 1 533 万人，而城镇失业者高达 474.2 万人，失业率高达 23.6%。为迅速扭转这种局面，各级人民政府在采取多种措施控制失业的同时，积极发展经济努力扩大就业。经过几年的努力，旧中国遗留下来的城镇普遍失业问题得到逐步解决，就业人员明显增加。1957 年后，计划经济体制逐步完善，建立了完整的全民就业制度，形成了全民就业体系。在城市，施行统一的劳动力招收调配制度，高等院校和中等专业学校、技工学校的毕业生由国家统一分配。在农村，由于农业集体化的发展、人民公社的建立，农业快速发展，农村创造了大量就业机会，吸纳了大量劳动人口。

从图 2.9 可以看出，到 1952 年，城镇就业人员迅速增加到 2 486 万人，城镇失业人员减少到 376.6 万人，城镇失业率下降到 13.2％。经过"一五"期间的大规模的经济建设，就业状况进一步好转。1978 年全国就业人员达到 40 152 万人，比 1952 年增加 19 423 万人，年均增长 3.60％。城镇就业增长更快，1978 年年末，城镇就业人员达到 9 514 万人，比 1952 年增长近 3 倍，年均增长 10.87％。

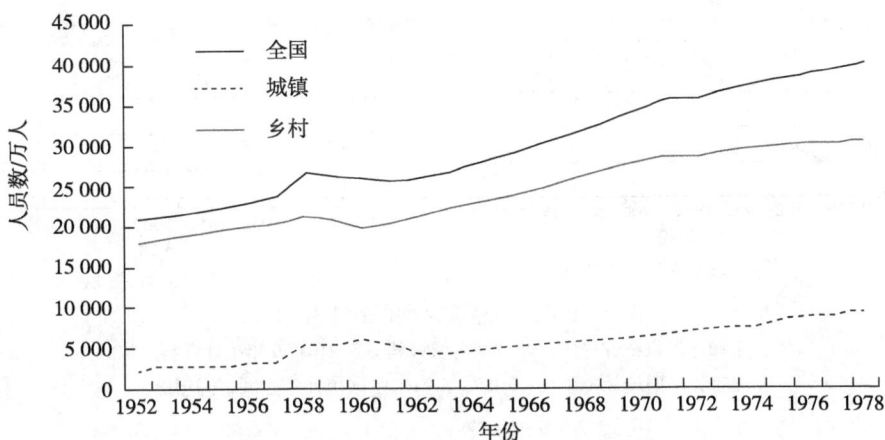

图 2.9　计划经济时期全国就业人员数

资料来源：国家统计局国民经济综合统计司 . 新中国 50 年统计资料汇编 .
北京：中国统计出版社，1999：6-7；《中国统计年鉴》（不同年份）

4. 社会福利保障体系的建立

计划经济体制下，企业和机关事业单位实行全国统一的社会保险和社会福利制度，为企事业机关的工作人员提供的福利主要包括职工医疗保险、职工养老保险、分配住房、子女入托等。农村的社会福利主要是依托农业合作社的就业与养老保障制度、合作医疗制度、社会救助制度和"五保供养制度"。一整套单位与非单位、城市与农村具有差异的社会福利保障体系基本建立[5]。

民众整体健康水平快速提高，1949 年中国的人均寿命只有 35 岁，婴儿死亡率高达200‰，产妇死亡率为 15‰，全国仅有 2 600 家医院，每千人口医院卫生院床位数 0.15张，每千人口医生数 0.67 人，门诊部 769 所（图 2.10）。1978 年全国医院数增加到 9 405家，每千人口医院卫生院床位数增加到 1.93 张，每千人口医生数增加到 1.08 人，门诊部增加到 94 395 所。

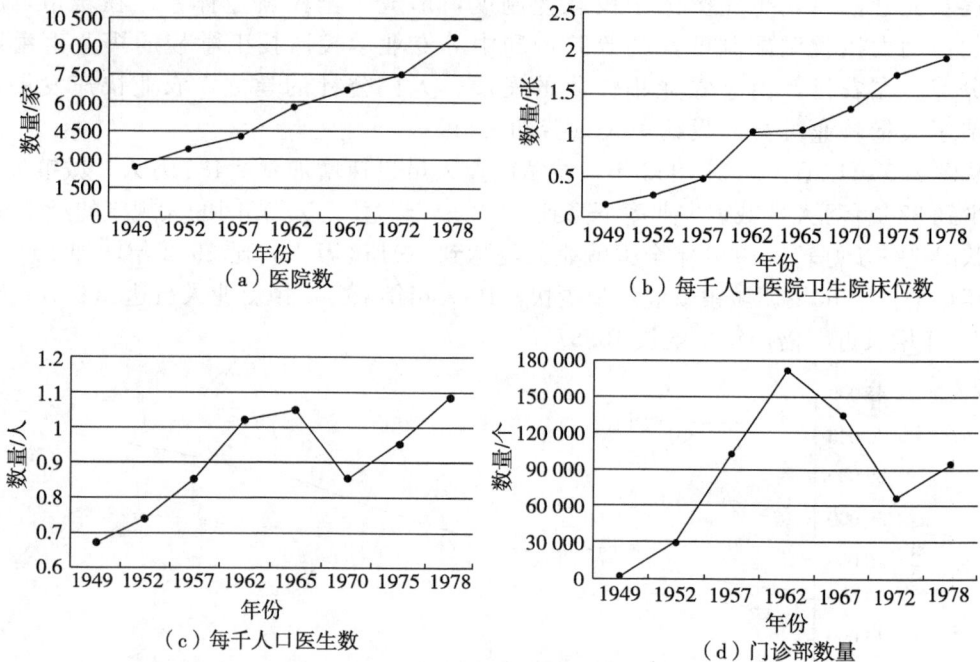

图 2.10　计划经济时期医疗卫生情况

资料来源：国家统计局国民经济综合统计司 . 新中国 50 年统计资料汇编 .

北京：中国统计出版社，1999：6-7；《中国统计年鉴》(不同年份)

2.3.2　计划经济体制对中国经济社会发展的负面作用

计划经济体制可以集合全国的人力和物资，对全国范围内关乎国计民生的大小工农业项目，依据对国家经济发展的重要性，由大到小，依次进行有计划的投资和建设。这种体制对于贫穷落后的国家进行恢复和发展国家经济实力有重大作用，避免了贫穷国家有限的人力、物力的分散，易于全社会的人与物形成合力，尽快取得建设成就。但是在不适应生产力发展水平的所有制、分配制度等其他因素的共同作用下，随着时间的推移，计划经济体制逐渐暴露出资源配置盲目、效率不足、人民生活水平低下等弊端。

1. 资源配置存在盲目性

在计划经济体制下，国家建立了中央集权的、自上而下的行政体制。这种行政体制需要下层收集尽可能详尽、客观的经济数据，作为上层制定年度经济计划指标的依据。但是在微观层面，决策层不可能将经济活动的所有方面都做出详尽、合理的计划，只能将一些经济计划下放到地方政府手中，而地方政府又很难了解全国的总体经济形势，难以做出正确的发展计划。同时，地方政府为了地方利益，争取国家投资，会上报一些不实的经济数据。受限于落后的通信手段，地方上报中央的经济数据时效性也较差，造成计划指标不合时宜，大量资源浪费[6]。

专题 2.5

资源配置的盲目性

薄一波在《若干重大决策与事件的回顾》中指出，"由于盲目施工等原因，农田水利基本建设的后遗症也不小。曾经大力倡导农田水利建设，搞群众运动的柯庆施同志，1962 年 6 月 2 日在华东局扩大会议（此时他任华东局第一书记）上谈到华东地区水利建设的教训时，也承认 1958 年以来，虽然国家投资 22.8 亿元，修建大型水库 20 多座，中型水库 300 多座，小型水库 2 000 多座，占用耕地 2 600 万亩，移民近 2 400 万人，已迁 237 万人，但不少工程不配套，现在还不能发挥效益。有些工程打乱了原来的排水体系，加重了内涝和盐碱化。我们花的钱和器材不少，而事情却没有办好，有些甚至办坏了，许多钱被浪费了"。

2. 效率低下

在计划经济体制运行期间，中国经济增长率远超世界主要工业国的同期增长速率。但是必须看到，这种高速增长的背后，是高积累、高投入和与之相对应的低效率，计划经济体制直到改革开放前，一直没有解决社会整体资源利用效率不足的问题。而且，经济的增长方式一直以粗放式增长为主，长期片面追求经济增长的高速度，随之而来的是高投入和高消耗，却忽视了低产出和低质量；总体追求工业门类的大而全，看重数量，轻视质量；急于上项目，而不重视技术改造；国家计划中只有建设计划，却没有技术改造计划。

从表 2.4 中的数字可以概略判断，我国固定资产投资综合效益水平较低，而且波动较大，极不稳定。"二五"期间，天津市 90% 以上资金投资于扩建项目，技改投资只占总投资额的 7% 左右，造成老企业设备失修，技术落后。而基本建设由于建设周期长，短期难以投产见效，1958～1960 年，转化为可以利用的固定资产的只占总投资额的 60% 左右，形成完整的生产能力的企业比重更少。只看数量不看质量的做法，严重降低了社会资源的配置和使用效率，减缓了国家经济的发展速度，也造成了大量宝贵的社会物质财富的浪费。

表 2.4 "一五"到"五五"各计划时期投资效果系数情况

时期	GNP 增加额/亿元	固定资产投资/亿元	投资效果系数
"一五"时期	389	611.58	1.30
"二五"时期	81	1 307.00	0.08
1963～1965 年	567	499.45	0.63
"三五"时期	537	1 209.09	0.62
"四五"时期	721	2 276.37	0.41
"五五"时期	1 496	3 186.22	0.55

资料来源：国家计委投资研究所，国家统计局投资统计司.1989 中国投资报告.北京：中国统计出版社，1989：26

3. 人民生活水平低下

新中国成立后，消除了资本主义和封建主义的剥削制度，建立了比较公平的社会主义分配制度，人民群众获得了能够基本满足生存和生活的消费资料，但是广大人民群众的生活水平除了在新中国成立初期有过较大的提升外，直到 1979 年都一直没有较为明显的改善。在生产积极性严重受挫、效率低下、高积累率和重工业畸形发展的计划经济时期，政府提供的物资只能勉强保证大多数人衣、食、住、行的最低要求，加上迅速膨胀的人口数量，导致几十年内人均物资占有量没有较为显著的增长，物资匮乏导致广大中国民众，特别是农民的生活水平十分低下。

新中国成立后，中国的年平均人口出生率自 1949 年到 1979 年始终高达 20‰以上，在 1971 年以前更是达到 30‰以上，人口的自然增长率也高达 10‰以上，中国的人口数量从新中国成立之初的 4 亿人迅速增长到 1979 年时的 9.75 亿人。有计划的经济发展无法满足无计划的人口增长对资源的巨大需求，数量庞大的人口严重摊薄了人均物资占有量。如图 2.11 所示，计划经济时期主要物资总产量都有了较大幅度的增长，但是人均占有量很少，而且这种增长并没有被民众消费掉，其中相当一部分被积累起来用于发展城市和工业的投资，从而导致广大民众的生活水平长期徘徊在仅能维持生存的低水平[7]。

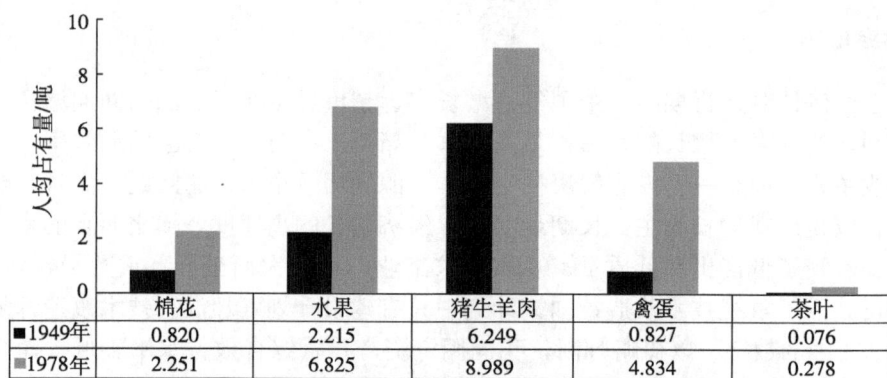

	棉花	水果	猪牛羊肉	禽蛋	茶叶
■1949年	0.820	2.215	6.249	0.827	0.076
▨1978年	2.251	6.825	8.989	4.834	0.278

图 2.11　计划经济时期主要物资人均占有量

资料来源：国家统计局国民经济综合统计司. 新中国 50 年统计资料汇编. 北京：
中国统计出版社，1999：6-7；《中国统计年鉴》(不同年份)

关于对社会主义计划经济的评价，笔者认为，第一，不能因为后来实行社会主义市场经济，就否定当初实行计划经济体制的历史必然性和必要性；第二，不能因为肯定计划经济体制的历史作用，就看不到计划经济体制对市场信号的反应较迟、对基层和企业的主动性束缚较多、对劳动者的激励机制较弱等弊端；第三，不能因为放弃计划经济体制，就不敢理直气壮地肯定计划调节手段对于弥补和抑制市场滞后性、自发性、盲目性的积极作用。总之，认识计划经济的由来和历史作用，不应当把它放在今天的条件下，而应当把它放在当时的条件下；不应当把它同社会主义市场经济截然割裂和对立，而应当看到它们之间的内在联系。

参考文献

[1]胡绳. 中国共产党的七十年. 北京：中共党史出版社，1991：312.

[2]王奇生. 党员、党权与党争 1924～1949 年中国国民党的组织形态. 上海：上海书店出版社，2003：94-95.

[3]刘桂斌. 社会主义市场经济学新论. 北京：人民出版社，1998.

[4]诺顿 B. 中国经济: 转型与增长. 安佳译. 上海: 上海人民出版社, 2011.

[5]白益华, 吴忠泽. 社会福利. 北京: 中国社会出版社, 1996: 2-3.

[6]薄一波. 若干重大决策与事件的回顾. 北京: 中共中央党校出版社, 1994.

[7]吴敬琏. 当代中国经济改革. 上海: 上海远东出版社, 2004.

第 3 章

中国市场经济的转型：战略和过程

1956 年，中共八大会议上提出了"经济管理体制改革"，中国经济改革由此起步。在之后半个多世纪的过程中，中国先后采取多种战略和具体措施对中央集权的集中计划经济体制进行改革。本章将以主要的改革措施为线索，对自 1956 年以来的经济改革战略和过程进行回顾，力图从头绪纷繁的改革历程中梳理出中国由完全的计划经济向社会主义市场经济转型的框架。

■ 3.1 放权让利和行政性分权

3.1.1 放权让利方针的确定和背景

1956 年 4 月，毛泽东在中央政治局讲话《论十大关系》中提出，当时中国模仿的苏联式的集中计划经济有着无可避免的弊端，主要表现在"权力过分集中于中央"，管得过多、统得过死[1]。因此，毛泽东提出向地方、生产单位和生产者个人放权让利。但是，1957年开始，中共对南斯拉夫共产联盟"自治共产主义"的批判逐渐升级，扩大企业自主权的问题自然从改革计划和纲领中删除。另外，1956 年年初，赫鲁晓夫激烈批评斯大林经济政策，并同时提出加强"物质刺激"来激发劳动者的积极性。1957 年中共和苏共之间在如何对待斯大林主义的问题上产生了明显的分歧，同时，国内处在"反右派"后期，要求人们斩断名缰利锁，斩断个人主义，故而通过"对劳动者个人的物质刺激来调动积极性"明显与当时的意识形态冲突，因此这个思想也和扩大企业自主权一样，从经济改革纲领中剔除。

1957 年 9 月，中共八届三中全会提出了"经济管理体制改革"，这次会议还通过了《关于改进工业管理体制的规定》《关于改进商业管理体制的规定》《关于改进财政体制和划分中央与地方对财政管理权限的规定》的草案及有关工人、职员的劳动工资和劳保福利问题的规定草案等。这些规定于 1958 年由全国人大常委会批准后于当年正式实施，其主要精神就是向各地方政府放权让利。

3.1.2　放权让利方针的主要内容和措施

放权让利的具体内容主要包括以下六个方面的内容。

1）下放计划管理权

中共中央在 1958 年 9 月发布《关于改进计划管理体制的规定》，规定将原来由国家计划委员会（简称国家计委）统一平衡、逐级下达的计划管理制度改变为"以地区综合平衡为基础的、专业部门和地区相结合的计划管理制度"，以地区为主，自上而下地逐级编制和进行平衡，使地方经济能够"自成体系"[2]。这份文件规定，地方政府可以对本地域的工农业生产的计划指标、建设项目、投资利用等进行综合安排，可以对本地区内的物资调剂使用，可以根据规定的比例自行支配重要产品的超产产量。

2）下放企业管辖权

1958 年 4 月，中共中央《关于工业企业下放的几项规定》规定，除少数重要和特殊性质企业外，要将国务院各个部门所属企业全数下放到地方政府。规定执行后，接近 90% 的由原各部委所辖的各单位和企业下放到各级地方政府，其他下放到街道和公社；中央直属企业工业产值占整个工业产值的比重由 1957 年的 40% 下降到 1958 年的 14%。

3）下放物资分配权

首先，减少由国务院各部门管辖的物资品种和由国家计委统一分配的物资数量。其次，对保留不变的部管和统配物资，由以往的中央统配改成各省、自治区、直辖市地区平衡，差额调拨，中央只负责平衡各地区之间供需差额。最后，物资供给方式上，除去铁道、军工、外汇、国家储备等少数部门外，中央和地方企业所需物资都要向所在地区政府发起申请，由地方政府相应计划机关安排分配、调拨。

4）下放基建项目的审批、投资管理和信贷管理权

一开始，地方上创办的超过资金限额的项目，由国家计委负责审批计划任务书，详细的设计、预算等文件由地方负责审批；对于没有越过限额的项目，其全部文件材料由地方全权负责审批并自行决断是否兴办。在其后的 1958 年 7 月，进一步规定地方政府可以在中央下拨资金和地方自筹资金的总额范围内兴办各种事业。与此同时，变革高度集中的信贷制度，下放信贷权，地方上的银行可以自行大幅放宽贷款额度，满足地方随时随地贷款的需求。

5）下放财政权和税收权

具体实施办法如下：将中央与地方间的财政收支划分从"以支定收、一年一变"改为"以收定支、分级管理、分类分成、五年不变"；把印花税、城市房地产税等税收划归为地方固定收入；对营业税、所得税、商品流通税等税种，实行中央与地方收入分成，同时，各地方政府可以分得当地中央企业 20% 的利润。另外，地方政府减、免、加税的权限也得到很大程度的扩大。

6）下放劳动管理权

劳动用工计划经由地方审核同意之后即可执行，不再需要由国家计委先统筹制订，然后一层层将计划下达。

这次放权让利改革虽然在公开文件里未提到"向企业放权让利"，但实践中也采取了一

些这类措施，具体如下：①原来需要由国家计委层层下达给工业企业的指令性计划指标减少了 8 项。②原来分行业按照一定比例从利润中提取"企业奖励金"的制度变为"一户一率"的全额利润留成制度。③扩大企业的人事安排权。企业有权负责和管理除去主管、主要技术人员外的一切职工；在保持职工数量不变的情况下，企业也有权自行调整机构设置和人员安排。④部分资金可以由企业调配使用，企业有权增减和报废企业的固定资产。

3.1.3　放权让利方针的实施和经济后果

在分权型经济体制的支持下，各级政府响应毛泽东的号召，充分运用自己调动资源的权力，大上基本建设项目，大量招收职工，无偿调拨农民的资源，来完成"超英赶美"的不切实际的计划指标，结果很快爆发了各地区、部门、单位的资源争夺大战和"一平二调三收款"的共产风，导致经济一片混乱。

图 3.1 给出了 1957～1961 年中国国内粮食总产量的变化，后来的事实证明，当初宣称的完成粮食、钢铁等高生产指标的伟大成绩全部是编造出来的，不合理的制度使经济效率大幅度下降，因而拼命消耗资源得来的经济指标只能是一堆浮夸的数字、一触即破的泡沫。

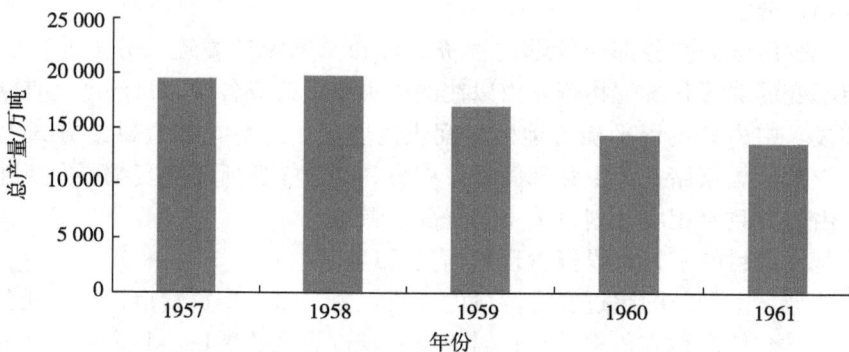

图 3.1　1957～1961 年中国国内粮食总产量的变化

1958 年年末，这些不合理做法的恶果开始显现，生产出现下降，工商企业出现亏损，生活必需品供应不足，经济陷入了困难。1958～1960 年国内粮食总产量平均实际增长率为 −11.5%，与 1958 年相比，1960 年粮食产量减少 5 381 万吨。

1960 年秋季，中央为了克服"大跃进"运动造成的严重经济困难，终于制定了"调整、巩固、充实、提高"的国民经济八字方针，采取坚实的措施，对经济整体进行调整。这些措施包括以下内容。

(1)1962 年召开的"七千人大会"上，刘少奇代表毛泽东和中共中央在大会上承担错误责任，以平息干部们的怨气，同时要求加强团结，加强纪律，加强集中统一，做好工作，战胜困难。与此同时，恢复中共中央财经领导小组，陈云继续担任组长，统一管理调整国民经济的相关工作。

(2)根据国务院和中央财经领导小组的建议，建立比 1950 年统一财经时期"更严更紧"的体制要求，中央政府各部门全面收回了在 1958 年改革中下放的财政、信贷和企业管辖权等方面的各项权力。

(3)凭借高度集中化的体制对稀缺资源进行再配置。主要措施是下马全部的小土群等冶炼设施，将"大跃进"运动中招进城镇工作的 3 000 万名农民工全部退回农村，对城市工业企业进行"关、停、并、转"的调整。

经过几个月的努力调整，中国终于重新稳定了国民经济的运行，不过人们同时发现，旧的计划经济的全部缺点又重新回到了经济运行里。

3.1.4　对体制下放改革战略的经济学简评

20 世纪 80 年代中期，人们运用现代经济学理论分析"体制下放"的利弊得失，在讨论中形成了两种主要的认识。

一种观点认为，"体制下放"对中国经济发展具有重要的推动作用，特别是向地方政府下放财权所导致的地区间的竞争，促进了民营企业的产生和发展[3]。在地方政府拥有某种财政独立性的情况下，地方官员为了追求本地的利益，运用手中的权力使乡镇企业得到融资、生产、销售等方面的保护或者便利，是中国非国有企业迅速发展的重要原因[4]。张五常教授在总结中国市场化改革 30 年的文章中，对向地方政府放权让利给予极高的评价，认为正是由此造成的"县级竞争"促成了中国经济的迅速发展[5]。

持另一种观点的经济学家对那种把"体制下放"作为改革主线的想法和做法持批评态度。他们认为，不应当笼统地把改革的目标规定为分权，而应当区分性质完全不同的两种分权，即市场经济下的分权状态和计划经济下的分权状态。能够从根本上改善经济运行状况和提高整体效率的分权只能是经济性分权，而不能是行政性分权[2]。

从后一种观点来看，中国实行的行政性分权的财政体制确实为市场关系在地区间的竞争缝隙中成长起来提供了可能性，但是，这也滋长了地方保护主义和市场割据。到 20 世纪 80 年代中期，地区间相互封锁、分割市场及对本地企业实行行政性保护等行为已经成为形成国内统一市场的重大障碍，甚至有人把当时的中国经济称为"诸侯经济"[2]。

3.2　"增量改革"——民营经济的破土和双轨制的形成

1."增量改革"的背景和提出

所谓"增量改革"，就是在不率先触动既得利益格局的前提下，在边际上推进市场取向的改革，也就是说，在等级规则作用较小的边际上，选择具有帕累托改进意义的利益调整方式进行体制改革，逐渐向市场经济体制过渡①。"增量改革"战略的提出，是建立在一方面国营企业扩大企业自主权实验不断失败，另一方面农村经济关系发生本质性变化的基础之上的。

"文化大革命"结束后，中共中央提出了改革问题。十年的浩劫，已经使国民经济陷入严重的混乱和困难，决策层意识到，此时改革最重要的是要迅速提高生产力，全面恢复各类生产关系。1978 年 7 月到 9 月，中共召开了国务院务虚会，会上总结了新中国成立以

---

① 人大经济论坛，http://wiki.pinggu.org/doc-view-43659.html.

来的经济建设教训，同时研究了南斯拉夫、罗马尼亚等国家经济改革的成功经验，李先念在会上做了报告。他指出，"过去 20 多年的经济体制改革的一个主要缺点是把注意力放在行政权力的分割和转移上，由此形成了'放了收，收了放'的'循环'，在今后的改革中，一定要给予各企业必要的独立地位，使它们能够自动地而不是被动地执行经济核算制度，提高综合经济效益"[6]。

一些经济学家也有类似的观点。例如，中国社会科学院（简称中国社科院）工业经济研究所所长马洪在 1979 年 9 月发表的一篇论文中指出，"改革经济管理体制要从扩大企业自主权入手"[7]。时任中国社科院经济研究所副所长的董辅礽认为，"改革应该是改变全民所有制的国家所有制形式"，"各经济组织中的劳动者有权在维护和增进全体劳动者的共同利益的前提下，在统一计划的指导下，结合本单位和自身的利益的考虑直接参加经营"[8]。这些意见实际上提出要把扩大企业经营自主权和增强企业活力放在当前经济改革的首位。

1979 年国务院发布《关于扩大国营工业企业经营管理自主权的若干规定》，扩大企业自主权实验开始起步。随后，各省的国营企业纷纷展开试点，到 1979 年年底，全国试点的工业企业达到 4 200 家，截至 1980 年，试点扩大到 6 600 家，它们的产值占全国总预算内工业产值的 60%，利润占全国工业企业利润的 70%[2]。然而，在旧的体制下，企业虽然拥有了经营自主权，但是却并不在市场中参与竞争，企业积极性的发挥并不与优化整个社会资源配置的目标相一致。实践中发现，整个社会经济运行发生了失控，财政赤字剧增。于是，中共中央在 1980 年冬决定，1981 年重新集中力量进一步调整国民经济。这也意味着，以扩大国营企业经营自主权为主要内容的改革基本失败。

在全国各个国营企业试点扩大企业自主权的同时，广大的农村也悄悄发生着变化。1978 年中共十一届三中全会原则通过了《中共中央关于加快农业发展若干问题的决议（草案）》和《农村人民公社工作条例（试行草案）》，文件一方面提出了若干项具体农业政策，一方面纠正了生产管理的"大呼隆"和分配上的平均主义，并规定了三个"可以"，即"可以按定额记工分；可以按时记工分加评议；也可以在生产队统一核算分配的前提下，包工到作业组，联系产量计算劳动报酬，实行超产奖励"。但文件明确规定不许"包产到户"，不许"分田单干"。

1977 年安徽省凤阳县小岗村遭受了严重的灾荒，村民们饥饿难耐，挣扎在生存的边缘。为了解决粮食产量低、没有粮吃的问题，1978 年 12 月 16 日晚，小岗村的 18 户村民集中在社员严立华家中，秘密商讨分田到户、包干到户。18 位农民代表全队 20 户人家，在一张纸上，按下了自己鲜红的手印，形成了一份瞒着政府实施分田到户的生死协议。在此之前，中国农村的土地经营制度一直是"三级所有、队为基础"的人民公社制度——这项制度从 1953 年大规模农业合作化运动起步，并于 1958 年发展为集体公社或者说人民公社制度。

令人无比意外的是，在分田到户大包干的第一年，小岗村就迅速解决了吃饭问题。其粮食产量比 1978 年增长了 4 倍，达到 6.65 万斤，同时还完成向国家上缴粮食 3.25 万千克的任务。小岗村的这个"秘密"很快被外面知晓，并通过各种渠道向安徽其他地区扩散。时任安徽省省委书记的万里经过调研后指示，"不宣传，不推广，不登报，秋后再总结，如果滑到资本主义道路上也不可怕，我们有办法把他们拉回来"。

1980 年 9 月中共中央《关于进一步加强和完善农业生产责任制的几个问题——1980 年 9 月 14 日至 22 日，各省、市、自治区党委第一书记座谈会纪要》指出，"在那些边远山区和贫困落后的地区，长期'吃粮靠返销，生产靠贷款，生活靠救济'的生产队，群众对集体丧失信心，因而要求包产到户，应当支持群众的要求，可以包产到户，也可以包干到户，并在较长的时间内保持稳定"[9]。这实际上也就是默许了放弃或者说变革人民公社制度。一方面家庭承包制的实践效果人人看在眼里，另一方面国家政策层面上也出现了松动。于是，由安徽省率先实施的家庭承包制迅速扩散向全国各个地区，并取代了人民公社制度，农村生产制度发生了根本性的变革。

在生产制度发生根本性变革，农村经济随之产生巨大变化的基础上，以集体所有制为主的乡镇企业开始蓬勃发展起来。从这个时候起，中国开始采取一种有别于苏联和东欧社会主义国家以改革现有国营企业为主的新战略，也就是不在国营经济中采取重大变革，而是把改革的焦点放到非国有部门中去，在那里创建市场导向的企业，并依托它们来实现经济增长的战略，这种战略被称为"增量改革"战略或者"体制外先行"战略[2]。

专题 3.1

莫干山会议

20 世纪 80 年代对于中国来说是一个充满了解放思想和开拓创新的年代，改革开放也是从这个时候开启的。在这段时期若干流传后世的事件中，1984 年的莫干山会议是一次对后世影响巨大的会议。

从会议背景来看，1978 年的十一届三中全会开启了经济改革的纪元，但是最初的改革主要局限于农村。到 1984 年左右，农村改革已经颇有起色，城市改革却尚未起步。邓小平当时指出"改革要从农村转到城市"。1984 年邓小平南行后，发表了肯定特区发展经验和进一步增加沿海开放城市的讲话，推进中国改革开放事业迈向新阶段得到了决策层的支持。同年，中共高层决定在 10 月召开十二届三中全会，讨论与体制改革有关的一系列重大问题，而到了 1984 年起草中共十二届三中全会《关于经济体制改革的决定》时，文件究竟是以计划经济为主，市场调节为辅基调，还是大胆改革，多些商品经济，承认商品经济，在高层内部不同的意见面前遭遇了许多反复和波折。可以说莫干山会议前夕，国家正在面临无比重大的方向抉择。

从会议发起的基础上说，十一届三中全会打开了人们禁锢的思想，包括高校青年教师、社科院青年研究队伍、政府部委相关的研究机构中的一大批中青年经济学者崭露才华，民间也存在着大量关心经济社会改革的中青年，他们一直以各种形式探索中国经济社会发展的未来。时称"京城四君子"的朱嘉明、王岐山、翁永曦、黄江南在 1980 年提出了《关于中国经济调整和改革若干阶段问题的看法》并得到了当时国务院有关负责人的重视，国务院有关负责人约见并听取了他们关于改革开放的意见。这些为莫干山会议的召开奠定了人才、思想和组织基础。

筹备会议过程中，大家发现完全由民间主办这个全国性的学术会议有很大的困难，于是，筹备组决定联合中央级新闻单位和地方研究机构出面主办。联合主办单位包括《经济日报》、《经济学周报》、《世界经济导报》、《中国青年报》、《中国青年》、中央人民广播电台、浙江省社会科学院、浙江经济研究中心等。会议筹备工作组最终包括组长：张钢；副组长：徐景安、黄江南；成员：卢健（中央财经领导小组办公室）、周其仁（中国农村发展问题研究组）、高善昆（经济日报）、周小川（清华大学）、陆微微、崔维德、朱杏清、周平、刘佑成、王小鲁、孙祥剑、胡世英、卢迈。

1984年9月3日，"中青年经济科学工作者学术研讨会"在浙江省莫干山450号正式召开。除了前期论文征稿入选的作者外，还邀请了学者代表124人，中央部委代表8人，浙江省代表19人，加上新闻界代表、会议领导小组成员等，共计180余人。这其中包括中共中央书记处农村政策研究室王岐山、中共中央书记处研究室左芳、中宣部理论局贾春峰、中央组织部青年干部局闫淮、中央办公厅李英汤、浙江省省长薛驹、宣传部部长罗东等政府重要领导。

这次会议的主要议题包括价格改革、对外开放战略、金融体制改革、农村改革和发展等，产生了很多富有思想性和建设性的成果，经过整理，产生了8份专题报告，提交了有关领导。其中最终由王岐山、周其仁联合执笔完成的《改革粮食购销体制和农村产业结构》的报告，上报中央三个月后，中央一号文件就明确提出"农村进行第二步农产品的统派购销制度改革"。从这个角度看，1984年莫干山会议的成果为中央的经济决策提供了相当的智力支持。

从更加长远的时间角度看，这次会议大大促进了青年学者的成长，其中一批还进入了政府部门参与决策，如张维迎在其后进入当时的体制改革研究所工作。至于参与过这次会议的如今活跃在学术界或者政界的有影响力的人物，我们很容易想起周其仁、周小川、王岐山等名字。他们曾在1984年的会议中热血沸腾地讨论中国未来改革之路，如今也已成为可以对中国发展产生显著影响的重要人物。

专题3.2

永载史册的生死契约

"我们干部坐牢杀头也甘心，大家社员也保证把我们的小孩养活到18岁。"

1978年12月16日晚上，新中国成立以来全队115人中没有一人是共产党党员的小岗村生产队召开了一次永载中国历史、永载中国共产党党史的会议。除了严国昌、关友德出走外，其余18户村民全部集中在社员严立华家。

首先，严宏昌开了口："今天把大家找来开会，主要请大家谈谈，各个组内怎样才能不吵不闹，怎样才能把生产搞好。"

老农严家芝首先发言："我们队想要不吵闹，想要有口饭吃，只有分开，一家一户地干。"

关庭珠接着说："刚解放时，我们都是单干。那时候人们都是和和气气、家家有余粮。单干肯定能干好，只是政府不允许。"

此时会场一片沸腾，议论不断。

"只有单干，我们才能不吵不闹。""单干了，如果我们再干不好，只能怪自己。""如果同意我们单干，我们保证不给你们队干部添半点麻烦。"

队长严俊昌表了态："既然大家都想单干，我们当干部的也不装孬。"

严宏昌此时站了起来，说："我讲几句，看样子我们队只有分到户干了。但是我们必须定个协议：第一，我们分田到户，瞒上不瞒下，不许向任何外人讲，谁个讲出去，谁个不是人。第二，每逢夏秋两季交粮油时，该是国家的给国家，该是集体的给集体，到时不准任何人装孬种，更不能叫我们干部上门要。只要大家同意这两条情况，在字据上捺手印，我们干部就同意分开干。"

"同意，我们同意捺手印。"大家齐声说。

严家芝在一旁插话："万一被上头发现了，队干部弄不好要蹲班房，家中老小怎么办"？

会场一片沉默。

严家其打破了沉默："万一走漏了风声，队干部为此蹲班房，我们全体社员共同负责把他家的农活全包下来，还要把他的孩子养到18岁。"

又是一片赞同声。

紧接着，大家赌咒发誓，他们把这几条写在一张学生作业本纸上，形成了一份类似生死协定的"契约"。昏黄的灯光下，18位农民代表全队 20 户人家（两户在外讨饭未归）神情严峻地在自己的名字上按下了一个个鲜红的手印。

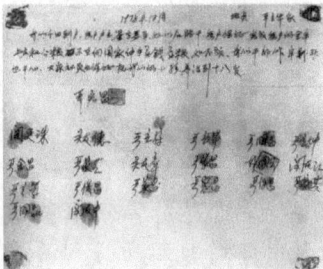

契约上写道，"我们分田到户，每户户主签字盖章，如以后能干，每户保证完成每户的全年上交和公粮，不在（再）向国家伸手要钱，要粮。如不成，我们干部作（坐）牢杀头也干（甘）心，大家社员也保证把我们的小孩养活到十八岁"。这份契约现藏中国革命博物馆。

这 18 个人是严宏昌、严俊昌、严立学、严国品、关友江、关友申、严家其、严付昌、严学昌、韩国云、关友章、严家芝、关庭珠、严立坤、严立华、严立付、严美昌、严金昌。

会议一结束，他们连夜将牲畜、农具和耕地按人头包到户，拉开了中国农村波澜壮阔的改革序幕。正是这次"秘密会议"，正是这18位农民的"赌咒发誓"，正是这"十八颗红手印"，谱写了永载凤阳历史、中国历史，并与《凤阳歌》齐名的又一首响彻中华大地的名曲——《大包干歌》：大包干，大包干，直来直去不拐弯；保证国家的，留足集体的，剩下都是自己的。

专题 3.3

人民公社

人民公社（俗称"吃大锅饭"）在中国属于一种"政社合一"的组织，分为农村人民公社和城市人民公社，而以前者最为有名。人民公社既是生产组织，也是基层政权，普遍存在的时期是1958~1984年，并随着市场经济的建立而解体，全部被乡、镇取代。

"人民公社"这个名词实际上是刘少奇与另外几个领导在闲聊中发明的。据刘少奇1958年11月在郑州会议上的讲话，大概是该年4月，在赴广州的火车上，其与周恩来、陆定一、邓力群闲聊，"吹半工半读、吹教育如何普及，另外就吹公社，吹乌托邦，吹过渡到共产主义"。其后在1958年8月上旬，毛泽东到河北、河南与山东等地视察，与当地负责人谈到"小社"并"大社"取什么名字的问题时说道："看来'人民公社'是个好名字，包括工农兵学商，管理生产，管理生活，管理政权。"毛泽东还总结了人民公社的特点，"一曰大，二曰公"。这些消息见报后，全国各地纷纷效仿，四处响起了"人民公社好！""人民公社万岁"等口号，于是人民公社的名称也就随之确立下来。

典型的人民公社由几个高级农业生产合作社合并而成，较小的大致相当于一个"乡"，有4 000~5 000户。公社包括地方政府的各种职能，并全部受党的控制。公社分为生产大队，大队又分为生产队，生产队相当于以前的农业生产合作社。国家每年为每个公社下达生产任务指标，公社将指标逐层下达，农民所有生产由国家计划及统一收购，农民所需商品由国家统一支配。农民所得由"工分"决定，工分值是劳动单位总产值除以人数后的平均值，再平摊到一年节假日除外的工作日后所得到的记名工价。公社内所有农户的自留地被收回，私有物件小至锅、盆、桌、椅都要交公。公社里所有劳动力受统一控制，妇女也有工作，儿童送去日托以提高工作效率。农民一度在大食堂吃饭，企图建立按需要免费供应食物和必需品的制度。公社期望能唤起农民的主动精神，建立自给自足的地方性社会。

类似于苏联农业集体化后的产量下降，耕种公地的结果是农民们没有直接的责任感，生产积极性不高，发生了社会懈怠现象。当个体认为自己的工作已湮没在团体之中时，就会在团体中懈怠下来，这也可以解释为什么在包产到户后粮食产量大幅提高。

人民公社还产生了社队企业，也就是中国乡镇企业的前身。当时的模式是国营的大型企业除满足国家计划之外，生产的多余产品就近销售到附近企业，其中包括社队企业，产品有电子产品、机床、钢铁等。

2. "增量改革"内容和措施

非国有部门的改革是"增量改革"战略的主要内容，在这一阶段，发展非国有部门经济的内容主要包括以下三个方面。

(1)允许非国有性质企业的存在和成长。是否允许非国有经济的发展，在中国一直是一个非常具有政治敏感性的问题，因此，在改革初期，非国有经济只能迂回发展。在农村的包产到户取得成功后，社会对非国有经济的思想发生了变化，私人性质的企业开始慢慢得到认可，取得了实质上的合法地位，并从此得到了越来越快的发展。实际上，从经济体制的角度看，1979 年改革开放以来，中国的经济体制改革主要从两条主线开展，一是经济运行机制的改革，即逐步确立以市场作为资源配置的基础，国家主要运用经济和法律手段调控宏观经济的运行。二是所有制结构的调整，即从完全的公有制经济逐步转向"公有制为主体，多种所有制经济共同发展"。经济学家薛暮桥在 1979 年针对全国城镇存在大量待业人员，严重影响社会安定的情况，提出应该大胆发展多样化的经济成分，以扩大就业门路。此后事实证明，放开非公有制和非国有经济的发展，使个体、私营、外资企业发展起来，不仅解决了大量就业问题，更使我国经济大大活跃起来，人民生活水平迅速改善。

(2)建立经济特区，利用特区实现与国际市场的对接。中央政府吸取其他国家建立出口加工区和自由港的经验，利用沿海地区方便与外界交流的优势，通过建立一批对外开放的重点城市，加强国内市场与国外市场的沟通，积极参与国际市场的激烈竞争，由外而内地推动国内市场经济力量的成长。

(3)尝试建立"既开放又改革"的综合实验区，在整块的区域内系统性地建立完整的市场经济体系。自从 1985 年广东省的广州、佛山、江门、湛江等四个城市被国务院确定为"全国经济体制综合改革城市"以来，经过十多年的发展，到 20 世纪 90 年代中期，中国从辽东半岛到广西沿海一线已经涌现出了一些成片的市场开始形成、经济具有很强活力的地区，市场力量的作用从这些地区向四面八方辐射，成为推动市场化改革的强大基地[2]。

3. 民营经济的出现和快速发展

民营经济是中国经济转型时期特有的概念，从中国特定的历史背景和体制变迁角度来看，民营经济的本质在于"非官营"。从这个意义上来看，民营经济不仅包括非国有经济，而且包括各种形式的国有(公有)民营企业。1992 年以前，民营经济迅速发展的主体是乡镇企业。乡镇企业的源头可以追溯到人民公社时期的社队企业，但是社队企业的存在限于就地取材、就地加工、就地销售，实际上是一种自给自足性质的经济。而农村改革后兴起的乡镇企业，除了就地加工之外，就地取材和就地销售这两个限制已经被打破，因而迅速发展起来。与此同时，乡镇企业的迅速崛起，使原来相对简单的城乡工农产品交换关系转向全方位的市场交换关系，成为推动产品市场化的重要动力[10]。

实施"增量改革"，逐渐放开非国有制经济发展的过程中，民营经济抓住机会日益发展壮大起来，到了20世纪80年代中期，民营经济无论在工业经济还是整个国民经济中，都占有相当比例，并占据了举足轻重的地位，如表3.1和表3.2所示。

表3.1　中国各经济成分在工业总产值中的比重（单位：%）

年份	国营企业	集体企业	其他
1978	77.6	22.4	0.0
1980	76.0	23.5	0.5
1985	64.9	32.1	3.0
1990	54.6	35.6	9.8

资料来源：《中国统计年鉴》

表3.2　中国各经济成分在零售商业销售额中的比重（单位：%）

年份	国营企业	集体企业	其他
1978	54.6	43.3	2.1
1980	51.4	44.6	4.0
1985	40.4	37.2	22.4
1990	39.6	31.7	28.7

资料来源：《中国统计年鉴》

伴随着十多年"增量改革"的是中国经济的高速增长（图3.2～图3.4）。在1978～1990年的13年中，GDP年均增长14.6%，城镇居民家庭人均可支配收入年均增长13.1%。

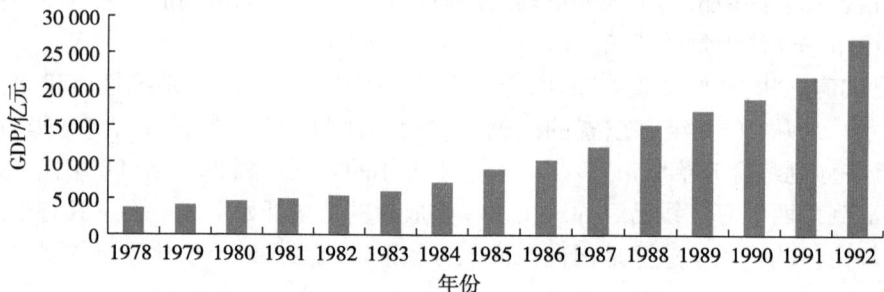

图3.2　1978～1992年中国GDP变化

4."双轨制"经济结构的形成和评价

1979年以来，随着经济体制改革的推进，中国传统计划经济体制逐渐解体，市场经济因素逐渐发育和成长起来。

计划经济逐渐解体主要表现如下：①政府作为唯一资源配置主体和经济主体的格局开始改变。这体现为：一方面随着放权让利改革的实施，企业的自主独立性增强，国有性质企业逐步成为经济主体并拥有一部分资源配置的权力；另一方面乡镇企业、个体私营企业

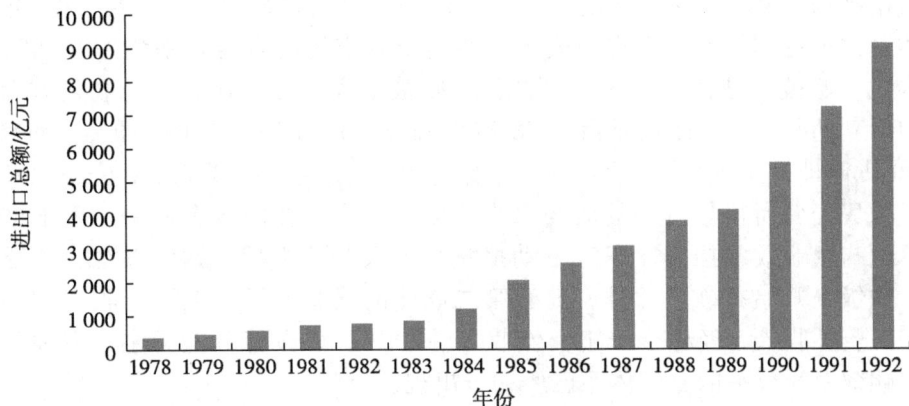

图 3.3　1978～1992 年中国进出口总额变化

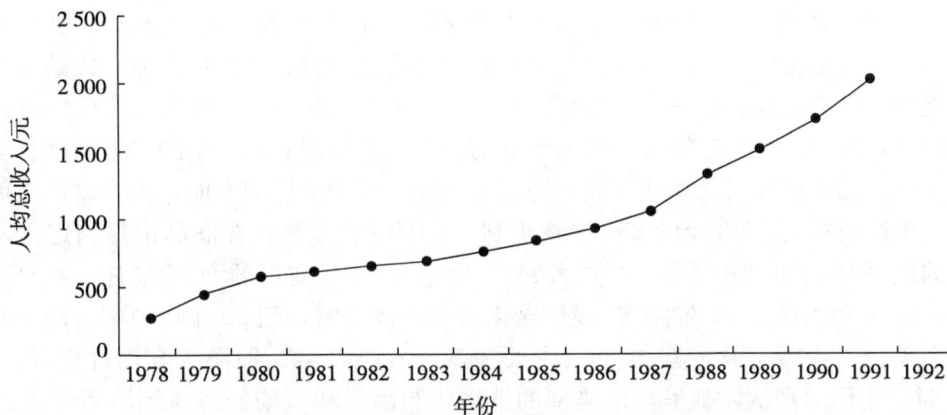

图 3.4　1978～1992 中国城镇居民家庭人均总收入变化

资料来源：国家统计局

和三资企业具备相对完备的市场主体性，成为独立资源配置的主体。②单一所有制结构逐步转变为多元化所有制结构。工业所有制结构中的这项变化最为显著。在工业总产值中，国营工业的比重由 1978 年的 77.6% 下降到 1991 年的 52.9%，而集体所有制的比重由 22.4% 上升到 35.7%，个体工业和其他所有制的比重从零上升到 11.4%。③单一指令性计划的资源配置方式转变为计划与市场并存的双轨方式。1979 年以前，主要是以指令性计划作为资源配置的手段，但从 1979 年开始，国营企业的生产、生产资料、资金供应等方面的指令性计划逐渐减少，相应地，指导性计划及市场调节的比重逐渐加大。到 20 世纪 90 年代初期，计划与市场并存的资源配置方式基本形成。④经济组织格局开始从条块分割向以市场为纽带的一体化格局转变，1979 年以后，伴随着经济市场化进程的推进，以及市场在资源配置中作用的增强，市场开始成为重要的经济整合机制，在经济组织体系中发挥重要作用。与此相适应，20 世纪 80 年代，政府在宏观上先后采取了推进横向经济联合及发挥中心城市在经济区中的作用的措施，国民经济的组织格局开始摆脱原有的条块分割，以市场为纽带的经济一体化格局开始形成。⑤个人收入分配方式由平均主义转向按劳分配为主，多种分配方式并存的方式。在 1979 年后，伴随经济体制改革特别是分配方式的改革、各类要素市场的发育，平均主义和"大锅饭"的分配方式开始被打破，在农村，"大锅饭"则被彻底打破。在农民纯收入方面，从集体经营中得到的收入所占的比重由 1978 年的 66.3％降为 1991 年的 9.3％，而家庭经营纯收入和其他非生产性收入所占的比重则由 1978 年的 33.7％上升到 1991 年的 90.4％，农民经营所得与劳动的质与量直接联系起来。在国营企业中，由于推行了企业工资总额与企业效益挂钩、职工劳动报酬与个人劳动贡献挂钩的办法，传统体制下铁工资、铁饭碗开始打破。此外，随着第二职业的兴起，职工工资外收入增加，1990 年，职工工资外收入已经相当于工资性收入的 50％。以按劳分配为主，多种分配方式并存，兼顾效率与公平的分配体系已经初步出现。

同时，市场机制逐步成长和完善：①市场初步具备作为资源配置机制的完整形态。1979～1991 年，市场机制作为一种独立的资源配置机制发挥作用所需要的产权制度已经基本形成，具体表现在，一方面，多元的所有制结构已经出现，市场主体呈现多元化格局，作为主要市场主体的国营企业已经基本具有自己的产权，其他所有制形式的市场主体则具有更加完整的产权。另一方面，到 1991 年，市场主体、市场客体、市场场所、市场机制、市场规则、市场调控等市场作为独立的资源配置机制必须具备的要素均已有了相当的发育程度。②市场开始发挥独立的资源配置功能，在物资分配方面，由国家计委负责平衡分配的生产资料由 1978 年的 256 种减少到 1991 年的 22 种；在商品价格制定上，由市场定价的比例由 1979 年的不足 9％扩大到 20 世纪 90 年代初期的 80％左右；生产建设资金方面，1979 年以前 70％的生产建设资金来源于财政拨款，到 90 年代中期，70％的生产建设资金来源于银行贷款，其他 30％主要来源于社会债券、股票、利用外资等[11]。到 1991 年时，中国的经济体制呈现出典型的计划体制因素和市场经济体制因素并存的二元经济体制格局。这种二元经济体制体现为各个方面的双轨制，包括生产资料供应和价格的双轨制、国家银行贷款利率和市场利率的双轨制、外汇牌价和调剂市场价格的汇率双轨制等。

对于双轨制的利弊，经济学家有着不同的看法。

美国经济学家 Morphy 等[12]认为，如果不是一起放开所有的价格，就会产生资源配置的扭曲。而且，它会在国营企业（能够获得变相补贴）与民营企业（只能以市场价格获得资源）之间造成不平等的竞争，是阻碍民营经济进一步发展壮大的因素。

Lau 等[13]则肯定了价格双轨制在稳定国营经济的生产和实现帕累托改进等方面的积极作用。他们通过一般均衡分析，论证了双轨价格自由化的特性。国家经济体制改革委员会体制改革研究所 1986 年的一份报告从经济和政治两个方面论证了价格双轨制的积极作用，提出可以把"行政权力货币化"和"资本化"作为推进改革的重要手段来使用[14]。

其他一些中国学者对"双轨制"带来的社会政治后果给予了关注。他们认为，双轨制的制度安排所造成的经济和社会后果是双重的，一方面，它给民间创业活动一定的空间，使各类型的民营企业得以成长；另一方面，如果持续地给国营经济优惠待遇，又会在一定程度上阻碍民营经济的发展。特别值得注意的是，这种双轨制的制度安排造就了广泛的寻租环境，进而导致了腐败的发生和蔓延。如果不能及时通过改革消除这一制度祸根，就有可能酿成严重的经济、社会和政治后果。

　　另外，双轨制带来的权力寻租问题也贯穿了整个市场经济改革过程，并随着 20 世纪 80 年代中期的"官倒"现象进入人们的视野中。

专题 3.4

官倒与倒爷

　　"官倒"是 20 世纪 80 年代出现的词汇，是指有官方背景的倒买倒卖的投机者。当时，在中国进行的经济改革过程中，一些官员或官员的亲属利用权力、价格双轨制等谋取利益。

　　当时中国的物品价格是双轨制的，除了按供求关系调整的市场价格外，有些重要物资会用特定的、低于市场的价格提供给指定企业，称为计划供应。同一种物资，市场与计划之间的差价十分大。于是，有政府部门或掌权的官员利用他们可以调拨物资的行政权力，占有计划物资转到市场高价出售，从中获利，这些政府部门或官员就称为"官倒"。

　　在 20 世纪 80 年代倒买倒卖的风潮中，"官倒"只是"倒爷"群体中的一类，其他类型包括简单的"投机倒把"，非法牟利；利用不正当人际关系，通过"走后门，批条子"来行贿受贿、倒买倒卖。在那个年代，火车硬座、麻包袋几乎成了"倒爷"们共同的道具。有趣的是，据说温州美特斯邦威老总在发家之前，也是用麻包袋装着布料蜷缩在火车硬座底下跑买卖的。

　　在众多的"倒爷"中，牟其中算是鼎鼎有名的一个。牟其中是当时南德公司董事长，他的最大壮举是"倒飞机"。"1989 年牟其中从万县坐火车到北京准备推销竹编和藤器，在火车上认识了一个河南人，两人天南海北地吹起来。从河南人口中，牟其中知道了正在面临解体危机的苏联准备卖图-154 飞机，但找不到买主。两人东吹西吹，竟使牟其中做起了飞机梦。于是，牟其中在京郊租了一间民房，也不推销竹编、藤器了，到处打听有谁要买飞机。牟不懂航空，像无头苍蝇一样到处钻。后来，他终于打听到当时开航的四川航空公司（简称川航）准备购进大飞机，以逐步换掉运7、运12 飞机。牟其中找到川航，正处于上升通道的川航自然很感兴趣，因为当时购买一架图-154 飞机需人民币五六千万元，而买一架波音客机则需两三亿元。于是，经国家计委批准、中国民用航空局同意，川航购进了牟其中以货易货购进的 4 架图-154 飞机。牟其中在山东、河北、河南、重庆、四川等七个省市组织了 500 车皮商品交给苏联，单此一笔，牟其中就赚了八千万到一个亿。"（《天府早报》）

　　牟其中还提出过多项宏伟策划：把喜马拉雅山炸个 50 千米宽、2 000 米深的口子，引入暖湿气流，让中国西北成为降雨区；1993 年提出要在满洲里独家开发一个边贸口岸，建设"北方香港"。他还提出过搞活 300 家国有大中型企业的"765 工程"，最早意识到通过对国有企业的重组和倒卖积累财富。1989 年,他成为中国第一个受邀参加瑞士达沃斯论坛的中国民营企业家。1994 年他被《福布斯》列入全球富豪榜，达到声望的顶峰。

1997 年，一本突然出现的杂志增刊《大陆首骗牟其中》让南德集团分崩离析，当年他的手下干将冯仑、潘石屹、王功权等较早离开他创业，如今都成了中国的商界巨头。随着 20 世纪 90 年代后期市场经济的建立和商品流通机制的完善，"倒爷"们逐步失去了存在的土壤，"倒爷"也逐步淡出人们的视野。

■ 3.3 "全面改革"——整体推进的改革新局面

1. 新的改革目标的确定：建立社会主义市场经济

1992 年是中国经济体制改革进程中重要的一年，邓小平发表的著名的南方谈话，一扫改革和思想领域的沉闷，引发了一场新的思想解放运动，推动中国进入了一个全新的历史时期——向社会主义市场经济转轨时期。同年，中共十四大明确提出建立社会主义市场经济体制的改革目标。1993 年 11 月的十四届三中全会通过了《中共中央关于建立社会主义市场经济体制若干问题的决定》，对社会主义市场经济体制的框架做出了全面系统的规定。会议还明确提出了"整体推进、重点突破"的新改革战略，要求在 20 世纪末初步建立起社会主义市场经济体制。另外，会议为财税体制、金融体制、外汇管理体制、企业体制和社会保障体系等重点方面的改革提出了目标。从 1994 年左右开始的这一系列的改革和创新，为此后十多年的发展指明了方向，奠定了基调，并促使中国在 20 世纪末初步建立起了社会主义市场经济新体制。

2. 财政税收体制的重建[7]

1949 年新中国成立后，参照苏联模式建立了高度集权的财政税收体制。这套体制的主要特点如下：①政府的公共财政与企业财务合一，组成统一的国家财政系统。②政府运用自己的定价权和国营企业的垄断权，通过税收以外的方式组织大部分预算收入。③不同部门和不同企业之间财政负担差异巨大。④财政税收体制高度集中。此后，直到 1978 年，除了"体制下放"时期试行过中央和地方之间"比例分成、三年不变"、投资大包干、企业利润全额留成、流动资金全额信贷等行政性分权体制外，财政体制始终保持着高度集权。

1980 年中国政府对公共部门采取了"让权放利"的方针，除了北京、天津、上海三个直辖市外，其他省份全面推行"划分收支、分级包干"的政策，也称为"分灶吃饭"。这个体制在 1988 年进一步发展为"财政大包干"，将我国 37 个省、直辖市、自治区和副省级"计划单列市"全部纳入包干体系。这种财政包干制度虽然使地方政府的积极性得到了一定程度的发挥，促使地方政府保护和支持本地企业发展。但也带来了一系列消极后果，如中央财政收入下降过多，使国家履行社会职责的能力大大下降；强化了地方保护主义，各个地方政府采取地区封锁、税费歧视、变相补贴等办法保护地方企业免受外地企业竞争冲击。

在此基础上，十四届三中全会提出了新的财政税收体制的改革方向，全会要求在合理划分中央与地方政府为公共服务提供支持的责任范围的同时，按照统一税法、公平税负、简化税制、合理分权的原则，进行税收制度改革，将包干制改变为分税制。

分税制财政管理体制是指将国家的全部税种在中央和地方政府之间进行划分，从而确定中央财政和地方财政各自的收入范围的一种财政管理体制。其实质是根据中央政府和地方政府的事权确定其相应的财权，通过税种的划分形成中央与地方的收入体系。1993 年 12 月，国务院发文《关于实行分税制财政管理体制的决定》，决定从 1994 年 1 月 1 日起改革现行财政制度，改革主要内容包括以下五点[15]。

(1)中央与地方事权和支出的划分。中央财政主要承担国家安全、外交和中央机关运转的必需经费，调整国民经济结构、协调地区发展、实施宏观调控所必需的支出及由中央直接管理的事业发展支出。地方财政主要承担本地区政府机关运转所需支出及本地区经济、事业发展所需支出。

(2)中央与地方收入的划分。根据事权和财权相结合的原则，将税种划分为中央和地方收入，将维护国家权益、实施宏观调控所必需的税种化为中央税；将同经济发展直接相关的主要税种划为中央与地方共享税；将适合地方征管的税种划为地方税，并充实地方税种，增加地方税收收入。

(3)中央财政对地方税收返还数额的确定。中央财政对地方税收返还数额以 1993 年为基准年进行核定。按照 1993 年地方实际收入以及税制改革和中央地方收入划分情况，核定 1993 年中央从地方净上划的收入数额(即消费税＋75％增值税－中央下划收入)。1993 年中央净上划收入，全额返还地方，保证现有地方既得财力，并以此作为中央对地方的税收返还基数。1994 年以后，税收返还额在 1993 年基数上逐年递增，递增率按全国增值税和消费税的平均增长率的 1∶0.3 系数确定，即上述两种税全国平均每增长 1％，中央财政对地方的税收返还增长 0.3％。如果 1994 年以后上划中央收入达不到 1993 年基数的，则相应扣减税收返还数额。

(4)原体制中央补助、地方上解及有关结算事项的处理。原体制中央对地方的补助继续按规定补助。原体制地方上解仍按不同体制类型执行：实行递增上解的地区，按原规定继续递增上解；实行定额上解的地区，按确定的上解额，继续定额上解；实行总额分成和分税制试点地区，暂按递增上解办法，即按 1993 年实际上解数，并核定一个递增率，每年递增上解。原来中央拨给地方的各项专款，该下拨的继续下拨。地方 1993 年承担的 20％部分出口退税以及其他年度结算的上解和补助项目相抵后，确定一个数额，作为一般上解或一般补助处理，以后年度按此定额结算。

(5)实行分税制的配套改革措施。首先，改革国有企业利润分配制度。其次，同步进行税收管理体制改革，建立以增值税为主题的流转税体系，统一企业所得税。最后，改进预算编制办法，硬化预算约束。

为配合分税制的改革，国务院在 1993 年 12 月批转了国家税务总局《工商税制改革实施方案》，按照"统一税法、公平税负、简化税制、合理分权"的原则进行了税制改革，主要内容如下。

(1)建立以增值税为主的流转税制度。改革后的流转税制由增值税、消费税和营业税组成。在工业生产领域和批发零售业普遍征收增值税，对少量消费品开征消费税，对不实行增值税的劳务和销售不动产征收营业税，并将一般增值税的税率定为价值增值的17％，低税率定为13％。

(2)统一企业所得税。从1994年1月1日起统一内资企业所得税，下一步再统一外资企业所得税；取消"国营企业调节税"和向国有企业征收"两金"；建立新的规范化的企业还贷制度。

(3)个人所得税方面。把原来征收的个人所得税、个人收入调节税、城乡个体工商户所得税统一起来，区别不同的所得项目，分别设计税率。个人所得税税率采取超额累进制。

(4)其他税种的改革。例如，开征土地增值税、改革资源税、改革城乡维护建设费，将对股票交易征收印花税变更为征收证券交易税，适当提高土地使用税的税额并扩大征收范围；将特别消费税和燃油特别税并入消费税，盐税并入资源税等。

在税务体系建设方面，组建国家税务局和地方税务局两套征管体系，中央专享税和中央与地方共享税由国家税务局征收，地方专享税由地方税务局征收。在加强税收稽征管理的同时，清理和整顿各级地方政府的收费、摊派项目和"预算外收入"，将保留的部分纳入法定的预算收入管理。相关措施实施后，税务行政管理将形成法规、征收、稽查和复议诉讼四条线并重，相互协调制约的新格局。

尽管1994年的财税体制改革牵涉了巨大的利益关系，但是总体进行得比较顺利。经过这次财税体制改革，中国终于建立了适合市场经济的财税制度的基本框架。这次分税制财税制度改革在开始实施的第一年(1994年)就产生了明显的效果，见图3.5～图3.7。当年税收增长900多亿元；1994～2002年全国财政收入年均增长17.5％，占GDP比重由1993年的12.6％提高到18.5％；中央财政收入占全国财政收入额比重比改革前提高了33百分点，年均增长16.7％。同时，中央财力充实后，对地方的转移支付金额年均增长率达到36％。

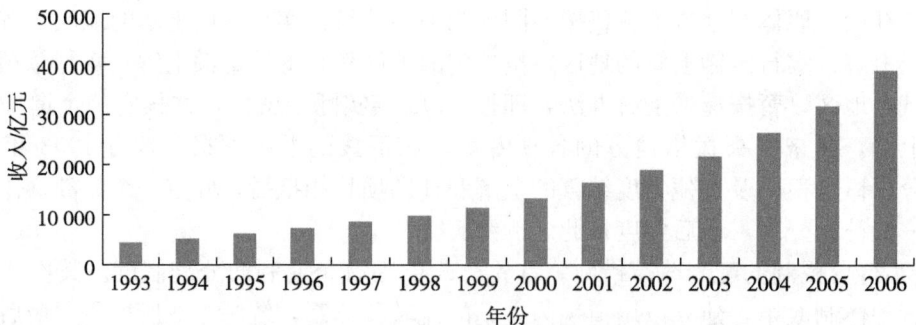

图3.5　1993～2006年全国财政收入变化

3. 金融体系的重组和改革[7]

金融体系是现代经济最重要的架构之一，按照市场经济的要求重建金融体系，是从计

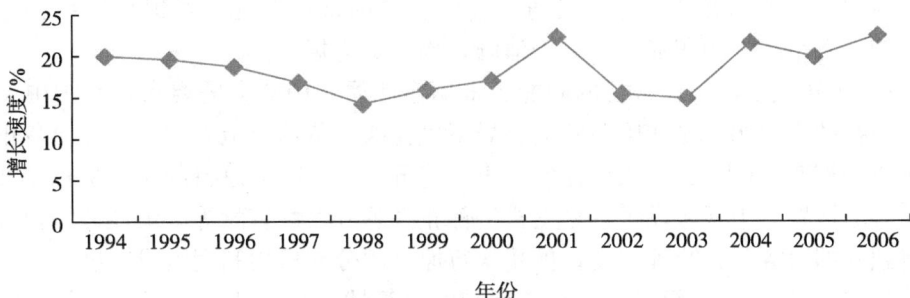

图 3.6　1994～2006 年全国财政收入增长速度变化

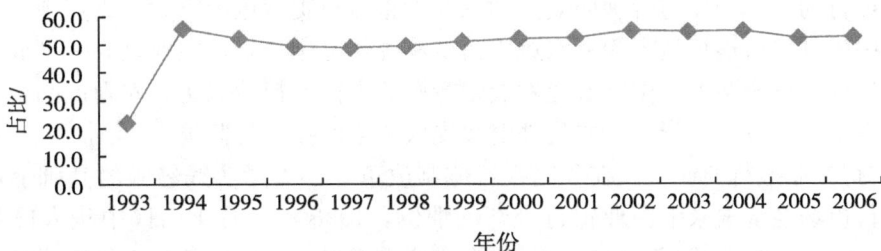

图 3.7　1993～2006 年中央财政收入占国家财政总收入的比例变化
资料来源：国家统计局

划经济转变到市场经济的核心内容之一。金融体系内容主要包括金融市场、金融中介和金融监管制度三个方面。

金融市场按照不同标准可以划分为货币市场和资本市场、信贷市场和证券市场、债券和股票市场、一级市场和二级市场、交易所和场外交易市场，其基本功能是从拥有富余资金的人手中把闲置的资金引导到资金短缺的人手中。金融中介是指介于资金富余者和资金短缺者之间的企业和其他社会组织，包括商业银行、投资银行、保险公司、基金等。金融中介主要起到三个作用：一是在储蓄者和借款人之间建立沟通渠道；二是在传导货币政策方面起重要作用；三是提供多种金融服务。金融监管制度是界定金融市场参与各方的权利和责任并规范和约束其行为的一套制度安排。各市场经济国家政府对市场的监管通过执行强制性的信息披露制度和惩治违法犯罪行为，以此来保护投资者特别是中小投资者的利益。

20 世纪 70 年代末"文化大革命"一结束，中国政府就着手重建银行体系。1979 年 1 月，中国人民银行从财政部分离出来，独立办公。同年 2 月，国务院决定将中国银行从中国人民银行中独立出来，成为前者专属外汇专业银行。同时，中国农业银行也恢复设立，成为中国人民银行所属的农村金融业务专业银行，农村信用社普遍恢复，成为中国农业银行的基层机构。同年 8 月，中国人民建设银行从财政部独立出来，成为中国人民银行所属固定资产投资贷款专业银行。1984 年，中国工商银行成立，主要负责办理工商企业信贷和城市储蓄业务。除专业银行外，多种形式的银行和非银行金融机构也开始建立。1984 年以后，地方银行、信托投资公司、保险机构等纷纷开始设立。总之，在 20 世纪 80 年代，中国逐步建立起了与市场经济国家形式上接近的金融体系。

1994 年的金融体制改革，重点在进一步转变金融部门职能，对银行体系进行了补充和完善，使金融系统内的职能分工更为清晰，操作更为规范。

(1)进一步转换中国人民银行的职能。根据十四届三中全会的要求，作为中央银行的中国人民银行的主要职责是在国务院的领导下独立执行货币政策，同时，按照货币政策的执行由多级调控改为(中央)一级调控的要求，将分支机构改为总行的派出机构，并逐步实行跨行政区域设置。中国人民银行分支机构停止办理开发性贷款等政策性信贷业务，各级分行实行独立的财务预算管理制度，停止执行原来的分支机构利润留成制度。

(2)组建政策性银行。组建三家独立运转的政策性银行，即国家开发银行、中国进出口银行和中国农业发展银行。从中央银行和专业银行业务中剥离出政策性信贷业务，明确中国人民银行的宏观调控与管理职能。国家开发银行负责承担国家大型重点项目的专项贷款业务；中国进出口银行负责为大宗进出口贸易提供专项贷款，主要是为大型成套机电产品的进出口提供信贷服务；中国农业发展银行则负责国家粮油储备、农副产品合同收购和为农业基本建设发放专项贷款，并代理财政支农资金的拨付与监督。

(3)实行专业银行商业化。在我国银行体制改革取得大量实践经验的基础上，吸收参考其他实行市场经济国家中商业银行经营的惯例，1995 年 5 月 10 日《中华人民共和国商业银行法》在第八届人大常务委员会第 13 次会议上通过，于同年 7 月 1 日正式施行。该法实行后，中国工商银行、中国农业银行、中国银行、中国建设银行四大银行纷纷由事业单位变更为独立经营的企业，摆脱了旧的体制，向真正意义上的商业银行转变。四大银行首先从强化内部管理开始，推行贷款限额下的资产负债管理，同时在银行之间、银行与非银行金融机构之间开始了市场经济条件下的竞争与合作。

经过 20 世纪 80～90 年代的改革，中国建立起中央银行—国有商业银行的二级银行体系。实际上，建立这样一个新的银行体系是有现实考量的。首先，20 世纪 80 年代初期开始，政府部门储蓄长期入不敷出，企业部门的储蓄也无法满足自身投资的需要，经济中储蓄-投资的缺口日益扩大。如此一来，推进金融体制改革，促进企业投融资方式从单一的国家股权融资向以国有金融机构信贷方式为主的债权融资转变。经过 20 世纪 80～90 年代的两轮改革后，中央银行—国有商业银行二级银行体系形成，这不仅完成了企业投融资方式的转变，也一定程度上促进了国有银行由原来的开发性金融机构向商业性金融机构的过渡。

进入 21 世纪后，中国正式加入世界贸易组织(World Trade Organization，WTO)，并承诺有计划地进一步向外资银行开放市场。为化解中国银行业内在的风险，中国政府在 2003 年对国有银行进行了新一轮改革，其中心是国有商业银行改制，"就是要使国有商业银行走市场化的道路，推进产权制度的改革，推进公司治理结构的改革，真正把国有商业银行变成现代商业银行"[①]。

在这个目标的指引下，中国建设银行、中国银行、中国工商银行先后在上海证券交易所(简称上交所)和香港证券交易所上市，中国农业银行也于 2009 年 2 月改制成股份有限公司。与此同时，各类银行通过坏账剥离、补充资本、转制及管理体制再造等多种方式化

① 温家宝在 2004 年 3 月 14 日十届全国人大二次会议中外记者招待会上答记者问。

解金融风险，提升竞争力，稳定了整体的金融体系。在股权结构多元化的基础上，中国主要商业银行逐渐建立了相对规范的公司治理机制，部分银行还聘请了独立董事，并在董事会下设审计委员会、战略委员会等专业委员会，加强了内部监督，进一步明确了运作决策规则和程序，提高了信息披露力度。

在外汇管理体制改革方面，主要改革路径向着形成越来越灵活的人民币汇率决定体制、稳定汇率水平的方向展开。1994 年 1 月 1 日，外汇管理体制进行了改革，实现了人民币在经常项目下的有条件兑换，人民币官方汇率与调剂市场汇率并存的体制改革合并为以市场为基础的、有管理的单一汇率，同时将人民币大幅度贬值。2005 年 7 月 21 日，中国人民银行发布公告，正式施行以市场供求为基础、参考一篮子货币进行调节、有管理的浮动汇率制度，人民币汇率不再盯住单一美元，而是形成更富有弹性的人民币汇率机制[16]。

金融对外开放方面，主要是依照外商直接投资—外债—证券投资的顺序逐步放开资本管制。中国对外商直接投资（foreign direct investment，FDI）的管制一直比较宽松，除了部分战略性行业外，中国目前对 FDI 已经基本不存在限制。外债方面的管制主要集中在外债规模和期限结构上，而按照中国加入 WTO 做出的承诺，2006 年以后的外资银行可以向中资、外资、居民和非居民个人提供全面的本币和外币业务，这将推进外债管制的放松。证券投资方面，2001 年中国加入 WTO 后，B 股开始对境内居民个人开放，并且在之后的五年中，按照承诺逐步设立合资期货经营机构。同时，在 2002 年 12 月实施允许经过批准的境外机构投资者投资中国证券市场的境外合格机构投资者（qualified foreign institutional investors，QFII）制度，在 2006 年实施允许经批准的境内投资者投资境外证券市场的合格境内投资者（qualified domestic institutional investors，QDII）制度[16]。

4. 国有企业改革

20 世纪 80~90 年代，国有经济的状况越来越差，国有企业亏损越来越普遍，90 年代初，三分之一国企亏损，三分之一国企虚盈实亏，只有三分之一国企还能赚钱，如果比较国有企业全部盈亏额则问题更加严重。1993 年十四届三中全会《中共中央关于建立社会主义市场经济体制若干问题的决定》提出，深化国有企业改革必须"着力进行企业制度创新"，建立现代企业制度，即"产权清晰、权责明确、政企分开、管理科学"的企业制度。

1994 年 11 月，国务院选择了 100 家国有企业进行公司制改制试点，但是这次试点绝大多数企业只是在形式上改组成了国有独资企业，没有建立起有效的公司治理体制。1995 年 9 月，党的十四届五中全会指出，要着眼于搞好整个国有经济，通过存量资产的流动和重组，对国有企业实施战略性改组。这种改组要以市场和产业政策为导向，搞好大的，放活小的，把优化国有资产分布结构、企业结构同优化投资结构有机结合起来，择优扶强、优胜劣汰。党的十五大报告进一步阐明了这个指导思想。1997 年中共十五届四中全会通过《中共中央关于国有企业改革和发展若干重大问题的决定》，提出"从战略上调整国有经济布局和改组国有企业"，同时对国有企业公司化改制提出新的要求。以此为指导，国有企业开始了为期近 3 年的企业改革和脱困。这一阶段，国有企业一方面进行公司化改革，另一方面进行劣势企业兼并、破产，消除亏损来源。

国有大中型企业的公司化改革，大体上包含了3个相互衔接的步骤[2]。

(1)实现政企职责的分离。在计划经济时期，政府将社会管理者的职能和作为所有者的职能集于一身，"国营公司""集团公司"等经济组织既是行政机关，又是企业。为了分开政企两方面的职责，并由不同的组织行使，1998年新一届政府采取了一系列重大措施，将中央政府所属的兼有政企两方面职能的部级机构的行政职能移交给国家经济贸易委员会(简称国家经贸委)的"国家局"，随后又将这些"国家局"并入国家经贸委的各职能司。那些原来的行政性公司不再作为行政机构，成为不具有行政职能的企业。

(2)打破垄断，促进竞争。在计划经济条件下，为了追求规模最大化，通常一个行业只建立一个具有垄断性的企业。1998年以后，中国政府为打破垄断，形成竞争局面，采取了分拆改组的办法。以石油工业为例，在改革开放以前，国家设立了石油工业部和石油化学工业部，分别管理其上游业务和下游业务。随后这两个部又分别改组为中国石油化工总公司(SINOPEC)和中国石油天然气总公司(CNPC)这两个兼具行政职能和企业职能的行政性公司。1998年6月，这两个公司的行政职能移交给国家经贸委的国家石油工业部以后，政府决定将它们都改组为综合性石油公司。具体办法如下：将北方地区中石化的炼油、零售等下游装置移交给中石油，将南方地区中石油的油田移交给中石化，并允许它们在对方领域内投资和营运。这两个公司再加上原来从事海上石油开采的中国海洋石油公司(CNOOC)，使中国拥有了三个相互竞争的综合性石油公司。其他行业也采用类似的办法形成竞争局面。对于某些具有自然垄断性质的行业，采用把垄断经营限制在最小的范围中，并使这类垄断企业的运营能够保持在社会的监督之下的方法。

(3)企业重组上市。经过上述改革的国有企业仍然机构臃肿，冗员众多，债务沉重，资产质量很差。针对这种情况，这些企业的公司化改制选用了两种不同的方法来进行：一种方式是采用分拆、退休、介绍就业等方式对非核心资产和多余人员进行处理，然后对核心资产进行重组、首发(initial public offerings，IPO)和上市，即所谓的"整体上市"。另一种方式是将核心资产从原企业中剥离出来，进行重组、首发和上市，而将非核心资产、不良债券、富余人员等保留在原有企业中，以保证新设立的企业在账面上有良好的财务业绩并确保上市成功，即所谓的"剥离上市"。以上两种方法中，前一种方法的效果较好，但是需要比较长的时间；后一种方法见效快，但是遗留问题比较多。中国国有工商企业的重组多半采用后一种办法。在股权多元化的基础上，改制上市后的企业大多数都搭建了公司治理的基本构架。

三年的改革中，国有企业退出市场机制也逐步形成，2 000多户企业被兼并、破产，结束了国有企业有生无死的历史。国有企业职工流动机制初步形成，三年中有2 500多万名职工下岗。

经过三年的努力，国有企业改革和脱困基本完成。大多数大中型企业已经扭亏为盈，同时初步建立起现代企业制度。2000年1~11月，国有及国有控股工业实现利润达2 083亿元，与1999年同期相比增长了1.4倍；全年可以达到2 300亿元左右，比1999年增长1.3倍，比1997年增长1.85倍。截至2000年年底，轻工、纺织、机械、冶金、石油化工、建材、烟草、有色金属、电子、黄金、医药、电力12个行业实现利润增加或者扭亏为盈，煤炭和军工行业净亏损明显减少。截至2000年11月，国有大中型亏损企业2 208

户，比 1997 年减少 4 391 户，减少了 66.5％，这些企业有的实现扭亏为盈，有的通过关闭破产退出市场，有的被兼并或进行改制，到 2000 年年底，国有大中型亏损企业减少了 70％左右[17]。

2002 年中共十六大报告指出，"在坚持国家所有的前提下，充分发挥中央和地方两个积极性。国家要制定法律法规，建立中央政府和地方政府分别代表国家履行出资人职责，享有所有者权益，权利、义务和责任相统一，管资产和管人、管事相结合的国有资产管理体制"。这为升华国有资产管理体制改革确立了基本目标和原则。

2003 年，全国人大通过了关于成立国务院国有资产监督管理委员会（简称国资委）的决定。国资委在中央所属非金融企业中代表国家履行出资人职责，地方企业国有资产则由省市两级政府的国资委负责管理。国务院国资委的成立意味着中国国有企业的改革和运营在一个全权履行出资人职责的权威领导机构下进行，改变了多个部门分割行使出资人职能的混乱低效局面。按照中国共产党全国代表大会和国务院的有关决定，国资委的工作主要集中在两个方面：一是"调"，即进一步推进国有经济的布局调整，实现国家从一般竞争性领域的有序退出；二是"管"，即在国家尚未退出的公司中管理国家股权，行使股东权利[2]。

国资委成立后，针对国有企业改制过程中产权转让程序中存在的漏洞，迅速采取行动加以弥补。2003 年 12 月，国资委和财政部联合发布《企业国有产权转让管理暂行办法》，这个办法和随后发布的一系列文件，堵塞了此前多年公共财产向少数人转移的一个重要通道。国资委还针对国有企业公司治理存在的内部人控制的缺陷，通过建立和实施中央企业"负责人"（包括董事长、总经理、总会计师）的业绩考核制度、积极探索在海内外经理人市场公开招聘中央国有企业负责人等方式，强化了国家所有者在公司治理中的地位，遏制了内部人控制的趋势。

然而，在从 2004 年开始的"第三次改革大争论"中，质疑和否定改革开放的思潮在国有企业改革领域中爆发，强调国有经济对于社会主义国家重要性的声音越来越大，国有经济布局调整步伐开始放慢，而注入国有企业中的资产则不断增加。2007 年，国资委管理的中央国企的资产总额达到 14.6 亿元，比 2002 年翻了一番。财政部统计的全部非金融类国有企业的资产在 2002～2005 年也增加了 54％。在能源、原材料、交通、通信等国民经济上游行业，中央企业形成了强大的垄断优势。资料显示，中央企业承担着几乎全部原油、天然气和乙烯生产，提供全部的基础电信服务和大部分增值服务。国有企业依托在这些行业的垄断地位获取了巨额利润，而这些利润又不需要向国家分红，因而不能被运用到急需加强的公共服务领域。2007 年中央所属的国有企业利润总额达到 11 000 亿元，全部非金融类国有企业利润总额为 16 200 亿元，占 GDP 比例分别为 4.5％和 6.6％。国有企业巨额利润不经财政预算程序而自动转为投资资金，是中国经济增长过度依赖投资而消费增长乏力的一个重要原因。目前，国有经济布局调整工作任务中已经没有国家资本退出的内容，而以"提高国有经济控制力"为主要目的[2]。

参考文献

[1]毛泽东. 毛泽东选集(第五卷). 北京：人民出版社，1977：272-276.

[2]吴敬琏.当代中国经济改革教程.上海：上海远东出版社，2010.

[3]张维迎，栗树和.地区竞争与中国国有企业的民营化.经济研究，1998，(12)：13-22.

[4]许成刚，钱颖一，董彦彬.中国经济改革为什么与众不同——M型层级制和非国有部门的进入与扩张.经济社会体制比较，1993，(1)：29-40.

[5]张五常.中国的经济制度.香港：花千树出版公司，2008.

[6]李先念.李先念文选.北京：人民出版社，1989：324-336.

[7]马洪.马洪集.北京：中国社会科学出版社，2000：228-245.

[8]董辅礽.关于我国社会主义所有制形式的问题.经济研究，1979，(1)：21-28.

[9]中共中央文献研究室.三中全会以来重要文献选编(上册).北京：人民出版社，1982：507.

[10]杨启先，石小敏.中国经济体制改革基本理论.北京：中国人民大学出版社，2008.

[11]赵凌云.转轨与摩擦：1979—1991年中国二元经济体制的历史分析.中国经济史研究，2006，(3)：2-10.

[12] Morphy K，Shleifer A，Vishny R. The transition to a market economy：pitfalls of partial reform. Quarterly Journal of Economics，1992，(107)：889-906.

[13] Lau L，Qian Y Y，Roland G. Pareto-improving economic reforms through dual-track liberalization. Economics Letter，1997，(2)：285-292.

[14]张军."双轨制"经济学：中国的经济改革(1978—1992).上海：上海三联书店，1997：219-288.

[15]国务院.国务院关于实行分税制财政管理体制的决定，1993.

[16]张卓元，等.中国经济学60年(1949—2009).北京：中国社会科学出版社，2009.

[17]彭森，陈立，等.中国经济体制改革重大事件(下).北京：中国人民大学出版社，2008.

第4章

社会主义市场经济的内涵

计划经济多一点还是市场经济多一点，不是社会主义和资本主义的本质区别。计划经济不等于社会主义，资本主义也有计划；市场经济不等于资本主义，社会主义也有市场。计划和市场都是经济手段。

——邓小平

■ 4.1 从计划经济到市场经济的演化过程[1]

4.1.1 计划经济理论及其反思

1. 计划经济理论

马克思和恩格斯的计划经济理论：马克思和恩格斯否定了社会主义制度下还存在商品经济，按照他们的分析，商品经济是私有制和社会分工的产物，商品交换的实质是私人生产者之间的劳动交换关系。因此，当社会主义实现了生产资料的社会占有时，私有制将被公有制取代，商品货币关系自然也就消亡了。

列宁的商品货币关系和市场机制利用论：列宁根据苏联当时的现实情况提出了新经济政策，其核心思想就是利用中间环节来建设社会主义。这些中间环节包括商品货币关系和市场机制、个人对经济利益的关心、国家资本主义和经济核算制等。但对于未来社会主义经济中是否还应保留商品货币关系和市场机制的问题，列宁并未从理论上做更深入的说明。

斯大林的有条件的商品交换理论：斯大林肯定了社会主义商品经济存在的必要性，这在《苏联社会主义经济问题》这本著作中可以得到说明。同时，他用两种公有制形式的存在来解释商品生产和商品流通在社会主义条件下存在的原因，认为社会主义存在着市场和商品交换说明价值规律不但存在，而且发挥着作用。另外，他还对商品经济存在的范围和价值规律作用的范围有所保留和限制。

2. 对计划经济理论的反思

东欧国家依据马克思理论建立了计划经济体制，针对其存在的弊端，在对其进行反思的基础上，对市场经济进行了理论探索，主要理论如下。

奥斯卡·兰格(Oskar Lange)的计划模拟市场理论。波兰经济学家兰格的计划模拟市场理论是把市场机制引入计划经济体制的最初理论，形成了著名的兰格模式，兰格第一次提出了市场中性论。兰格模式的基本特征是什么呢？这个模式假定存在三个决策层次(图 4.1)，最低层次是企业和家庭，中间层次是产业管理部门，最高层次是中央计划委员会。除了劳动力外，生产资料都属国家所有，消费品则通过市场进行分配[2]。

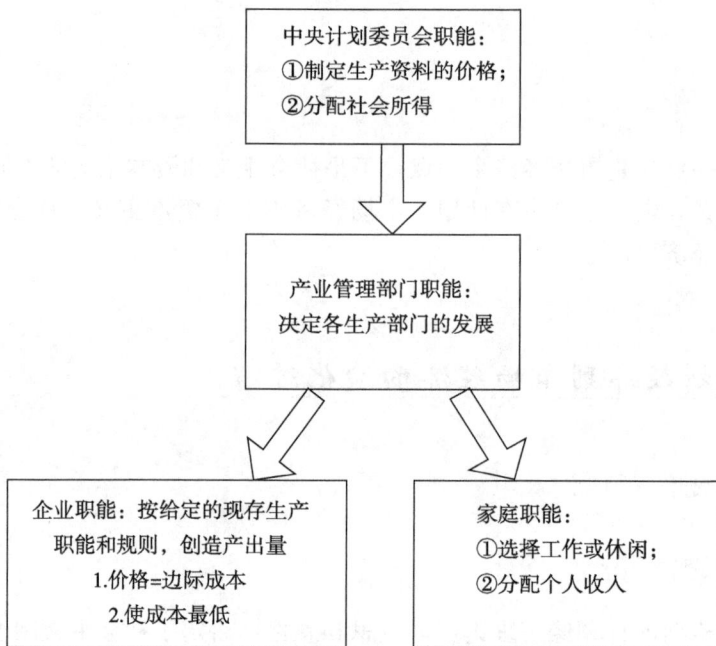

图 4.1　兰格结构中经济体制的组织

布鲁斯(Wlodzimierz Brus)的计划和市场相结合的理论。在 20 世纪 60 年代，波兰经济学家布鲁斯针对兰格模式的缺陷，提出了国家通过市场来引导企业决策，实现计划和市场相结合的分权模式。

布鲁斯认为，根据决策的不同情况，社会主义经济模式可以分为以下四种类型：①军事共产主义模式。其在上述三个决策层次上均采取高度集中化的办法。②集权模式。它在第二个决策层次上集中化，在第三个决策层次上非集中化。该模式与前一模式最主要的区别就在于有消费品市场和劳动市场存在(其原因在于保留着家庭对消费和职业选择的自由)。③分权模式。其特点为第一个决策层次集中化，第二、第三个决策层次非集中化；经济决策多层次化，形成中央和企业两级决策体制；企业有自主的计划，货币起积极的作用，国内价格与国际价格建立了联系；非国有经济自主性增强并进一步面向市场。④市场社会主义模式。它在三个决策层次上都分散化，扩大再生产的责任从国家中央计划部门转移到企业，某种资本市场接替国家预算企业之间、部门之间和地区之间再分配资本的职能，其运行只根据市场环境而没有中央的规定。

南斯拉夫提出的自治商品经济理论。南斯拉夫从 1950 年开始改革，形成了独特的自治社会主义模式，其自治社会主义商品理论的实质是自治商品经济理论和原则。

奥塔·锡克（Ota Sik）的计划性市场经济理论。锡克是前捷克斯洛伐克著名的经济学家，他不赞同市场性计划经济模式，而把计划机制与市场机制的关系概括为计划性市场经济。

锡克打破了"计划必须直接控制生产"的信条，指出社会主义经济中计划与市场相结合的必要性，并从理论上做了深入论证。在《第三条道路》中他指出，"单靠市场或单靠没有市场的国民经济计划都不能保证经济的有效且符合社会长远利益的发展"[3]。锡克认为，计划和市场有机结合意味着两者的相互渗透。一方面，市场信息应成为计划制订的依据和执行的标准；另一方面，为了克服市场的盲目性，计划要为市场规定方向，同时还要对市场施加影响。他在对国民经济中存在的微观平衡与宏观平衡进行区分后指出，微观平衡是指产品的供给结构和需求结构的平衡，这些平衡应由市场价格机制来解决；宏观平衡是指国民经济各部门，首先是第一部类和第二部类的平衡，需通过有约束力的国民收入分配计划来实现。锡克认为，通过对国民收入分配过程的有计划控制，国家可实现总供求的大体平衡，这样既能保持经济运行的计划性，限制市场的自发性，克服宏观上的紊乱现象，又能使价格机制的作用得到充分自由的发挥，从而形成有效的社会主义计划性市场经济。

亚诺什·科尔内（Janos Kornai）的宏观间接调控体制下的市场经济理论。科内尔是匈牙利著名经济学家，是最早主张更多地利用市场机制进行改革的东欧经济学家之一，他提出了国家宏观调控体制下的自由市场经济模式。

新中国成立以来，从总体上来看，社会主义市场经济理论的发展分为两大阶段。第一个阶段是新中国成立后的 30 年对于社会主义商品、价值规律的争鸣，以及与当时党的政策之间的相互影响所表现出来的波浪式起伏状况。第二个阶段是从 1978 年年底党的十一届三中全会开始，改革开放实践所推动的社会主义市场经济理论的迅猛进展，以及该进展对改革开放实践的巨大推进。

4.1.2　中国社会主义市场经济的发展历程

1. 从计划经济到市场经济的理论演化过程

新中国成立后的 30 年中，中国几乎没有对社会主义市场经济理论的研究。这一时期的中国经济理论主流表现为一种具有中国特色的产品经济理论，从总体上看是排斥商品货币和市场关系，实行计划经济，但在个别领域和时期可以进行商品经济和市场调节，市场作用的范围有限，主张在社会主义条件下利用市场机制，而且在这一时期社会主义市场经济理论主张在利用市场机制的同时，也要限制市场机制，这一观点占主导地位。

在 20 世纪 50～60 年代，有识之士逐渐注意到计划经济体制的弊端，并且开始探索社会主义市场经济终极化经济与市场机制的关系。在中国经济理论界，1956 年孙冶方率先批评了苏联经济体制的弊端，指出它们是在自然经济理论影响下的产物。他还尖锐地批评了斯大林和苏联经济学界长期以来的错误观点,即把价值规律看成社会主义经济遗物,提出"价值规律将始终存在着而且作用着,所不同的只是作用的方式不同而已"[4]。

另一位经济学家,中国科学院哲学和社会科学学部经济研究所顾准则一针见血地指出,社会主义经济的问题是废除了市场制度。因此,对于社会主义经济来说,可供选择的体制是由企业根据市场价格的自发涨落来做出决策,即"让市场的力量在资源配置中起决定性的作用"[5]。但遗憾的是,这些真知灼见当时并未被大多数经济学家理解,也未能被政府的决策者采纳。

从全局上对计划和市场的关系进行理论探索应该是从党的十一届三中全会以后开始的。从那时起,社会主义经济只能是计划经济的传统观念一步一步转向了社会主义市场经济观念。经过反复的探索,到党的十四大最终确立了社会主义经济是市场经济的理论,并以此为依据,以建立社会主义市场经济体制作为中国经济体制改革的目标。

从1978年开始,中国从计划经济体制向市场经济体制转轨的改革已经近40年了,在此期间,中国经济实现了飞速增长。2010年中国经济总量已经超越日本,成为仅次于美国的世界第二大经济体。中国经济的高速发展也使数以亿计的人口从温饱逐渐走向小康生活。这些事实说明,以市场化为取向的改革在推动中国经济增长中扮演着非常重要的角色[5]。

改革开放后,中国社会主义市场经济理论的发展过程大致可以分为以下几个阶段[6]。

(1)"计划经济为主、市场调节为辅"阶段。1979年,"计划调节和市场调节相结合,以计划调节为主"[7]的方针被提出,这是第一次使市场调节在经济体制中取得一席之地。1982年,党的十二大提出了"计划经济为主、市场经济为辅"的原则,不仅肯定了市场调节作为计划调节的补充是必需的和有益的,而且把计划调节区分为指令性计划和指导性计划,指出对许多产品和企业适宜实行指导性计划。这种提法虽然突破了完全排斥市场调节的计划经济传统观念,但在理论上没有完全树立起商品经济的应有地位。

(2)"有计划的商品经济理论"阶段。1984年10月20日,中国共产党十二届三中全会在北京举行。会议通过了《中共中央关于经济体制改革的决定》,明确提出,进一步贯彻执行对内搞活经济、对外实行开放的方针,加快以城市为重点的整个经济体制改革的步伐,是当前中国形势发展的迫切需要。

(3)"国家调节市场,市场引导企业"阶段。1987年10月,中国共产党的十三大报告在有计划商品经济理论的基础上,对社会主义市场机制问题进行了新的概括和说明。报告指出,"社会主义有计划商品经济的体制,应该是计划与市场内在统一的体制"[8]。

(4)社会主义市场经济理论的确立阶段。1992年春,邓小平在南方讲话中指出,"计划经济不等于社会主义,资本主义也有计划;市场经济不等于资本主义,社会主义也有市场。计划和市场都是经济手段,计划多一点还是市场多一点,不是社会主义与资本主义的本质区别"[9]。党的十四大顺应历史潮流,果断宣告:"实践的发展和认识的深化,要求我们明确提出,我国经济体制改革的目标是建立社会主义市场经济体制,以利于进一步解放和发展生产力。"这标志着社会主义市场经济理论在我国正式确立。

在这一时期,对中国经济改革影响最大的莫过于以下四个"三中全会"。

影响中国经济改革的四个"三中全会"

十二届三中全会

1984 年 10 月，中共十二届三中全会通过了《中共中央关于经济体制改革的决定》，进一步明确社会主义经济是"公有制基础上的有计划的商品经济"，"商品经济的充分发展是社会经济发展不可逾越的阶段，是实现中国经济现代化的必要条件"。从此，中国经济改革的目标是建立社会主义"有计划的商品经济"的观点得到确立。

十四届三中全会

1993 年 11 月 14 日，中共十四届三中全会正式做出了《中共中央关于建立社会主义市场经济体制若干问题的决定》，将中共十四大提出的建立社会主义市场经济体制的目标和原则具体化、系统化，勾画了新经济体制的基本框架，并对有关的基本问题都做出了明确的原则性规定，把社会主义市场经济的理论和实践大大推进了一步。

十六届三中全会

2003 年 10 月，中共十六届三中全会审议通过了《中共中央关于完善社会主义市场经济体制若干问题的决定》。会议强调，完善社会主义市场经济体制的主要任务是完善公有制为主体，多种所有制经济共同发展的基本经济制度，建立有利于逐步改变城乡二元经济结构的体制，形成促进区域经济协调发展的机制，建设统一开放、竞争有序的现代市场体系，完善宏观调节体系、行政管理体制和经济法律制度，健全就业、收入分配和社会保障制度，建立促进经济、社会可持续发展的机制。

十八届三中全会

2013 年 11 月，党的十八届三中全会围绕经济改革有三大亮点。第一，经济体制改革是重点。建设统一开放、竞争有序的市场体系是使市场在资源配置中起决定性作用的基础。必须加快形成企业自主经营、公平竞争，消费者自由选择、自主消费，商品和要素自由流动、平等交换的现代市场体系，着力清除市场壁垒，提高资源配置效率和公平性。第二，城镇化与土地制度改革值得期待。城乡二元结构是制约城乡发展一体化的主要障碍，必须健全体制机制，促成以工促农、以城带乡、工农互惠、城乡一体的新型工农城乡关系，让广大农民平等参与现代化进程、共同分享现代化成果。第三，财税体制有重大改革。"要改进预算管理制度，完善税收制度，建立事权和支出责任相适应的制度"，改革空间十分巨大，房产税等也涵盖其中。

2. 从计划经济到市场经济的实践演化过程

1978 年以来，以党的十一届三中全会的召开为标志，中国走向了改革开放的道路。改革一开始就提出了发挥市场调节作用的问题，改革的推进过程就是逐步弱化和缩小"计划"的功能、强化和扩大"市场"功能，因而理论界将其称作市场取向改革或市场化改革。这个阶段的改革有两条主线，如图 4.2 所示。

1992 年以后，中国的社会主义市场经济改革进入一个新的发展阶段。党的十四大正

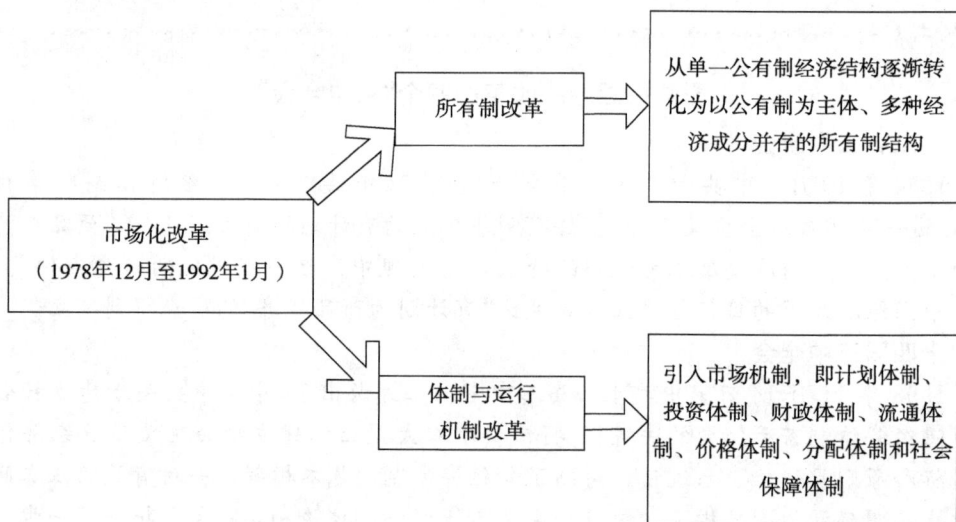

图 4.2　改革阶段示意图(1978 年 12 月至 1992 年 1 月)

式确立了中国经济体制改革的目标是建立社会主义市场经济体制。党的十四届三中全会通过的《中共中央关于建立社会主义市场经济体制若干问题的决定》回顾总结了中国改革开放15 年的历程和丰富的实践经验，参照世界上实行市场经济国家的成功经验和市场经济理论研究所揭示的市场经济的一般规律，勾画出社会主义市场经济的基本框架，确立了改革的终极目标和具体内容，大大推动了市场经济的进一步发展。总之，这一阶段的改革表现出解决微观基本问题的"体制内攻坚"和总体目标明确的宏观配套改革两大方面改革并进的特点，如图 4.3 所示。

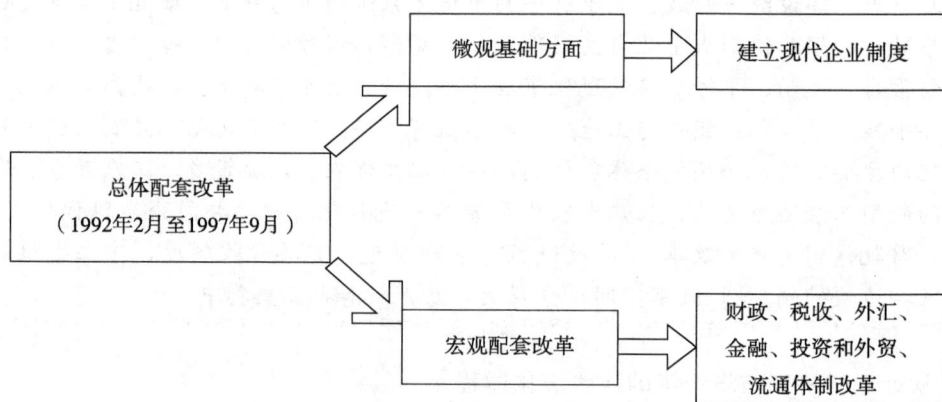

图 4.3　改革阶段示意图(1992 年 2 月至 1997 年 9 月)

　　1997 年，中共十五大确立了以公有制为主体、多种所有制经济共同发展的基本经济体制，实现了经济理论上的一系列新突破，推动了以建立社会主义市场经济体制为目标的深化改革，如图 4.4 所示。

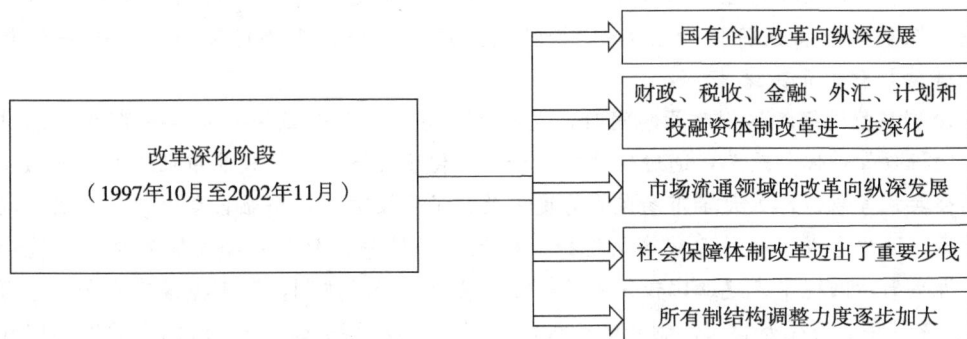

图 4.4　改革阶段示意图(1997 年 10 月至 2002 年 11 月)

专题 4.2

深圳是中国建设社会主义市场经济的先行者

中国兴办经济特区的目的之一就是打破僵化的计划经济体制框架，让经济特区成为中国经济体制改革的"试验场"，开拓出一条发展社会主义市场经济的新道路。

深圳在探索建立社会主义市场经济体制过程中，首先是积极推进要素市场的培育和建立。深圳特区从成立伊始就走"以市场调节为主"的道路，坚持对各种要素进行市场导向的改革。1982 年，深圳提出了"以调为主，调放结合，分步理顺价格体系与价格体制"的改革方针。1984 年，深圳率先将副食品全部敞开供应，价格放开，取消一切票证和国家对粮、油、肉、布等商品的补贴。到 20 世纪 80 年代末，深圳绝大多数的商品价格已由市场调节，形成了以市场调节为主的价格体系。1985 年，深圳成立了全国第一个外汇调剂中心，开辟了市场分配外汇的新途径。1987 年，深圳在全国首次以公开拍卖方式拍卖国有土地使用权，被誉为新中国土地买卖的"第一槌"。经过一系列改革，深圳在国内率先建立起商品、货币、外汇、土地、建筑与房地产、劳动力、技术与产权市场等，由政府直接控制的资源大大减少，要素资源快速实现了市场化，统一开放、有序竞争的市场体系初步形成。

深圳探索建立社会主义市场经济体制的另一个重要实践是注重培育市场主体和完善市场规则。通过积极吸引外资和发展个体经济，深圳打破了中国长期以来公有制经济一统天下的格局。1989 年，三资企业和民营个体经济已经占到深圳经济的 35.7%。目前，深圳创新投入的九成来自企业，民营企业占全市生产总值比重的四分之一强、固定资产投资占三分之一强，已经成为深圳经济建设的重要力量。与此同时，深圳率先将一些主管经济的政府部门转变为国营企业，成立了电子工业公司、轻工业公司等，其中部分企业通过引入新的产权主体，较早进行了公司制改造，走上了建立现代企业制度的道路。为支持市场体系的建立和完善，深圳从 1992 年起，以特区立法先后制定了《深圳经济特区国营企业股份化试点暂行规定》《深圳经济特区文化市场管理条例》《深圳经济特区价格管理条例》等特区法规。如今,深圳已初步建立起一整套市场经济法规体系的基本框架。

深圳在推进经济体制改革的同时,也积极推进行政体制改革。30 年来深圳先后进行了六次行政管理体制改革,通过这些改革措施弱化了经济领域的政府审批职能,增强了政府的公共服务意识,加大了市场监管力度,放开了市场准入和企业自主经营,鼓励市场公平竞争,逐步形成了一种尊重市场选择、规范市场秩序、引导市场发展的制度环境和体制。近年来,围绕率先建立比较完善的社会主义市场经济体制,深圳抓紧建立和完善符合WTO 规则要求的经济管理体制和运行机制,形成了以市场化运作、法制化管理和国际化交流为特征的更具活力、更加开放的现代市场经济体制。2010 年深圳市政府提出,深圳将进一步理顺市场、社会和政府的关系,规范发展要素市场,培育完善市场机制;适应公民社会需要,深化社会领域的改革,培育社会自治能力;加强依法行政,规范政府行为,建立有限政府和服务型政府,让社会更好地自主治理。

资料来源:腾讯网《深圳 30 周年》2010 年 6 月 9 日

3. 市场化的衡量指标——市场化指数

市场化指数由 5 个方面指数组成,每个方面指数各自反映市场化的某一特定方面。它们分别是政府与市场的关系、非国有经济的发展、产品市场的发育程度、要素市场的发育程度、市场中介组织的发育和法律制度环境。在目前的指数体系中使用了 5 项分项指标来衡量政府与市场的关系,即市场分配经济资源的比重、农民的税费负担水平、政府对企业的干预程度、企业的税外负担水平、政府规模。各地区非国有经济的发展的衡量指标是非国有经济在工业销售收入中所占比重、非国有经济在全社会固定资产总投资中所占比重、非国有经济就业人数占城镇总就业人数的比例。通常我们用 2 个指标来衡量产品市场的发育程度,即价格由市场决定的程度和商品市场上的地方保护程度。要素市场的发育程度方面的指标主要包括金融业的市场化水平、引进外资的程度、劳动力的流动性、科技成果市场化水平;市场中介组织的发育程度和法律制度环境主要考察 4 项,即市场中介组织的发育、对生产者合法权益的保护、知识产权保护、消费者权益保护。

市场化指数由 25 个基础指标构成,每个指标对各省(自治区、直辖市)的评分表示各省(自治区、直辖市)在该领域市场化进程的相对位置,具体形式方法如下:首先,就单个指标设定基础年份(1999 年),指标得分的最大值和最小值分别为 10 和 0(市场化程度最高的省份得分为10,最低得分为 0),并根据每个省(直辖市、自治区)的指标值确定它在 0 与 10 之间的得分,形成与该指标对应的单项指标。其次,由属于同一方面的几个指数按照一定的权重合成方面指数。最后,由 5 个方面指数按照一定权重合成总指数。计算指标得分的方法如下。

根据指标数值高低与市场化程度高低的理论关系,计算指标得分的公式可分为两个,当指数值高低与市场化程度高低正相关时,这些指标的得分采用第一个公式计算,即原始数据越高,指标得分越高,指标所体现的市场化程度越高。例如,劳动力流动性的计算公式如下:

$$\text{第 } i \text{ 个指标得分} = \frac{V_i - V_{\min}}{V_{\max} - V_{\min}} \times 10$$

其中，V_i 为某个地区第 i 个指标的原始数据；$V_{\max}$ 为与所有 31 个省(自治区、直辖市，不包括港澳台地区)基年(2001 年)第 i 个指标相对应的原始数据中数值最大的一个；$V_{\min}$ 则为最小的一个。

当指标中的数值大小与市场化程度高低负相关时，这些指标的得分采用第二个公式计算，即原始数据越大，指标得分越低，该指标所体现的市场化程度越低。例如，指标减少商品市场上的地方保护的得分是根据抽样调查得到的各地区在国内市场上的贸易壁垒的情况计算的。其计算方法如下：

$$\text{第 } i \text{ 个指标得分} = \frac{V_{\max} - V_i}{V_{\max} - V_{\min}} \times 10$$

经过上述处理，各项得分(包括指标得分、方面得分、最终得分)均与市场化程度正相关，即得分越高，市场化程度越高；反之，市场化程度越低。

为了使各地区的指数得分可以同以往年份相比，从而反映市场化的进步情况，对于基期以后年份的单项指数得分的计算，我们采取了如下公式(适用于正向指标)：

$$\text{第 } i \text{ 个指标 } t \text{ 年得分} = \frac{V_{i(t)} - V_{\min(0)}}{V_{\max(0)} - V_{\min(0)}} \times 10$$

其中，下标(t)为计算的年份；下标(0)为基期年份。

对于基期以后年份负向指标的计算，采用如下公式：

$$\text{第 } i \text{ 个指标 } t \text{ 年得分} = \frac{V_{\max(0)} - V_{i(t)}}{V_{\max(0)} - V_{\min(0)}} \times 10$$

由于以上两个公式的性质，单项指数在非基期年份的最高和最低得分允许大于 10 或小于 0。例如，某省 2001 年在"非国有经济在工业企业产品销售收入中所占比例"这一项的得分为 10 分[在 31 个省份中非国有经济在工业中的比重提高]，而该省 2002 年的这一比重有了进一步提高，打破了它自己在 2001 年的纪录，那么它 2002 年在该项的得分就会高于 10。

如表 4.1 所示，由中国改革基金会国民经济研究所发展的最新的中国各地区市场化指数显示[10]，近年来，中国在市场化方面取得了明显进展。以 2001 年为基期，用 0~10 的评分系统来评价，我国 31 个省份的市场化进程的平均得分在 1997 年为 4.03 分，2001 年为 4.64 分，2006 年达到 7.06 分，前一个阶段平均提高 0.15 分，后一个阶段平均提高 0.51 分，表明中国的市场化进程加快。这有政策方面的原因，也与 2001 年中国加入 WTO 后促进制度变革和提高开放程度有关。在后一个阶段，我国 31 个省份中有 30 个取得了进步，具体如图 4.5 所示。

表 4.1　中国市场化指数(1997~2009 年)(单位：分)

年份	市场化指数	年份	市场化指数	年份	市场化指数
1997	4.01	2002	5.02	2007	7.50
1998	4.23	2003	5.50	2008	7.18
1999	4.12	2004	6.10	2009	7.34

年份	市场化指数	年份	市场化指数	年份	市场化指数
2000	4.28	2005	6.69		
2001	4.64	2006	7.06		

资料来源：樊纲，王小鲁，马光荣.中国市场化进程对经济增长的贡献.经济研究，2011，(9)：4-16；樊纲，王小鲁，张立文，等中国各地区市场化相对进程报告.经济研究，2003，(3)：9-18

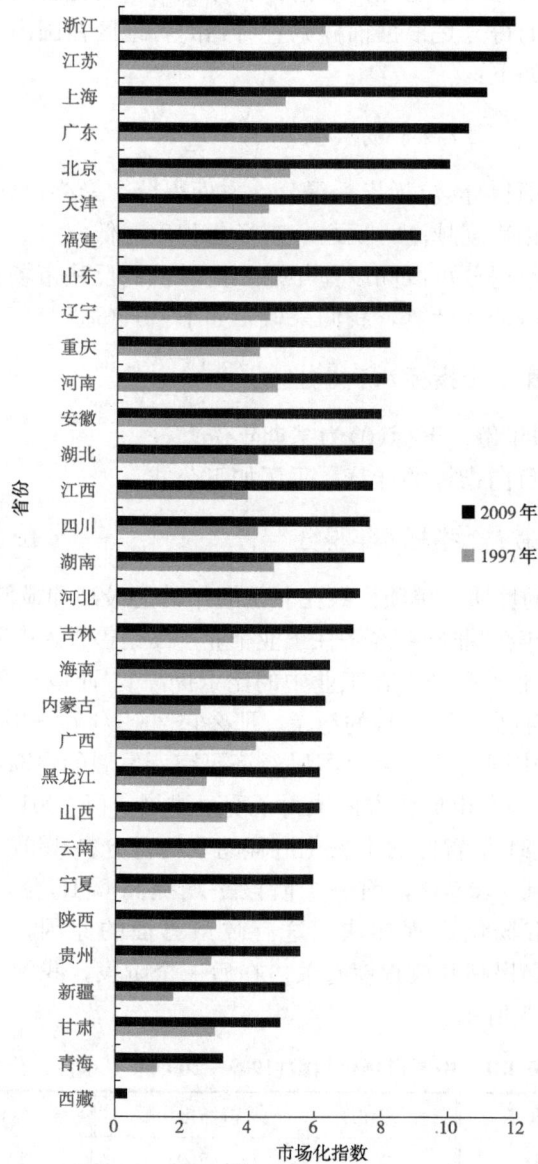

图 4.5 我国各地区市场化指数的变动

注：图中数据不包括港澳台地区

资料来源：樊纲，王小鲁，朱恒鹏.中国市场化指数——各地区市场化相对进程 2011 年度报告.北京：经济科学出版社，2011

4.2　市场经济的内涵

市场系统是如何运行的？与中央计划系统相比，在大规模的经济活动中，市场系统有哪些相对优势？在市场经济中，为什么在企业内部还会有如此多的经济活动？

对于公司的管理者来说，上述问题的答案是有重要意义的，原因有两个：第一，只有先知道市场是如何运行的，管理者才可以对有关的投入、产出及定价问题做出合理的决策。第二，国民经济的运转与一个企业的经营都是组织经济活动的人类的创造性行为，具有某些相似性。通过对市场经济、中央计划经济及公司经营活动进行比照，可以理解各自的相对优势、劣势，这对更好地理解经营领域的相关问题（如是否应该实行分权、是自制还是外购企业所需要的投入要素等）有着重要的指导意义。

4.2.1　经济系统的目标

每一个经济单位，不管是整个国民经济、企业，还是一个家庭，都面临着三个基本问题，即生产什么，如何生产，如何分配最终产品。经济单位可以通过多种组织方式来解决以上问题。例如，国民经济可以依靠中央计划或者自由市场的方式来组织运行。类似地，公司和家庭也可以运行集中的决策，在这种情况下，首席执行官或者一家之主将要做出所有的重要决策。除此之外，也可以采用分权的做法，给公司和家庭中的其他成员相当重要的决策权。

既然存在多种方案，那么哪一种是组织经济活动的最好方案？要回答这个问题，我们需要一些标准来比较各种备选方案。遗憾的是，对于究竟应该以什么作为标准并没有一致的意见。例如，我们可以认为理想的经济系统应该是能够生产期望的产品组合，同时产品全部归自己所有，但邻居一定不同意这一标准。由于存在这些意见上的分歧，在比较经济系统的有效性时，为避免引起争议，经济学家都着重运用相对狭隘的标准，即帕累托效率。按照帕累托效率，如果没有方案可以使至少一个人的福利变好，而不使其他任何人的福利变坏，那么我们就可以说资源得到了最优的分配，即这样分配资源符合帕累托效率。如果一个经济系统不能保证资源分配的效率，那么对系统实施帕累托改进，就可以增进系统内成员的福利（增进某些成员的利益而同时并不伤害其他成员的利益）。

在中央计划经济中，由政府决定生产什么、如何生产及谁得到最终产品[11]，而在自由市场经济中，这些决策都是通过个人实现的。至少从概念上讲，一个中央计划官员可以订购任何可能生产的产品，同时也可以分配相应的产品[12]。因此，至少从原则上来讲，任何自由市场经济可以达到的资源分配，中央计划经济都可以达到。

4.2.2　市场中的激励

产权是法律赋予的一种权利，是法律赋予选择使用一项经济物品的权利[13]。如果一个具体的个人得到了这种权利就称为私有产权。私有产权是可以出售和赠与其他人的。在小岗村决定将土地分配给个人，由个人独立耕种，土地的产量归个人所有时，他们的行为就是将土地私有化，这大大提高了人们的生产积极性。由于当时的环境，小岗村村民不得不秘密组织生产，随着小岗村粮食产量的持续增长，这一秘密逐渐为国人所知。附近的乡村发现这一秘密之后，也实行了自己的安排。1982 年，土地承包制在中国得到允许。

关于产权的例子是源于殖民地的建立。詹姆斯敦殖民地在 1607 年经历失败，两年后，弗吉尼亚殖民地以同样的结局收场。在这两个殖民地，一年内至少有一半的移民者被饿死。殖民地是由寻求利益的实体建立的，而移民者则受这些实体雇佣，他们大多是伦敦街头无家可归的流浪汉或者失业者。移民者无权获得殖民地收入的回报，努力工作或者说长时间的工作对他们来说并没有任何好处；他们被给予通往新世界的自由之路，因此被要求通过劳动来补偿弗吉尼亚公司。投资者希望所有生产出来的产品都能够送到公司的商店里，然后送回英国。

投资者和政府派来代表调查问题原因，代表抵达殖民地后，发现基本的问题显而易见——人们不工作。为什么？移民者努力工作增加的产量并不能养活他们，这些产品都被送去了公司的商店。一旦问题澄清之后，解决方法就简单多了：殖民者给予每个移民者几英亩土地的所有权，他们只需交给投资者少量的回报。这样在很大程度上就能刺激移民者的生产积极性。

1981 年，大约 1 800 户家庭接管了阿根廷布宜诺斯艾利斯省旧金山萨洛诺郡的一片不毛之地。这些占领者由一些没有土地的农民组成，组织者是一个天主教士。这些人认为这片土地是国有的，一旦被军政府发现，他们就必须面临被驱逐的局面。不过，军政府最终失去了他们的线索。

后来军政府被民主政府取代，这些占领者就向新政府提出了这片土地的所有权问题。结果表明，这片土地并不是国家的：该区域是由几块不同的土地组成的，每块土地都有合法的拥有者。于是布宜诺斯艾利斯省的议会要求原拥有者将土地转让给政府，由政府给予资金补偿。其中大约 60% 的土地被卖给政府，同时这些土地被立约转让给了占领者；而其他原拥有者拒绝出让土地，因为他们认为补偿太少。关于政府补偿的问题，他们在阿根廷的法庭上至少争论了 20 年。

最后，那片被占领的土地被分成了两部分：一部分占领者取得了正式的土地所有权，而另一部分人无偿使用土地，但没有取得土地所有权。虽然两部分人在土地使用权分配前的家庭情况相似，但是土地所有权分配的结果却给两者造成了巨大的差异。拥有土地所有权的人对其土地进行投资，而另一部分人没有，这使土地上的房屋质量出现很大差距。拥有所有权的人们的地产质量得到了提升、扩展和改善，没有所有权的人们的地产仍旧是荒芜、破败的不毛之地。拥有土地所有权的人们不仅房屋光鲜，他们的行为方式也变得不同：他们养育更少的孩子，同时这些孩子得到了更优质的教育，身体更健康。

为什么一纸契约造成了如此大的不同？为什么一个人没有契约时，如阿根廷的占领者，只是在口头上承认其对土地的所有权时，将会改变他们的行为方式？答案是，土地契约是合法所有权，这使他们能利用地产的财务杠杆作用从土地升值中获得收益及在土地贬值中减少损失。如果没有契约，所有权就无法得到保障，财产增值的最终受益人可能是别人，因此，谁会自找麻烦地对它进行投资呢？

这个问题源自财产所有权的缺失或所有权的法律保障系统缺失及不完善。在阿根廷，相对于没有土地契约的人们，那些拥有土地契约的人过上了更好的生活。所有权和私人财产权是经济发展和繁荣的前提。

这些历史事件说明，有些国家贫穷而有些国家富裕是私人财产权的问题。有私人财产权的制度与没有私人财产权的制度相比，前者更能获利。私有产权对市场经济中的运行起着关键作用，因为它为分权制决策者提供了强大的激励——激励他们按照具体的信息去决策，而决策所创造的福利直接归资源拥有者所有。如果小李拥有一块土地，那他就有动力使这块土地的利用更有效率，因为他会得到相应的利润。如果小王可以使这土地的利用率更高，那么小李就会把这块土地卖给小王。其结果是，产权得到了重新安排，而同时，资源的决策权与相应的具体知识结合了起来。相反，在计划经济中，决策者只有有限的动力使有关信息（即使他们有这方面的信息）的利用更有效，因为他们并没有拥有他们所控制的资源。进一步，在统一决策的中央计划经济下，水平低下的官僚机构也没有多少动力来做出有效的决策。某辆轿车最好的用途也许是运送游客尽快离开机场，然而，一个中央计划者可能将这辆车分派给他的兄弟，因为对他来说，与使整个经济更有效运转相比，让他兄弟高兴更重要。说到底，是因为这个官员不能拥有使用这辆轿车的利润——在这些利润都归国家所有时。

4.2.3 市场的结构

经济学家把单个厂商与整个相关市场之间的关系称为市场结构，它受到以下因素的影响：①市场中厂商的数量和相对规模。②生产这种产品的替代品的公司数量。③其他公司进入或退出该产品市场的难易程度。这三种市场特征的差异性产生了不同类型的市场结构，它们分别是完全竞争、垄断竞争、垄断和寡头。由于现实中市场包含的以上因素变化都是渐进的，应该把市场结构视为一个连续变化的统一体，其中的完全竞争与垄断分处这个统一体的两极，大量的中间状态一分为二，靠近完全竞争一端的叫做垄断竞争，靠近垄断一端的叫寡头。

1. 完全竞争市场

在完全竞争市场结构中，数量众多的小公司都在生产同样的产品，任何一家公司都不具有市场影响力，即无法影响市场价格或数量。严格来讲，符合完全竞争市场结构必须同时满足众多条件：①数量众多的小公司生产同一种产品，而且没有一家公司可以靠自身力量来影响市场总供给。②每一家小公司都是被动的价格接受者，他们意识到自己的规模太小而无法影响市场价格，因此只能被动地接受。③数量众多的购买者，没有一个购买者的需求量大到可以影响市场总需求。④销售者和购买者都掌握着充分的信息。⑤产品具有同质性。一家公司生产的产品在各个方面都与其他公司生产的产品相同。⑥市场进出自由，因此公司可以随意进入或退出市场，不存在任何公司进出的障碍。

如图 4.6 所示的美国地区性住宅建筑这个近似完全竞争市场的市场需求曲线和单个厂商需求曲线。图 4.6(a)中，D 代表地区性住宅的市场需求曲线，S 是市场供给曲线。当市场价格为 175 000 美元时，对地区性住宅整个市场的总需求量为 Q_{DI}。图 4.6(b)中，直线 d 代表单个建筑商的需求曲线。单个厂商按市场价格 175 000 美元销售其全部产量 Q_{DF}。根据定义，需求量 Q_{DF} 仅占全行业总需求量 Q_{DI} 的很小一部分。图 4.6 表明，当地区性住宅的市场通行价格为 175 000 美元时，单位销量的收益（图 4.6 中的 175 000 美元）刚好等于其单位成本 175 000 美元。这种情况的形成过程如下：如果市场需求增加，产品价格提高，就会给完全竞争的厂商带来超额利润，但这个时间是短暂的，如地区性住宅经营的几个月、石油钻井的几天、堪萨斯城 AAA 级玉米生意的几小时或国库券再销市场的几分钟，因为无数的完全竞争厂商都会来争夺这个超额利润。这种"发丝利润"的产品销售是获取偶然性横财的入场券，但获取这种横财的时间与大小是不可预测的，也是不会持久存在的。因为相应的房地产厂商开发土地、油井租赁都会产生费用，粮仓的价值也会上升，这就会使预测的超额利润消失，再次回复到盈亏平衡条件之上。在竞争性均衡中，企业经理得到的薪金或其他收益与他从次优活动得到的一样多。简言之，这不是那种只要情况顺利，投资资本即可获得 40％ 风险资本收益和企业家报酬的经营环境，但他也许会提供一种由良好管理技能和成本控制带来的 12％ 的稳定收益，在这种完全竞争条件下，横财似的利润有时会瞬间出现。

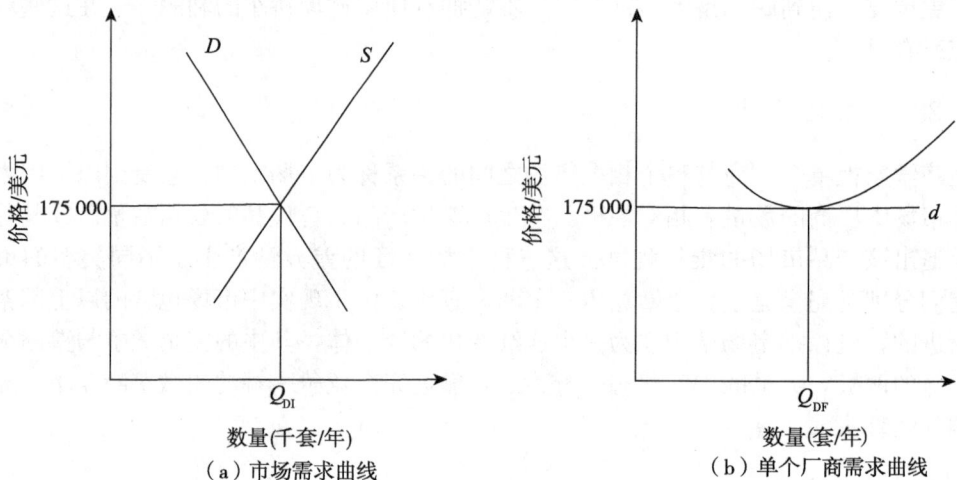

图 4.6　近似完全竞争市场的美国地区性住宅建筑市场

　　现实中，尽管很少有市场是完全竞争的，但有许多市场都接近于上述描述，而且，竞争性市场建立了观察分析其他市场结构的一个基准[14]。大豆市场是比较接近于完全竞争市场的一个例子。在这个市场中，有大量的农场主种植大豆，同时也有大量的企业和个人购买大豆。大豆基本上是一种同质产品，不同生产者之间的产品差异很小。信息的差异有限，进出该行业的成本也相当小。另外，一位农场主对大豆的价格几乎没有任何影响，因为这位农场主的产量只占市场总产量的很小比例，他种植的大豆与其他农场主种植的大豆没有任何的差异，而且所有的购买者都充分了解大豆的价格。近年来，互联网上的零售业获得了爆炸似的增长，因此该行业类似于完全竞争的市场结构。消费者在互联网上掌握着充分的价格和产品信息，并从中实现最佳交易。互联网行业似乎拥有完全竞争市场的特征。例如，研究显示，在线零售商的售价常常会低于传统零售商，而且他们更细致而灵敏地调整价格。用互联网上的"购物虫"购物的人越来越多。"购物虫"是一种计算机软件，用来在互联网上搜寻最佳商品。这种软件使顾客在购物时获得更多的信息，减少搜寻所造成的成本。另外，对于销售者来说，进入和退出互联网都是相对容易的，因而不存在明显的进入壁垒。在这种情况下，人们期望互联网上同样或类似的产品和完全竞争市场一样，价格一致。然而，最近一项针对互联网销售市场的研究发现，互联网市场仍然存在着许多重大缺陷。美国斯隆管理学院的研究显示，互联网零售市场上仍然存在着价格差异（也就是一种产品或服务存在着价格上限和下限），这表明互联网零售市场是无效率的，因为其中一些零售商的索价要高于另外一些零售商。例如，不同的在线零售商对同样的书籍或 CD 碟片和软件制定的价格不同，价格差异分别高达 33％和 25％。美国宾夕法尼亚州沃顿商学院的研究发现，在线旅行社报出的票价的平均差异为 28％。

2. 完全垄断市场

完全垄断市场是市场结构统一体中相对于完全竞争市场的另一个极端，其特点如下：①在一个特定的市场区域中只有一家厂商生产某种特定的产品，如在有线电视市场中只有一家拥有其他排他性经营权的有线电视特许专营公司向顾客提供有线电视产品和服务。②垄断者的产品与其他任何产品之间的需求交叉弹性很小，几乎没有替代品。③相关市场内的垄断厂商不存在与其他竞争者之间的相互依赖。④存在相当高的行业进入壁垒，排除了其他厂商进入而造成的竞争。以下因素会形成垄断壁垒：原有厂商拥有绝对的成本优势（源于获取投入要素的经济性或有专利保护的生产技术）；明显的产品差异化优势（源于消费者对现有产品的忠诚）；规模经济，它使潜在的进入厂商难以筹资兴建一个具有效率规模的工厂或形成足够的销售以实现生产的最低平均成本；超出潜在进入者财务资源的巨额资本要求；存在对潜在竞争者的合法排斥，诸如公用事业的特许专营和具有排他性的专利技术。从理论上讲，垄断厂商的需求曲线与整个行业或市场的需求曲线是同一的，因为一家厂商就构成了整个行业和全部市场。垄断厂商需求曲线与整个市场需求曲线的同一性使垄断者的生产和价格决策完全不同于完全竞争厂商，与相互影响的少数寡头厂商所采取的复杂对抗策略相比，完全垄断市场厂商所采取的策略是非常简单的。

2004 年，平板电视的需求量出现大幅增长，而菲利浦半导体公司的老板 Scott McGregor 说这种现象是不合理的，因为传统电视同样可以表现出优良的图像品质。然而，平板电视需求量增长的真正原因是制造商发现了一个更有利的新市场。液晶屏幕当前已经普遍应用于台式机和笔记本之中，因而利润率出现下滑。然而，在电视市场中，尽管面积较大的液晶屏幕成本昂贵，但是制造商可以从中获得高额的利润。

关于新电视市场的有趣事情是新公司和原有公司，如摩托罗拉公司、西屋公司（该公司已经在 10 年前停止制造电视），因为较高的利润率而进入该市场，并在互联网上以低廉的价格出售产品。例如，在 2004 年 1 月，一台戴尔公司生产的 30 英寸平板电视的售价为 3 999 美元，而一台戴尔公司生产的 30 英寸平板电视在互联网上的售价只有 2 999 美元。

2004 年，平板电视销售量占电视市场销量的 3％，但 2005 年该比率上升到 55％。因此，平板电视市场正处于产品生命周期的早期阶段，即"早期试用者"阶段。市场调研公司 iSuppli 认为，随着更多的供应商进入该市场及更多的新工厂建立，平板电视的价格在 2004 年会下降大约 40％，从而导致利润率下降。

新公司进入某一行业具有进入壁垒，这是任何带有垄断性质的市场之所以能够存在的原因。该案例显示，从长期看，如果没有进入壁垒，有可能影响平板电视的销售价格，即使该行业中大规模生产商居于主导地位。

3. 垄断竞争市场

"垄断竞争"一词是由美国学者 E. H. Chamberlin 和英国学者琼·鲁滨逊（Joan Robinson）首先提出来的，用于说明现实世界中存在的、同时具有完全竞争市场特点（如为数众多的厂商）和垄断市场特点（如产品差异化）的一些行业或市场。

垄断竞争市场有时又被称为不完全竞争市场，这种类型的市场结构中包含了竞争性市场结构的一些特征：①行业中存在着众多小公司；②自由进出行业。这种类型的市场结构也包含了不完全竞争市场的一些特征：每一家小公司供应的产品在某些方面都区别于其他竞争对手。换句话说，每一家小公司的产品都与行业中其他小公司的产品具有相似替代性，但不具有完全替代性。例如，许多城市和乡村都有中餐外卖店，他们提供的菜单都非常相似，但是每一家外卖店的烹饪手法或食物口味都有别于竞争对手。同样，澳大利亚的橘子种植者生产的浓缩橘子汁有别于国内外的其他竞争对手。

垄断竞争产品的差异化以产品独有的特点（迪士尼世界）、商标（耐克的标志）、交易品牌（黑莓手机）、包装（L'eggs 牌的袜子）、质量（Coach 手提包）、设计（苹果的 iPod）、颜色和款式（Swatch 手表）或销售条件（D&B）为基础。构成产品差异化的因素还可能包括信用条款、售卖地点、销售人员的态度、售后服务及保证条款等。在垄断竞争条件下，由于厂商生产的产品具有差异性，所以行业需求曲线是很难界定的。因此，人们一般得到的是一个存在差异的产品群，而不是一个界定明确、边界清晰的行业。

4. 寡头垄断市场

一个市场中只有少数几个厂商，且他们关系密切，这是寡头垄断市场的突出特点。由于只有很少的厂商，这就决定了每个厂商采取的行动（如价格、产量、产品种类、质量和销售条款的变化）都会对市场内的其他厂商产生影响。换句话说，市场内的厂商之间是否具有明显的相互依赖性是判断是否是寡头市场的主要标准。寡头厂商提供的产品或服务可能是均质的，如航空旅行、40 英尺 I 型钢、铝和水泥等，也可能是差异化的，如软饮料、汽车、家电和麦片等。虽然产品差异化的程度是形成寡头厂商需求曲线的一个重要因素，但是行业中厂商相互依赖的影响更大，因为这种相互依赖使得界定单个寡头需求曲线非常困难和复杂。寡头厂商制定价格和产量决策不仅取决于消费者偏好、产品替代性和广告水平，更取决于其他竞争者对此厂商决策变化的反应。

三家或五家公司的市场集中度指标常常被用来反映寡头垄断是否存在。市场集中度指标将会告诉我们三家和五家规模最大的公司的产值或就业人口总数占全行业的比率。例如，在英国，烟草行业物价规模最大的公司的产量占全行业的 99%，就业人口占全行业的 98%，这清楚地说明了该行业存在着寡头垄断。表 4.2 从产品层次出发，给出了英国不同的产品领域中市场集中度指标。

表 4.2 在英国不同的产品领域中三家和五家规模最大的公司的市场集中度(单位:%)

领域或产品群体	三家规模最大的公司	五家规模最大的公司
塑料卡片	83.5	99.6
烟草	80.6	99.0
巧克力糖果	77.5	81.9
冰箱	56.0	68.2
家用清洁用品	55.2	62.1
啤酒	54.1	68.6
轿车	38.8	53.1
手表	34.5	45.0
文具	33.0	37.4
瓶装水	31.9	39.9

产品差异化是寡头垄断市场的另一个显著差异。在寡头垄断市场中,一种产品往往拥有众多品牌,公司会投入巨额广告费来强调自己的产品与竞争对手的差异。

专题 4.3

北京的花炮为什么这么贵

2010 年春节前夕,毗邻北京的河北三河市车满为患,到此地购买花炮的"京"字牌车辆排起蔚为壮观的"车龙"。"便宜"是不少北京市民不惜雪后驱车上百公里,赶往这里购买花炮的最大动力。但是,这不仅扰乱了市场秩序,更增大了北京的安全隐患和危险品管控难度。

自 2010 年 2 月 7 日北京开始销售虎年花炮以来,市场的价格大致如下:1 000 响的鞭炮售价为 25~35 元,10 000 响的盘炮售价为 120~150 元,烟花"难忘今宵"售价为 2 250 元左右……鞭炮和烟花的整体价格较上年下降约 5%。

毋庸置疑,降价是遏制"非法"花炮流入北京的最好办法。为此,北京市政府通过增加零售点、增大供应量等手段力求驱走"非法"花炮,形成了"湖南熊猫"、"湖南逗逗"和"北京燕龙"三大批发商三足鼎立之势;共批准 2 418 个花炮零售点,比 2009 年增加约 10%;80 万箱的花炮供应量也创历史新高。

然而,即使如此,不少消费者仍认为 5% 的降幅杯水车薪,与赴河北购买非法花炮的价差巨大。在河北省三河市,1 000 响鞭炮和烟花"难忘今宵"分别仅售 10 元和 80 元,都不到北京的 1/3,河北三河、固安等北京周边市县已成为廉价花炮销售地。

那么,为减少市民异地购买"非法"花炮带来的安全隐患,难道就不能再降低北京的花炮价格?

"花炮从出厂到消费者手中,要经过进货、批发和零售三大环节,'每个环节加价 50%'已形成业内'行规'",北京烟花鞭炮(燕龙)有限公司总经理武立雨说,三家批发商为了在仅有的 2 418 个零售点中争取更多的独家专营点，即便零售商加价超过 50％，也只能默许。

一些北京市市民认为，由于北京市区的花炮市场基本被垄断，北京的花炮供货商和批发商，甚至零售商的销售"暴利"是导致价格居高不下的罪魁祸首。"除了这些所谓的'销售点'，市民在市区就别想在别地买到花炮，市场被他们垄断了，价格自然就由他们说了算，一个成本几块钱的花炮动辄上百元也就不难理解了!"一位北京市民如是说。

■ 4.3 资源配置

4.3.1 市场机制下的资源分配问题

所有的事物都具有稀缺性，"非稀缺"的东西要么是免费的，要么是"有害的"[15]。

一些人能够获得这些商品而另一些人不能是商品稀缺性的特征；有些行为可以被选择而另一些不能是资源的稀缺性特征。如果我们可以得到我们想要的一切，那么就不存在稀缺性了。哪个人或哪种活动获得资源或产品取决于资源或产品分配的方式。

分配机制就是对稀缺商品进行分配的体系。当今使用的分配机制包括价格或市场体系，先到先得，以及各种政府安排，甚至是运气。这些我们从下面的问卷中就可以看出。

对于以下情景，简要说明你对下列向旅游者分配水的方法的看法，根据自己的看法在以下 5 个回答中进行选择：①完全接受；②可以接受；③不公平；④非常不公平；⑤完全不公平。

情景 1： 在一个需要经过长途跋涉才能够到达的风景区，一家公司建立了一个售水亭。水是由公司的员工背上来的，装在 6 盎司的瓶中向口渴的旅行者出售。每瓶水的售价是 1 美元。通常每天只出售 100 瓶。在天气很热的一天，该景区有 200 位旅游者，他们每人至少想要买 1 瓶水。

(1)提高价格，直到游客愿意且能够购买的数量等于可供出售的数量。

(2)根据先到先得的原则，按每瓶 1 美元出售。

(3)由当地权力机构(政府)以每瓶 1 美元的价格购买，然后根据他们的意见进行分配。

(4)根据一个随机选择程序或抓阄的方式按每瓶 1 美元出售。

情景 2： 一位内科医生提供医疗服务的价格是每位患者 100 美元，且每天为不超过 30 个的病人治疗。有一天，恶性流感使得问诊病人非常多，找这位医生看病的人超过了 60 个。

简要说明你对下列向患者分配医疗服务的方法的看法，根据自己的看法在以上给出的 5 个答案中进行选择。

(1)提高价格，直到医生治疗的数量与愿意且能够支付医疗费用的人数相等。

(2)根据先到先得的原则，按每位患者 100 美元的价格提供服务。

(3)由当地权力机构(政府)按每位患者 100 美元的价格向医生支付费用，然后根据他们的意见进行分配。

（4）按随机选择或抓阄的方式给每位患者以 100 美元的价格提供服务。

情景 3：捐献的肾脏数量远远要少于需要肾脏来进行肾脏移植治疗的人数，这是一个我们很熟悉的资源短缺的情形。评价以下几种决定哪些患者能够得到肾脏移植的分配法则。

（1）提高价格，直到愿意且能够提供的肾脏数量与愿意且能够支付的肾脏移植的人数相等。

（2）根据"先到先得"的原则提供肾脏。

（3）由当地权力机构（政府）决定将肾脏移植给谁。

（4）采用一个随机选择程序或抓阄的方式，抓中的人能够进行肾脏移植。

图 4.7 显示的是几百份包括以上问题在内的扩展版调查问卷的统计结果。分配机制（价格机制、先到先得、政府安排和随机分配）表示在横轴上，选择 A"完全公平"或 B"可以接受"的百分比显示在纵轴上，每个条形代表的是各选项的调查结果。

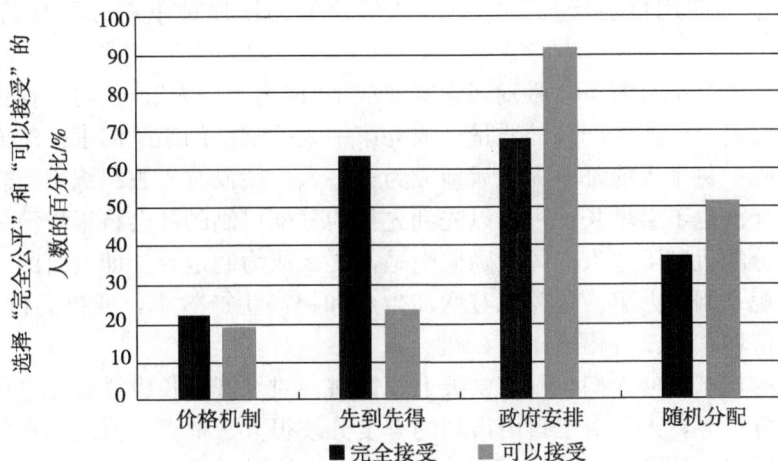

图 4.7　对市场分配机制的看法

注：纵轴表示的是对价格机制、先到先得、政府安排和随机分配这四种
分配机制选择 A 或者 B 的比例（分别是完全认同和可以接受）

　　普通大众并不完全认同价格机制，他们更倾向于政府安排。为什么？原因在于许多人认为在市场机制下只有富人能够获得商品，因此是不公平的。但任何分配机制的结果都是一部分人能够获得商品，另一部分人不能，从这个意义上说，任何分配机制都是不公平的。在价格机制下，贫困的人得不到商品；在先到先得机制下，后到的人得不到商品；在政府分配机制下，政策不能惠及到的人或者不符合政府要求的人得不到商品；在随机分配机制下，运气差的人得不到商品。

　　既然所有分配机制从某种意义上来说都是不公平的，我们如何决定使用哪一种？在这里，激励就将成为一种非常重要的因素。在价格机制的作用下，人们愿意去获得更多的购买能力，这意味着人们必须给他人提供有价值的产品或服务，给生产者提供有价值的资源——通过教育和培训来提高作为应聘者的价值，或者提高拥有资源的价值——以获得收入和财富。价格机制还能够为市场提供激励，刺激稀缺产品供给量的增加。在前面提到的瓶装水的案例中，如果瓶装水价格上涨，水站老板能够获得巨大的利润，同时，还会有其他人将水带到观光景点出售，因此市场上能够获得的瓶装水数量就增加了。在医生的案例中，其他医生会认为，在这家诊所附近新开一家应该能够获利，因此医疗服务的数量也得到了增加。价格机制能够促进供给量增加，在肾脏移植的案例中，也会有更多的人捐献肾脏。

但是，你也许会说，如果有人突然袭击你，并强行盗走你的肾脏，情况又如何？其实，这只在极少数情况下才会发生。如果你拥有一辆汽车，你会担心在街上开车的时候被人袭击并将车劫走吗？当然这样的事情的确可能发生，但是并不常见——这是违法的。类似的，盗窃器官也是违法的。因此，由于担心盗窃而质疑器官市场的规律是不合理的，瓶装水市场也是一样。

价格机制的激励促进了经济增长、扩张和生活水平的提高[16]。价格机制还能保证资源被分配到价值更高的地方。如果一件物品的价格提高，消费者会转而购买其他能够满足相同需求的产品或服务。当消费者转而购买替代品时，替代品的产量就会增加。相应地，资源在该商品上的使用也会增加，资源就从价值低的用途被重新分配到价值高的用途上去。

在先到先得的分配机制下，激励因素则变成了"成为第一人"。这时，你没有任何必要接受教育或者提高自己作为产品的质量。成为第一人是唯一的激励因素。然而，成为第一人有什么意义呢？每个人能都争先恐后地成为第一人，就没有人去组织生产，这样生活水平不会提高，经济也不会增长。一个以先到先得为分配机制的社会将很快消失。

在政府的分配机制下，人们的激励原则是，要么成为制定者，即政府的一员，要么就老老实实按照规章制度办事。这并没有增加生产和提高生产效率，或提高供给量的激励，因此，这对经济增长也没有促进作用。

随机分配的机制促使人们仅仅期望天上掉馅饼，对经济增长也没有促进作用。

在整个西方世界，人们对于自由市场的态度分歧很大。世界价值观调查（World Value Survey）的结果表明，在法国，只有 22％的人赞成应该由所有者运营企业并任命管理者，而这个比例在美国达到 58％。在最富裕的 18 个国家，如冰岛、美国、加拿大和澳大利亚等中，大多数人支持自由市场，然而，比利时、日本、法国、荷兰等国家最不支持自由市场。部分国家的竞争支持度排名如表 4.3 所示。

表 4.3　竞争支持度的国家排名

国家	支持度	国家	支持度
冰岛	7.2	德国	6.6
澳大利亚	6.8	新西兰	6.5
奥地利	6.8	芬兰	6.1
美国	6.7	丹麦	6.0
瑞士	6.7	英国	6.0
瑞典	6.7	比利时	5.6

注：10 表示最强烈的支持程度

4.3.2　在不同经济体制下的资源分配

我们在 4.3.1 小节中分析了市场机制下的资源分配情况，但事实上不同类型经济体制下的资源分配情况各异，以下我们分别来讨论三种特殊类型的经济体的资源分配情况，即纯市场经济体制、纯计划经济体制、混合经济体制。

我们简要地考察一下这三种类型经济体的特征及其优势。当然，在现实中大多数经济体可能处于纯市场经济体制和纯计划经济体制两个极端中的某一点。

1. 纯市场经济体制

(1) 价格(由市场决定)为生产者和消费者发出信号，帮助供给和需求达到平衡(均衡)。

(2) 政府并不直接参与资源分配。政府的主要任务是为市场运行提供保障机制(如法律和规则、防御手段等)。

优势：众多购买者和销售者依靠价格信号从事市场活动而不需要官僚机构决策者的干预。

劣势：市场失灵会导致资源配置不当。

亚当·斯密于 1776 年在其所著的《国富论》一书中指出了市场机制中价格的作用，即市场中每个人都"在不知不觉中由看不见的手引导着通向目的地"。

如图 4.8 所示，亚当·斯密认为，市场就像水一样使生产流向具有低成本的企业，从而淘汰成本太高的企业，它又像火一样把物品送到对它评价最高的消费者面前，忽略对其评价较低的消费者[17]。限制市场的作用是不明智的。

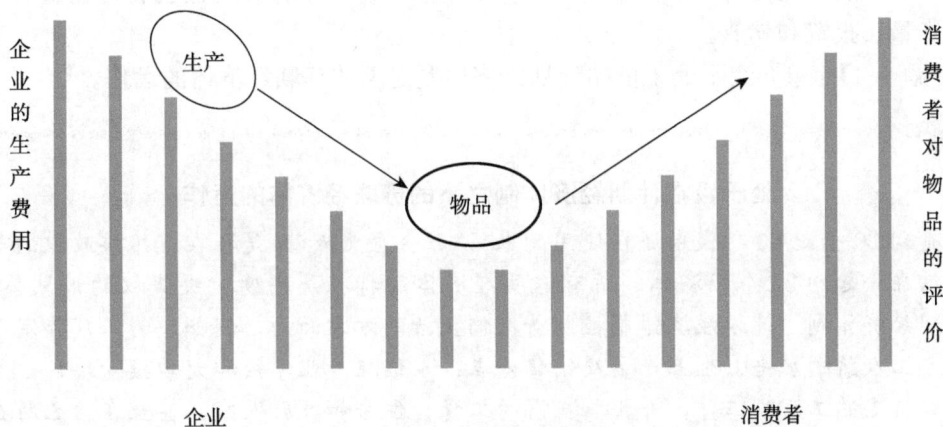

图 4.8　亚当·斯密对市场的描述

亚当·斯密基于市场的外部规律性和内在调节机制的角度论述了有关市场的问题，在亚当·斯密所处的年代，分工可以使劳动者熟练程度增加，减少从一种工序到另一种工序转移过程中的时间浪费并同时促进简化和节省劳动的机械的发明。不论是对经济的发展而言，还是对于社会或更广领域里"财富"和"繁荣"的增长而言，分工都是起点。亚当·斯密对市场的有关描述是不正规且不完全的，这有待其追随者来提供对市场机制和价格体系的更正规的分析。

2. 纯计划经济体制

(1)政府而非市场来分配土地、劳动力和资本等稀缺资源。

(2)制订全面的计划来决定哪些产品应该生产而且应该生产多少。

(3)如果价格存在的话，应该受到政府的控制。如果在控制价格之下需求过剩存在，那么定量配给会得以实施。如果存在供给过剩，那么多余的产品会被储存或销毁。

(4)政府保留对财产的所有权(几乎没有私人财产权)。

优势：生产和消费可以依据"整个社会"来展开，而不是私人需要和需求。

劣势：资源需要政府机构出面分配，其做出的不恰当决策有可能导致供给过剩或需求过剩。

3. 混合经济体制

(1)市场和政府一起干预土地、劳动力和资本等稀缺资源的分配。

(2)政府干预可能是直接的(如国有行业、公共服务事业)，也可能是间接的(如法规、税收政策)。

(3)大多数现代经济体制都是混合型的，如英国大约 40% 的开支和产出都与公共服务领域有关。

优势：政府干预可以克服各种类型的"市场失灵"现象；市场和价格可以协调各个独立决策。

劣势：政府可能需要依靠向市场征收高额税收来维系运作；高额税收可能影响到市场热情、产量、投资和就业。

【专题 4.4】简单介绍了处于极端计划经济体制之下的苏联经济体的运作。

专题 4.4

处于极端计划经济体制之下的苏联经济体的运作

直到 20 世纪 80 年代末还在使用的术语"社会主义阵营"是指在苏维埃政权的影响下集结在一起的 25 个经济体。所有这些经济体的特征是高度中央集权的计划体制，即计划经济体制。计划经济体制控制着人们生活的方方面面。例如，为工厂指定采购地点、工人薪酬水平、生产产量及销售地点；人们在专业学校和大学接受培训，然后分配到特定的工厂去工作，并获取应得的工资、住房和健康医疗，甚至在自己所在企业的旅店和疗养院度假；国有银行向工厂发放贷款的数额和印刷现钞数额都是政府指定的。

从理论上讲，中央计划体制非常完美。使用投入产出分析(该计划体制计算出每一个工厂所需要的投入并以此来判断生产产出)，政府计划部门可以精确地计算出每一个企业实现自己的生产目标所需的劳动力、资本和原材料数量。为原材料、半成品和产成品所制定的不同生产目标保证了整个经济体制得以有效均衡运作。政府制定投入和产出的价格,确保了所有公司能支付工人工资及偿还国有银行贷款。同时,通过为消费品定价,鼓励了人们对社会必需品的消费(如书籍、芭蕾舞剧、电影、公共运输等)并抑制了奢侈品的消费。

如果所有企业都实现了自己的生产目标,那么从理论上讲,经济体内就不会存在短缺和"瓶颈"现象。社会将实现充分就业,每一个人在学院和大学里接受了特殊培训之后就会分配到某一个企业就业。经济体内工人工资是以现金形式支付的,而且在购买各种消费品时显得非常充足。经济体内不存在通货膨胀现象,而且国家的所有国民都拥有住房、接受教育及健康医疗。

当然,在实践中,事情并不像计划发展得那么顺利。20 世纪 80 年代末之后,一种更加市场化的资源分配经济体制逐渐替代了计划经济体制。然而,在过去的几十年里,这 25 个所谓的"过渡经济体"从不利用市场来调配劳动力、货物或资本,而是由中央计划经济体制来分配资源。由于所有的生产工具都掌握在政府手中,国家内不存在关于财产所有权、资产估价和处置及亏损企业清算等方面的法律,而且在定向分配的劳动力系统内也不存在失业现象,不需要社会保障体系。

参考文献

[1]白永秀,任保平. 中国市场经济理论与实践. 北京:高等教育出版社,2011:43.

[2]杨日鹏,李黎. 哈耶克对兰格模式的批判. 中央社会主义学院院报,2010,(2):18.

[3]锡克 O. 第三条道路. 张斌译. 北京:人民出版社,1982:159.

[4]孙冶方. 把计划和统计放在价值规律的基础上. 经济研究,1956,(6):30-38.

[5]顾准. 顾准文集. 贵阳:贵州人民出版社,1948:48.

[6]孙静. 浅谈中国计划经济体制. 消费导刊,2009,(19):59.

[7]卢中原,胡鞍钢. 市场化改革对我国经济运行的影响. 经济研究,1983,(12):49-52.

[8]白永秀. 中国现代市场经济研究. 第 3 版. 西安:陕西人民出版社,2001:71.

[9]顾龙生. 十三大以来重要文献选编(上). 北京:人民出版社,1991:26.

[10]樊纲,王小鲁,朱恒鹏. 中国市场化指数——各地区市场化相对进程 2006 年度报告. 北京:经济科学出版社,2007.

[11]何苑. 邓小平的市场经济理论的生成及其主要内容. 甘肃社会科学,1996,(3):26.

[12]黄泰岩. 西方学者谈经济发展中的市场机制. 南京社会科学,1992,(5):10-12.

[13]斯密 A. 国民财富的性质和原因的研究. 郭大力,王亚南译. 北京:商务印书馆,1972.

[14]吴易风. 当代西方经济学流派与思潮. 北京:首都经济贸易大学出版社,2005.

[15]晏智杰. 重评亚当·斯密的价值——价格论. 北京大学学报(哲学社会科学版),1989,(6):5.

[16]武力. 略论新中国 60 年经济发展与制度变迁的互动. 中国经济史研究,2009,(3):14-23.

[17]聂文军. 亚当·斯密经济伦理思想研究. 北京:中国社会科学出版社,2004.

第 5 章

中国的经济增长和结构转型

无论以何种标准衡量，中国过去 30 多年的经济绩效都令人印象深刻：GDP 年均增速高达 10％，5 亿多人脱贫；是目前世界最大的出口国和制造国，也是第二大经济体。众多学者和评估机构预测，在未来的 20 年里，即使中国经济增速放缓，中国也可能会跻身高收入行列，并成为世界第一大经济体。不过，这里涉及两个问题。首先，尽管与目前的水平相比，中国经济增速会有所放缓，但中国未来能否仍然以从全球角度看较快的速度持续增长？其次，这种增长能否在与国际社会、生态环境和自身社会结构相互适应而非严重冲突的情况下实现？

本章将从经济增长和结构转型的角度来讨论上述两个问题。为了便于理解，本章首先会从理论上介绍经济增长的原因，从决定因素及核算方法两个角度进行动力分析。为了能够更全面地理解中国经济增长问题，我们结合中国国情探讨经济增长的方式转变，并对未来的经济增长进行预测。对于结构转型的问题，从实际出发，探讨中国经济改革过程中遇到的实际问题，介绍国内外学者对此问题的解答和建议，供读者思考。

■ 5.1 经济增长的原因及动力分析

我们在政府报告中经常会听到领导人强调经济增长的问题，在几年前经常能够听到人们在说中国经济飞速增长，而近几年李克强总理又在强调经济新常态，也就是说要保持一种稳定的增长。那么经济增长到底意味着什么呢？为什么会使国家领导人如此重视？理论上来说，经济增长是指人均国民收入的增长，即经过通胀指数调整的、按人均计算的、经济体所生产的产品和服务的增长。这是一个对经济体生产力的相对客观的衡量，也是学术界较为承认的观点。通俗上来讲，如果随着时间的推移，人们感觉到自己实际能够购买或生产的东西增加了，并且这是国内所有居民的共同感受，那么我们就可以说这个国家处于经济增长。

所以说，经济增长研究的核心是国民收入的变化。有两个基本指标经常被用来衡量国民收入，即 GNP 和 GDP。GNP 是指在既定年份中一个社会所生产的最终产品和服务的价值的总和，但不包括中间产品（intermediate good）（即用于生产其他产品的产品，如生产汽车的钢或装配计算机的芯片）。GNP 只计入该国公民创造的产出，包括在海外居住的公民生产的商品与服务的价值。GNP 是国民收入核算中最常用的概念之一，世界银行和其他多边机构常常把它等同于国民总收入（GNI）。GDP 类似于 GNP，只是它计入的是一国国界内生产出来的全部产出，包括外国居民生产的产出，但要去掉本国居住在海外的公民生产的价值。GNP 或 GDP 除以总人口即是对人均收入的衡量[1]。

经济增长能够使产出增加，体现在生产可能性曲线（production possibilities curve，PPC）上，经济增长能够使生产可能性曲线向外移动，也就是说，经济增长能够增加消费和资本积累，也即能够提供更高的消费、资本组合。如图 5.1 所示，经济增长意味着更多的产品和服务会被生产出来，作为人类福利进步的一项基础，其重要性不言而喻。事实上，国家间人均收入增长率即使只有微小的差别，如果长期持续下去，也会导致不同国民之间相对生活水准的显著差异[2]。

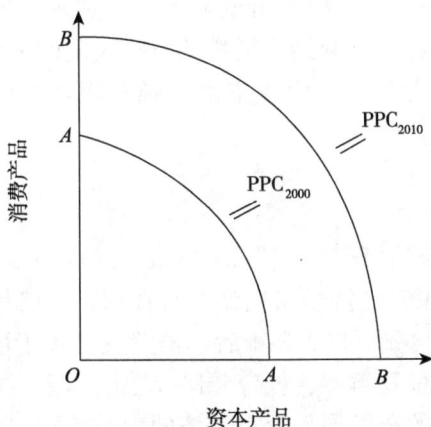

图 5.1　经济增长与生产可能性曲线

对于经济增长，尤其令人感兴趣的是，为什么收入和经济增长率在世界各国存在着巨大差异。对这一难题的认识，涉及经济增长的三个问题，它们分别是为什么一些国家富裕，而另一些国家那么贫穷？什么是影响经济增长的因素？怎样理解一些国家和地区的增长奇迹？

为了解释上述问题，前人在经验和不断的积累中提出了两种分析方法，一种是增长核算法，也就是力图将产量增长的不同因素分解，了解其贡献程度；另一种是增长理论，它利用数学模型来解释增长过程中生产要素供给、技术进步、储蓄和投资之间的互动关系。这两种方法构成了经济增长问题的分析框架，但是为了更好地掌握分析框架中的内容，我们首先介绍一下经济增长的决定因素是什么，以及它们在其中扮演什么样的角色。

5.1.1　经济增长的决定因素

经济增长的概念虽然是清晰的，但其决定因素的成分却是复杂的。为了认识经济增长的决定因素，西方学者区分了经济增长的直接决定因素和基本决定因素。

直接决定因素与经济中的投入要素，如资本和劳动的积累有关，还与能够影响这些生产要素生产率的变量，如规模经济与技术变化有关。经济学家们所论述的增长理论倾向于集中精力给这些增长的直接决定因素建立模型。另一方面，西方学者也意识到，一旦考虑了这些增长的直接决定因素的影响，人们就会面临更为深刻的问题，即为什么有些国家比其他国家在积累人力和实物资本以及创造或接受新观念、新知识方面做得更好，这就涉及经济增长的基本决定因素。

与增长的基本的或者说深层次的来源有关的变量是那些对一国积累生产要素的能力以及投资知识生产的能力产生影响的变量，如人口增长、金融部门的影响力、一般宏观经济环境、贸易制度、政府规模、收入分配、地理的影响，以及政治、社会的环境等。为了表示经济增长的决定因素，西方学者提出了生产方程的概念，即

$$Y_t = f(K_t, R_t, N_t, A_t, S_t)$$

其中，Y_t为一个经济体的总产出；K_t、R_t和N_t依次体现了资本存量、自然资源和劳动投入；A_t为该经济体利用知识的储量；S_t为前文所述的基本决定因素，或称其为"社会文化环境"或"社会能力"，这是经济运行所不可或缺的。更加复杂的模型还对人力资本和实物资本做了区分。上述等式包含了影响经济增长的直接决定因素和根本决定因素，特别是变量S_t反映了经济增长的基本起因[3]。由于本书篇幅有限，本章着重考察影响经济增长的直接决定因素①。

1. 要素积累

自从1776年亚当·斯密的《国富论》(*An Inquiry into the Nature and Causes of the Wealth of Nations*)问世以来，经济学家们就一直在探讨经济增长的决定因素以及快速增长与缓慢增长的国家之间的区别。200多年后，虽然我们关于增长过程的知识扩展了，但还远远没有完善。投资的数量及类型、教育和医疗卫生体系、自然资源和地理禀赋、政治制度的性质，以及公共政策的选择等都会对经济的增长起到重要作用，但是一些要素在经济增长过程中比其他要素更关键，所以在大部分经济增长理论中，资本和劳动这两个基本要素都是研究的重心[4]。因此，本章对这两个基本要素分别进行介绍，在本小节将会对资本的三种形式(自然资源和地理禀赋、物质资本及人力资本)对经济增长的贡献进行分析，而后阐述资本投资在经济增长中的重要作用。

(1)自然资源和地理禀赋。在马尔萨斯和李嘉图所处的时代，经济学家对自然资源抱有异乎寻常的崇拜心理，因为是否拥有充足的自然资源对支持一个农业社会以及紧接着的工业化社会的持续增长是至关重要的。所以，马尔萨斯在其《人口论》中阐述了一个影响很大的观点，即如果人口增长超过自然资源增长可能导致很坏的结果。这深深地影响了100年前的经济学家们，他们对于在有限的资源供给下的经济长期增长一直持有比较悲观的态度，在他们看来，一国自然资源越是丰富，其经济的增长就越有保障。这样的观点同我们的直觉并不相悖，因此，这一观点看起来是十分正确的。

但是，事实却与此观点正好相反。只要做一个简单的观察就不难发现，众多自然资源丰裕的国家的经济增长速度实际上是十分缓慢的。无论是17世纪的西班牙，还是19世纪

---

① 对经济增长基本原因的考察，可参考文献[3]。

和 20 世纪的俄罗斯，又或者是第二次世界大战后的尼日利亚、委内瑞拉、海湾石油国等。它们虽然拥有非常丰富的自然资源，却在和同时期的其他国家比较经济增速时，表现得不尽如人意。因此，俄罗斯总统普京就说过这样的一句话："我们的国家十分富有，但人民却很贫困。"但是，一些资源贫乏的国家和地区，如 17 世纪的荷兰，19 世纪的瑞士、日本及第二次世界大战后的新兴工业化经济体，都表现出了强劲的增长态势[5]。

　　这一现象在发展经济学中被称为"资源诅咒"，即丰裕的资源对一些国家的经济增长并不是充分的有利条件，反而是一种限制。例如，在 20 世纪 50 年代出现的"荷兰病"现象，就是由于荷兰丰富的石油和天然气资源被发现，导致荷兰政府大力发展石油和天然气资源，因此打击了农业和其他工业部门，最终削弱了其出口行业的国际竞争力。这样的失衡发展最终使其受到制成品出口下降、收入增长速率减慢、失业率增加、通货膨胀现象严重等问题的困扰。这一问题在我国的部分地区（如石油之城大庆、煤炭之城大同等地）也出现过，所以，社会经济的转型才显得尤为重要。

　　早在 1955 年，著名发展经济学家刘易斯就在其《经济增长理论》一书中写道，"很明显，资源和增长是相互依赖的……一个国家的资源多少十分明确地对它的发展程度和类型都有所限制。这不是唯一的限制，或者，甚至不是主要的限制……一国有了资源，它的增长率就取决于人的行为和制度，如精力、对待物质财富的态度、节俭和进行生产性投资的愿望及制度上的自由和灵活性。自然资源决定发展的方向，并构成一种挑战，而人的精神意志可能接受这个挑战，也可能不接受"。这是他早在各国发展的起步阶段就提出的忠告，使用严谨的理论告诫各国政府，自然资源绝不是经济增长的充分条件，要想使资源起到促进经济增长的作用，就必须要合理地利用和管理资源，而且还需要在技术创新、体制改革等其他对经济增长有利的方面同时努力才能够实现。

　　（2）物质资本。物质资本是实现经济增长和发展的物质基础和条件。所谓工业社会，其实质是首先利用资源来创造出新的生产手段，继而生产出较之以往更加大量的生活消费品，从而使生产效率和生活消费品的增长持续迸发。这就是我们古人所说的"工欲善其事，必先利其器"的经济思想。直到今天，我们仍然沿着这条看似迂回的生产路线继续前进，并且用于生产手段方面的生产资源投入呈现出一种持续上升的趋势。随着高新技术的发展，新的、高效率的生产手段不断产生，未来的社会，生产生活消费品的活动将变得越来越简单而又轻松。所以说，物质资本是经济发展的基础，如果没有物质资本，就不存在经济增长。

　　物质资本影响经济增长的途径之一，就是投资公共事业物质资本的直接福利性。使人们的福利随着这类物质资本的积累而增加，是经济发展的重要内容之一。我们将这类物质资本称为公共物品，如道路、桥梁、卫生设施、文化广场等。这类物质资本能够部分地供人们进行消费，用来提高人们的生活质量。随着这类资本的积累，人们的福利水平也能够得到增进，如更加便捷的交通和更加健康的生活保障等。

　　此外，物质资本还是其他资本的物质基础。为什么这么说呢？第一，其他资本的积累是需要借助于物质资本来完成的。无论是人力资本还是社会资本，都是如此。当进行人才培养的时候，首先需要建设的就是校舍、图书馆、实验室等，其次还需要其他的物质保障才能保证人才不会流失。在进行社会资本的投资时，无论是社会诚信体系的建立还是法制体系的完善等，都需要建立相应机构、设施，这些都是需要物质资本的消耗的。第二，其他资本虽然不是全部但相当大部分要以物质资本为附着物，人力资本附着于人体，对物质资本的附着性不明显。第三，其他资本要想发挥作用，必须要与物质资本配合。就拿人力资源来说，如果一个国家或地区的劳动力素质很高，相应地，其国家或地区的生产力水平也不会低。但是，如果没有相对应的物质资源与之对应，再高超的科学技术也不能造就强大的生产活动。这就是我国古话所说的"巧妇难为无米之炊"。但是，事实证明，物质资本和人力资本是存在一定的替代性的。

（3）面向未来的人力资本。中国古语道"十年树木，百年树人"，翻译成现代经济学的语言就是人力资本存量的扩大速度要大大慢于生产过程，需要通过教育、培训和经验等培养途径，历经长期而形成。因此，人力资本积累需要着眼于未来。改革开放以来，中国实现了九年义务教育的普及和高等教育的扩大招生，大幅度地提高了全民的受教育水平，不仅直接推动了人类发展水平的提高，而且通过人力资本的作用对经济增长做出了显著贡献。在此我们重点介绍人力资本的作用机制，使读者们能够了解人力资本是通过什么途径来促进经济增长的，至于人力资本对中国经济增长贡献程度的分析，我们将会在 5.1.2 小节进行分析和介绍。

作为财富增长的源泉，人力资本发挥作用的机制是不同于物质资本的。物质资本表现出较强的边际报酬递减趋势，而人力资本由于其特殊的作用机制，在与物质资本结合使用过程中表现为边际报酬递增趋势[6]。通俗来说就是，我们在生产过程中，每投入一单位的物质资本所起到的促进作用在刚开始时是显著的。但是，当我们继续投入物质资本时，每一单位资本所起到的促进作用是越来越有限的，甚至当达到某一个"饱和点"之后，继续投入物质资本反而会起到抑制作用，这就是物质资本的边际报酬递减规律。就好比一个饥肠辘辘的人，走进一家自助饭店，在刚开始进食的过程中，他是感到非常满足的。但是当他吃到七八分饱时，这种满意程度体现得就不是很明显了。在他吃饱之后，他就不会继续吃下去了，因为再吃下去效用不增反而会降。但是人力资本在发挥作用的时候却是相反的机制，所以，人力资本才会在经济增长的原因分析中占据越来越重要的位置。

具体而言，人力资本在经济增长中的作用机制主要包括非知识效应、收入效应、替代效应及外溢效应等。非知识效应是指人力资本具备一些特殊的改善经济状况的能力。例如，优秀的企业家能够有效地捕捉市场信息、及时配置市场资源、更有效率地提高产量；健康的、有能力和素质的劳动力能够提高生产效率和时间价值。收入效应是指受过教育、培训具备更多知识与能力的人会具有更高的生产力，因而也会有较高的收入。替代效应是指人力资本能够替代物质资本发挥促进经济增长的作用。另外，替代效应也表现在知识进步可以引发新的物质资本的需求以及知识结构的转变将带来对新的劳动技能的要求等。外溢效应，即如果每一商品的生产和技能积累均取决于该产业中的平均技能水平，那么人力资本外部效应就会从一个人扩散到另一个人，从旧产品传递到新产品，从家庭的旧成员传递给新成员，因而会对所有生产要素的生产率都有贡献，从而使产出具有递增收益。正是这种源于人力资本外部性的递增收益，人力资本才成为经济增长的发动机。

（4）资本投资与经济增长。投资，无论是人力资本投资还是物质资本投资，都能够促进经济增长。更多、更好的设备和工具能够提高人们的生产率，而教育和培训能够提高劳动力的技能水平，两种投资都会提高产出水平。而且事实证明，在其他条件不变的情况下，一个国家的投资水平越高，经济增长就会越快，但投资也是有成本的，也就是说放弃当期消费的一种"牺牲"。所以，高投资率并不能保证高速的增长，必须要保证投资到能够产生财富的项目中去。人力物质资本投资见图 5.2。图 5.2 中选择劳动力教育培训投资经费作为人力资本投资，因为这个数据可以很好地表现劳动力的教育水平，而且数据相对较为容易查询。此外，选择全社会固定资产投资和住宅投资作为物质资本投资。可以看出，此三者同人均 GDP 的增幅变化大体一致，可以初步判断出上述结论的正确性。

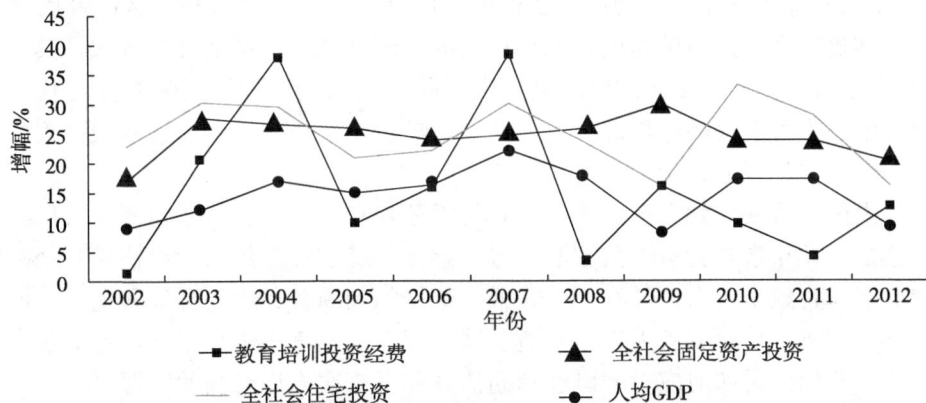

图 5.2　人力物质资本投资（2002～2012 年）

资料来源：国家统计局 . 中国劳动统计年鉴 2013. http：//data. stats. gov. cn/workspace/index？m＝hgnd

投资和经济增长之间为什么会有这样的关系？从宏观上来讲，这两者之间是相互促进、相互制约的关系。我们都知道投资能够刺激增长，这是因为它能够对当前的生产形成需求，还能提高未来的生产能力。但是，前期的国民收入和积累率也反过来影响着投资的总量水平，换句话说，过去一年的经济状况会影响投资者在未来一年的投资行为。所以，投资是由经济增长水平和发展速度决定的。

此外，投资对经济增长既有供给效应，又有需求效应，它既是经济增长的主要动力，又是诱发经济波动的主要因素，是一把"双刃剑"。投资应服从和服务于消费，消费产生需求而投资产生供给。我们在处理投资与经济增长关系时，既不能忽视投资对经济增长的作用，也不能盲目依赖于投资；既要重视投资的需求效应，也要重视投资的供给效应[7]。

2. 基本生产要素——劳动投入

劳动力是生产要素的重要组成部分，其作为基本生产要素之一，无论是在传统经济还是现代经济中，都十分重要。长期的实践经验表明，劳动力是经济增长的重要源泉。尤其是在中国这样一个人口大国，劳动力的投入对经济发展确实起到了不可磨灭的作用。也正是因为低廉的劳动力成本及由此而形成的人口红利，才促使中国形成了制造业的比较优势，成为"世界工厂"。

以前，中国经济依赖的廉价劳动力绝大部分为低级劳动力，所谓低级劳动力，就是指未受过高等教育的、主要从事体力劳动的劳动者。这些低级劳动力不符合人力资本创造价值的作用机制，所以不能作为人力资本，只能算做劳动投入。改革开放以来，这种通过资本和廉价劳动力结合的方式，造就了一个又一个的经济奇迹——"深圳模式""东莞模式""苏州模式"等。这也使中国在发展中国家和地区中，连续 9 年都保持着吸引外资的领先地位，甚至连续 5 年位居全球第二。

据研究，1982～2000 年中国劳动年龄人口比重高于总抚养比（被抚养人口与劳动年龄人口的比率），"人口红利"对人均 GDP 增长的贡献达到了 26.8%，有四分之一以上的人均 GDP 的增长是靠人口年龄结构优势获得的。此外，从东亚国家和地区的经验来看，中国之所以能够延缓资本递减的速度，赢得更长的时间来调整经济发展的方式，其原因就是人口红利效应。在过去 30 多年的时间里，中国的劳动供给达到了最为充分的状态，对经济的增长产生了不可磨灭的作用。因此，种种迹象表明，在中国的经济实践过程中，劳动力投入是一个不容忽视的力量。

但是，中国经济发展到今天，人口红利是否还存在，我们是否还能享受人口红利带来的盛宴，这是近几年来较为引人关注的一点。蔡昉曾经在许多年前做出这样一个判断——刘易斯转折点即将到来，人口红利开始式微。这样的判断曾经遭到质疑和批评，但是现如今，"民工荒"、招工难、劳动力价格不断上涨，使他的预言一步步成真，也引起了学者们的广泛关注，开始探讨如何应对人口红利的消失和第二次人口红利的发掘。

3. 创造性破坏机制

在一般的经济分析过程中，如果将上述两个基本生产要素（要素积累和劳动投入）分解之后，余下的部分就是我们常说的全要素生产率，这一概念我们将会在 5.1.2 小节中详细介绍。全要素生产率包括两个部分，即资源重新配置效率与微观生产效率，其中微观生产效率是衡量经济个体在产出量、成本、收入，或者是利润等目标下的绩效指标。从计量经济学的角度看，如果仅仅把产业结构升级变化作为资源重新配置效率的度量指标，则产业内部的资源重新配置，即最有效率的企业得以生存、发展，从而达到较大的规模，常常也可以包含在微观生产效率中。这个效率源泉相当重要，对美国的研究表明，制造业内部表现为企业进入、退出、扩张和萎缩的资源重新配置，对生产率提高的贡献率达 1/3～1/2[8,9]。

对于发达国家，由于早已经实现工业化，全要素生产率的主要形式是技术进步带来的效率改进。这是因为在这些国家，农业、工业和服务业三次产业之间的资源配置已经基本成型，体制也是相对稳定和成熟的，甚至可以在理论上认为是给定的。同时，由于这样的国家在技术上没有后发优势可供利用，也就是说，同其他国家相比不存在特别显著的技术差距。因此，对于大多数发达国家来说，其经济增长取决于技术进步的速度，所以这一过程是艰难的。凡是不能做到依靠科技创新或者企业优胜劣汰使生产可能性边界向外扩展的国家，就不能保持适当的增长速度。

日本成功地跨越了中等收入阶段而成为发达国家，但是，在向生产率驱动型经济模式转型上，却没有成功。在 20 世纪 90 年代人口红利消失的同时，日本成为一个高收入国家，经济增长不再能够依靠缩小技术差距的后发优势。但是，对于这种发展阶段变化带来的生产要素禀赋结构的变化，日本做出的反应是实施积极干预的产业政策和区域政策，以及刺激性的宏观经济政策，投入更多的物质资本，即资本深化，但是，日本经济在提高全要素生产率上的表现却不尽如人意。

日本经济学家林文夫和美国经济学家、诺贝尔经济学奖获得者普雷斯科特的研究表明，造成日本经济在 20 世纪 90 年代以来徘徊不前的原因，并非资本市场未能帮助企业获得具有营利性投资所需的资金，而是全要素生产率没有提高。而全要素生产率表现不佳的原因是，政府对低效率企业和衰落的产业实施补贴等保护措施，造成低效率企业甚至僵尸企业的产出份额过高，从而有利于生产率提高的投资相应减少[10]。

最终的结果则是，在日本经济平均劳动生产率提高的构成因素中，资本深化的贡献率从 1985～1991 年的 51％大幅度地提高到 1991～2000 年的 94％，而同期，全要素生产率的贡献率则从 37％直落到－15％(图 5.3)。

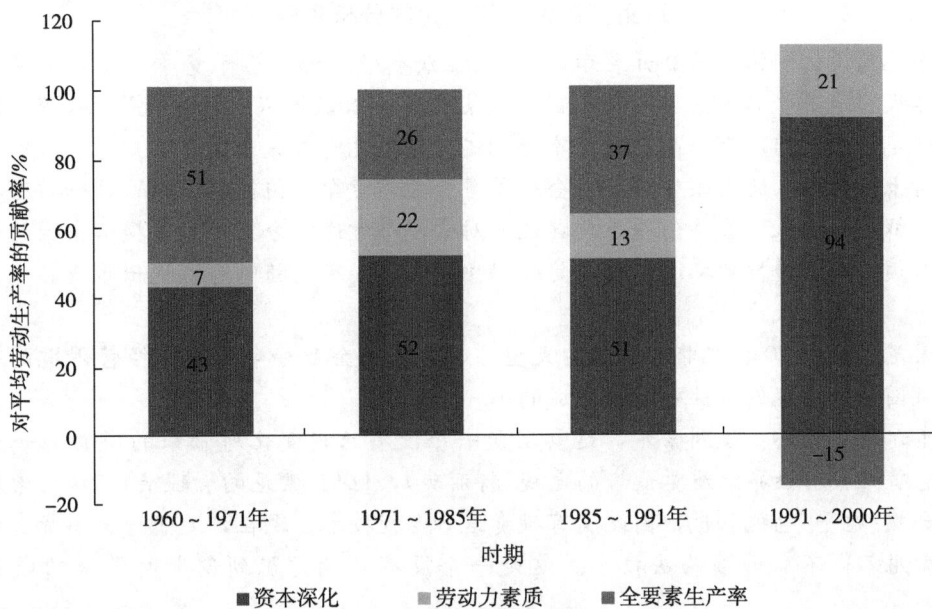

图 5.3　日本在不同时期劳动生产率的源泉

资料来源：Asian Productivity Organization. APO Productivity Databook 2008. Tokyo：The Asian Productivity Organization ，2008：23

熊彼特认为，经济发展的本质性事实就是创造性破坏。换句话说，就是提供一种优胜劣汰的机制，让有效率的企业长久地生存和发展，拥有更好的机会。相反地，那些缺乏效率的企业会在这样的环境中，渐渐消失。只有这样，才能使全要素生产率中的微观生产效率在经济增长中起到作用，实现可持续性的经济增长。通过小节 1 的介绍，我们可以得出这样的结论，我国 30 多年的高速经济增长，劳动力在部门和地区间转移而获得的资源重新配置效率是这段时期中国全要素生产率的主要来源。但在新的经济常态下，需要微观生产效率作为一个更加重要的来源，而后者尤其需要这个创造性破坏的环境。

"未富先老"这一特征给中国经济增长模式转变带来特殊挑战①，不过，值得提出的

---

①　此处的讨论详见文献[11]。

是，挑战的同时也给中国经济增长模式的转变赢得了时间。因为无论是科学技术水平还是市场机制或其他制度，中国同发达国家的差距仍然是显著的，这就意味着"后发优势"的存在。我们可以从中摘取"低垂的果子"，以显著改善微观生产效率。所以，创造今后10～20年经济增长源泉的关键，是实现从依靠人口红利到借助改革获得改革红利的转变[11]。

要获得这个转变期的效率源泉以保持可持续增长，需要依靠企业通过各种创新手段，做出适合自身发展的效率最大化的选择，政府应当营造一个平等的竞争环境，保持市场机制的正常运行，保持创造性破坏环境，同时消除不利于资源有效配置和新技术采用的各种制度障碍。

专题5.1

运用创造性破坏理论的分析实例

索尼前总裁中钵良治公开表示，"索尼在众多领域都落后于竞争对手，索尼新产品未能吸引消费者的主要原因是工程师在某些时候未能把握市场潮流"。从领先到落后，索尼的命运何以有如此反差？市场潮流对索尼究竟意味着什么？

对上述问题，波士顿咨询公司全球董事会主席卡尔·施德恩（C. W. Stern）有其独到的见解。他引入熊彼特创造性破坏理论对索尼个案进行分析，同时提醒中国的优秀企业必须重视创造性破坏这一已经越转越快的潮流，否则随时可能退出市场。

一、索尼的代价

索尼等一批20世纪非常优秀的大型综合类电子企业如今遭遇的经营困境是否可以看做因为不重视创造性破坏而造成的不良结果？

卡尔·施德恩：谈到索尼，这其实是一个没有正视变化所带来的威胁的一个案例。它曾经拥有世界上质量最好的电视（特丽珑），他们（索尼的管理层）不认为索尼的电视会被"纯平"电视取代，因此没有投资这种电视技术。现在，为了迎合消费者的需要，索尼不得不从韩国购买技术。这是一个没有正确意识到创新所带来的威胁的例子。

与索尼相反的一个例子，也是日本的，就是DoCoMo。在这种变化过程中，它是大赢家，是一个正确认识到变化所带来的机会的公司。它通过对移动电话服务做出的一些革命性的改变，对其加入一些新的功能，使自身在这方面处于一个领先的地位。

因此，很难把一个国家的某一类行业的成功或失败用一个统一的理由去概括，说成功也好，失败也好，要具体问题具体分析，要看具体的公司是否能够意识到这种变化所带来的威胁，是否能够调动公司所有的员工去应对这样的变化。

二、"破坏"在中国

中国企业如何创造性破坏，特别是那些著名企业，如海尔、格兰士，包括联想？

卡尔·施德恩：从经济发展的阶段来看，中国的公司确实在转换商业模式方面具是有优势，同时中国也是一个重塑企业价值链的好地方。

对一些生产行业来说，中国企业在创造性破坏上还是非常成功的。对全世界来讲，有很多企业把生产放到中国来做，而且中国的企业能够很快地探索出一个方式，怎样在这个环境中成功生存，怎样在这个环境当中去竞争。在我们进行这个讨论之前，其实已经有大量的生产性企业成为"全球性破坏"的很大的受益者。具体来说，海尔是一个非常成功的公司，在外面也做得非常好。至于联想，现在做出评论可能太早，我们还需要时间来看一看。但同时，在中国还有许多其他的企业需要做更多的工作去更好地适应这个新的环境。例如，中国的银行业还有许多工作需要做；还有大型的工业，比如说汽车制造业。

所以以中国企业来分析，表现也是各有不同。有些企业已经很好，但许多企业还有一定的工作需要做，这些企业就是我们所谓的"沉睡中的狮子"或者"恐龙"。它们需要苏醒过来，并做出及时的改变，否则会像恐龙一样面临着灭绝的危险。

5.1.2　经济增长源泉分析

中国经济高速增长的主要动力是什么？增长质量如何？是否具有可持续性？这些问题引起了政府和民众的普遍关注，是近年来经济学界热烈探讨的问题。尤其在当前金融危机在全球蔓延的国际环境下，研究中国经济能否平稳较快增长，具有非常重要的现实意义。增长核算是一种经验方法论，它可将观测到的 GDP 增长分解成几部分，而各部分分别与各要素投入的变化及生产技术的变化相关。在无法直接测量技术进步的情况下，不能被观测到的要素投入增长所解释的 GDP 增长率，即"余值增长"可以间接地测量技术增长率。索洛(Solow)提出的增长核算方法是分析经济增长质量和可持续性的有力工具，得到广泛应用。之后有许多研究对索洛的方法做了改进，使增长核算方法日臻完善，同时也出现了一些新的计算方法。其基本思路是把总产出视为资本和劳动力等投入要素的函数，从总产出增长中扣除资本、劳动力等带来的产出增长，所得到的"余值"称为全要素生产率，它用来衡量所有除资本和劳动之外的因素对经济增长的影响。

1. 增长核算方程及经验估算

我们知道，生产函数给出了投入与产出之间的数量关系，即要素的投入如何影响经济产出的关系式[①]。通过生产函数我们能够简单而直观地了解投入和产出的规律，因此，我们设经济的生产函数为

$$Y = Af(N, K)$$

其中，Y、N 和 K 依次为总产出、投入的劳动量和投入的资本量；A 为经济的技术状况，在一些文献中，A 又被称为全要素生产率(total factor productivity，TFP)。若劳动变动为 ΔN，资本变动为 ΔK，技术变动为 ΔA，则由微分学的知识及微观经济学中边际产量的概念可知，产出的变动可以表示为以下方程：

$$\frac{\Delta Y}{Y} = \alpha \frac{\Delta N}{N} + \beta \frac{\Delta K}{K} + \frac{\Delta A}{A}$$

---

① 关于增长核算方程的详细推导可以参考文献[12]。

其中，α 为劳动收益在产出中所占的份额，简称劳动份额；β 为资本收益在产出中所占的份额，简称资本份额[12]，即

产出增长＝劳动份额×劳动增长＋资本份额×资本增长＋技术进步

这就是增长核算的关键公式，它告诉人们，产出的增长可以用三种力量（或因素）解释，即劳动量变动、资本量变动和技术进步。换句话说，经济增长的源泉可被归结为生产要素的增长和技术进步。但是随着增长核算理论的不断发展，也有不少学者对此进行了改进，如在开放条件下的增长核算就需要引入净出口来衡量[13]。但是，在此处为了更加方便读者理解，我们忽略了这一情况①。

增长核算方程不仅被用来说明经济增长的源泉，而且还被用来衡量经济的技术进步。一般地，由于技术进步无法直接观察到，需要间接地衡量，可以知道

$$\frac{\Delta A}{A} = \frac{\Delta Y}{Y} - \alpha \frac{\Delta N}{N} - \beta \frac{\Delta K}{K}$$

因此，当知道了劳动和资本在产出份额中的数据，并且有产出、劳动和资本增长的数据，则经济中的技术进步可以作为一个余量被计算出来，表达式 $\Delta A / A$ 也被称为索洛余量。在了解经济增长的原因之后，我们现在来看中国近年来增长核算的有关数据。根据目前学者的研究[13]，将《中国统计年鉴》公布的就业人口数表示为劳动投入，采用简化的、固定折旧率为 10.96% 的资本存量估计公式 $K_t = I_t / P_t + (1-d) K_{t-1}$ 进行估计，以人均收入乘以人口数作为劳动收入，计算劳动收入在总产出的比重，作为 α 值，计算结果如表 5.1 所示。

表 5.1　中国经济增长的核算

时期	产出的增长 $\Delta Y/Y$	增长的源泉		
		资本 $\alpha \Delta K/K$	劳动 $(1-\alpha)\Delta N/N$	全要素生产率 $\Delta A/A$
2002～2004 年	8.38	2.60	0.23	5.55
2005～2007 年	9.90	3.40	0.17	6.33
2008～2010 年	7.19	3.23	0.14	3.82
2011～2013 年	5.51	3.76	0.13	1.62

表 5.1 表明，2002～2004 年，中国实际 GDP 增长率为 8.38%，其中的 2.60% 是由资本存量的增加贡献的，0.23% 是由劳动投入的增加贡献的，而 5.55% 是由全要素生产率的提高带来的。表 5.1 还表明，2008 年以来中国全要素生产率的增长明显放慢了。为此，许多学者试图解释这一不利的变动。例如，有人从数据衡量方面提出解释，认为实际上生产率并没有放慢，只是因为数据有缺陷而表现在数据上。总之，有关生产率放慢的原因的种种分析都还没能给出一个系统全面的解释。

---

①　关于开放条件下增长的核算可参考文献[13]。

2. 基于核算角度的增长原因分析

通过上文的讨论，我们知道了影响经济增长的核算是如何进行的，而且对全要素增长率的概念也有了进一步的理解。因此，我们可以通过回顾中国经济高速增长期间的数据，来对其增长的动力进行分析，了解中国经济增长的规律并把握未来发展的趋势。

首先，在物质资本要素方面，资本存量的高速增长转换为 GDP 增长的强大动力。表 5.1 中的数据显示，除 2008 年受到金融危机影响导致贡献下降外，资本要素对 GDP 的增长贡献是呈增长的趋势的，由 2.60％增加至 3.76％，成为推动经济增长最重要的动力。有研究发现，资本要素对 GDP 的贡献在 1978～1991 年增长比较缓慢，1992 年后进入一个快速增长阶段，1997～2001 年增长速度放缓，2001 年以后又重新进入快速增长通道[14]。而从表 5.1 中可以知道，虽然这阶段的增速总体上是增加的，但是在 2008 年金融危机中也受到了一定程度的影响。但是这并不影响资本要素对经济增长的贡献，从目前的趋势来看，中国经济发展还是需要依靠资本投入的。

单从劳动投入来说，一般认为其是由劳动力的数量和教育两部分构成的。但是，从中国目前劳动力的现状来看，同发达国家相比较而言，劳动力平均素质仍然较低，且目前就业的人数变化幅度要大于教育的变化。所以，现阶段看来，人力资本对经济增长的贡献主要取决于劳动力人数的变化情况。有数据显示，自 1988 年之后，劳动力对经济增长的贡献就开始不断下降，直到现在也是如此（从表 5.1 中我们能够得到比较直观的数据），不过这种下降一直是比较缓慢的下降。

从美国和德国等发达国家的先进经验中，可以得出这样一个结论，即随着技术的进步和国家综合实力的增强，当一国的科技水平同其他国家相比差别不大时，促进经济增长的主要动力将会是全要素生产率，也就是科技创新的能力。这一观点我们在前文分析创造性破坏的时候也讲过。但是以中国目前的实际情况来看，在未来十年，无论是中高速发展还是新常态，投资拉动仍然是一个主要的动力。与此同时，创新驱动的经济增长将会使全要素生产率在经济增长的核算中占据越来越重要的位置。所以说，提高全要素生产率对GDP 增长的贡献是中国实现经济可持续增长的唯一可依靠动力。

5.2　中国经济增长动力及挑战

有两种方法计算经济增长的动力，第一种是增长核算方法，即从总产出的角度进行分析和计算，也就是上文中对经济增长核算的讨论。第二种方法是从总需求角度来分析，即将总产出分解为投资、消费和净出口三个方面。相对来说，增长核算方法需要更强的数据处理能力，因此第二种方法更加直观一些。通常来讲，我们用 GDP 来衡量国民经济活动。核算 GDP 最常用的方法便是支出法，是指核算经济社会（指一个国家或一个地区）在一定时期内消费、投资、政府购买及出口这几方面支出的总和。完整意义上的"三驾马车"是指在支出法核算中的最终消费支出、固定资本形成总额、产品和服务出口。最终消费支出反映消费需求；固定资本形成总额反映投资需求；产品和服务出口反映外部需求。消费、投资和出口这三大需求，也就是我们所说的拉动经济增长的"三驾马车"。

5.2.1　"三驾马车"及中国实践

2013 年 10 月 31 日，李克强总理在主持召开经济形势座谈会时，面对错综复杂的国际形势和日益严峻的资源环境，提出"要在必要和可能之间、在转型升级与保持合理增长速度之间找到一个'黄金平衡点'，使经济保持在合理区间，使中国经济行稳致远"。"黄金平衡点"涵盖民生与就业、资源与环境、增速与效益、消费与投资、出口等多层面的合理适度提升与改善。其中，消费、投资、出口的平衡是中国经济行稳致远、均衡增长的关键环节。

改革开放 35 年来，我国依靠高投资刺激、快出口外推（1998～2008 年）取得了 GDP 年均 9.8％的高速增长和总量全球第二的骄人成就。但在异常复杂的全球经济形势和日益强化的资源环境约束下，继续依靠投资、出口主导维持原来的高速发展道路，不仅脆弱性、风险性巨大，而且不可持续、难以为继。投资驱动虽然是发展中国家谋求增长不可缺少的动力源，但投资增量并不必然会提高投资效率，反而会加剧产能过剩、贸易摩擦、金融体系系统性危机，削弱增长的自主内生动力；出口驱动不仅削弱经济自主性、加大贸易摩擦，而且还存在国际市场是否支持我国产品出口的"胀死"或"憋死"两大潜在风险。因此，中国经济行稳致远，既不能靠短期投资刺激，也不能过分倚重出口带动，必须找准消费、投资、出口的"黄金平衡点"。走向消费主导、三大需求均衡拉动的战略转型，既是大国实现经济可持续增长的内在要求和必然选择，也是实现经济自主协调发展的战略重点。

1. 中国经济增长的未来动力：消费

消费、投资、出口是拉动经济增长的"三驾马车"，但其作用各不相同。出口是外驱力，其力量强弱受外部经济体运行好坏的牵制，具有被动性。投资和消费是内驱力，投资是强心针、速效药、推动力，在经济疲软、乏力时，能快速推动增长。但它只是中间动力，能否真正带动经济增长，取决于最终消费对投资的消化吸收能力。消费是稳定器、长效药，是经济增长最持久、最根本的拉动力。消费既是人类一切活动的起源和动力源，也是社会再生产的关键环节，是经济发展、社会进步的最终目的。国际经验表明，最终消费对经济增长的贡献起主导作用，以消费为根本驱动力的经济增长具有较好的可持续性。目前，理论界在三大动力谁主谁辅上观点不一，但基本共识是确定最优消费率，保持消费、投资、出口均衡协调的动力格局，是经济长期稳定、可持续增长的必要条件。

从结构看，我国最终消费率逐渐降低，而投资率逐渐提高，导致投资和消费失衡。从图 5.4 中可以看到，1978～2012 年，消费率从最初的 62.1％降到了 49.1％，这在有数据可比的国家中是最低的。相反的，总投资率则从 38.2％提高到了 49.2％，超过世界平均水平（22％）27 百分点，在有数据可比的国家中是最高的。

从经济贡献看，消费的"短板效应"日益显著。2000～2013 年期间，消费需求对 GDP 的贡献率由 65.1％降至 50％，降低 15.1 百分点；而投资的贡献率则由 22.4％提高至 54.4％，提高 32.0 百分点。2004～2013 年的十年，消费、投资对经济的年均贡献率分别

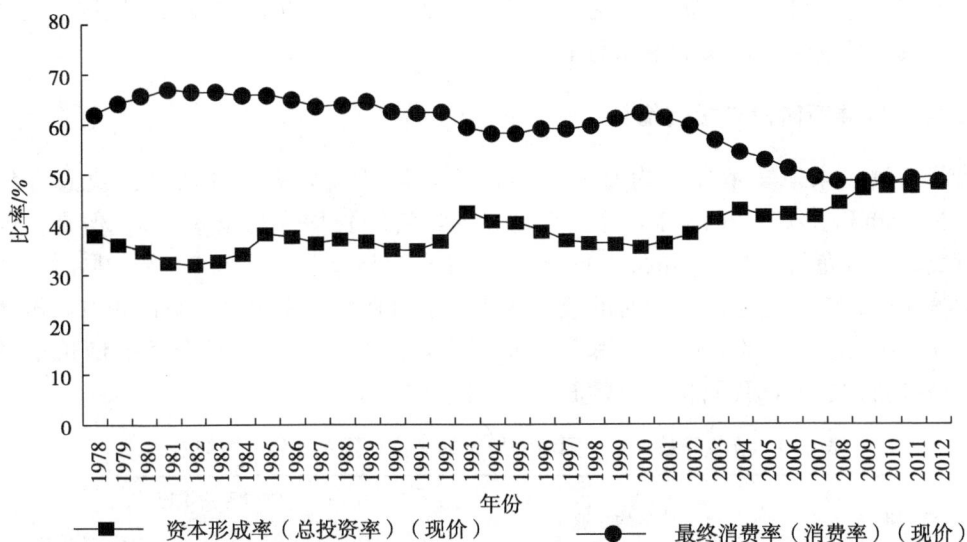

图 5.4　1978~2012 年中国最终消费率、投资率

资料来源：张慧芳. 消费主导的战略转型与中国经济行稳致远、均衡增长. 经济问题，2014，(8)：1-6

为 45.35%、51.89%，全社会固定资产投资年均增长 24.44%，社会消费品零售总额年均增长 16.32%（表 5.2），说明我国依然以投资为主动力，离消费拉动尚有距离。

表 5.2　中国主要宏观数据增速比较（单位：%）

年份	财政收入	GDP	全社会固定资产投资	社会消费品零售总额	城镇居民人均可支配收入	农村居民人均纯收入
2004	21.60	10.1	26.60	13.30	7.70	6.60
2005	19.90	11.3	26.00	14.90	9.60	6.20
2006	22.50	12.7	23.90	15.80	10.40	7.40
2007	32.40	14.2	24.80	18.20	12.20	9.50
2008	19.50	9.60	25.90	22.70	8.40	8.00
2009	11.70	9.20	30.00	15.50	9.80	8.50
2010	21.30	10.40	23.80	17.10	8.40	11.40
2011	25.00	9.30	23.80	18.30	7.80	10.90
2012	12.80	7.70	20.30	14.30	9.60	10.70
2013	10.10	7.70	19.30	13.10	7.00	9.30
年均	19.68	10.22	24.44	16.32	9.09	8.87

资料来源：张慧芳. 消费主导的战略转型与中国经济行稳致远、均衡增长. 经济问题，2014，(8)：1-6

消费拉动经济增长这一经济发展方式的转变，将是解决我国经济发展不平衡、不协调和不可持续的一个根本途径。但是，与国外相比较，相同年份，我国消费率特别是居民消费率远低于主要发达国家水平，同时也低于世界平均水平和典型发展中国家水平。我国这些年来的高速增长主要是一种以投资和出口为主导的粗放型增长，这种增长是一种失衡的、以我国自然资源为牺牲的、缺乏后劲的低水平发展。因此，在未来的经济发展中，消费一定会成为拉动经济增长的主要力量。

2. 经济发展新阶段与投资增长

改革开放以来，学术界认为有 6 大经济增长阶段，如表 5.3 所示。我们看到，在 1998～2001 年和 2012～2013 年，这两个阶段的经济增长均未高于 8.0%。但是，这两个阶段所处的经济背景却是不同的。1998～2001 年，经济增长率达到 8.0% 的同时，也出现了通货紧缩的趋势，这是因为当时的经济增速低于潜在增长率水平。目前来看，虽然增长率在 8.0% 以下，但伴随着的是温和的通货膨胀，因此可以看成是合理的增长水平。所以，在经济新常态下，我们将会经常面临这样的增长率。

表 5.3　改革开放以来中国经济增长的阶段性及主要特征（单位：%）

时期	GDP 年均增速	物价年均增速	
		CPI	GDP 平减指数
1978～1991 年	9.3	6.1	5.3
1992～1997 年	10.4	7.2	10.9
1998～2001 年	8.0	−0.3	0.5
2002～2007 年	11.2	2.1	4.2
2008～2011 年	9.6	3.5	5.4
2012～2013 年	7.7	2.6	1.8

资料来源：《2013 年中国统计年鉴》《2013 年国民经济和社会发展统计公报》

韩国、日本的经验显示，经济由高速增长转为中高速或中速增长的同时，投资增长率会出现更大的回落，由两位数以上的增长转为低速增长。1951～1970 年，日本经济增长率和投资增长率分别为 9.7% 和 16.5%，而其后的 1971～1979 年，日本经济增长率和投资增长率分别较前一阶段下降 5.1 百分点和 13 百分点，分别为 4.6% 和 3.5%（参见图 5.5）。1971～1991 年，韩国经济增长率和投资增长率分别为 9.4% 和 13.8%，而其后的 1992～1997 年，韩国经济增长率和投资增长率分别较前一阶段下降 2.3 百分点和 8.2 百分点，分别为 7.1% 和 5.6%（参见图 5.6）。

目前，我国投资增速已经出现下降趋势。2010 年以来，资本形成增速已经连续下降，2010～2012 年，资本形成实际增长率分别为 13.6%、10.6% 和 9.5%。因此，结合我国经济转型期间经济下滑和日本、韩国两国的经验，可以预计我国投资增长将会在近期继续回落。尽管目前看来我国的投资增速略有下滑，但还是有很大可能保持相对较快的增长。此外，很重要的一点是，随着城镇化建设的不断深入，由此带来的投资需求是不可小觑的，这也将会成为我国经济发展新常态中的重要支撑力量。

3. 降低外贸依赖，着重提升内需

我国的经济对外贸易依存度较高，我国在 1978～2005 年的年均净出口率（2.6%）几乎

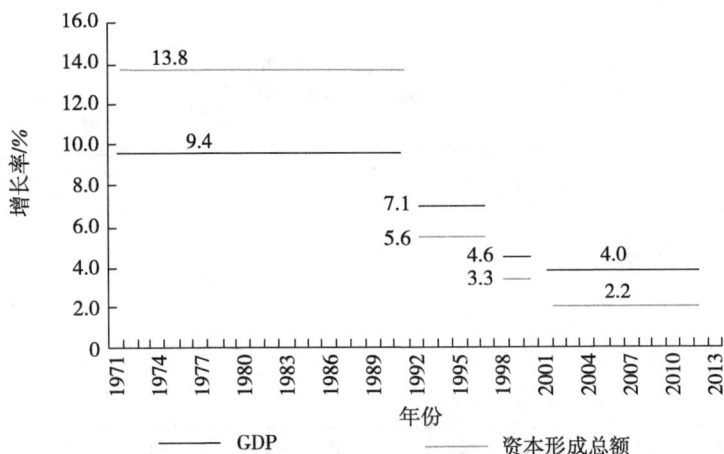

图 5.5　日本不同时期 GDP 及投资实际增长率

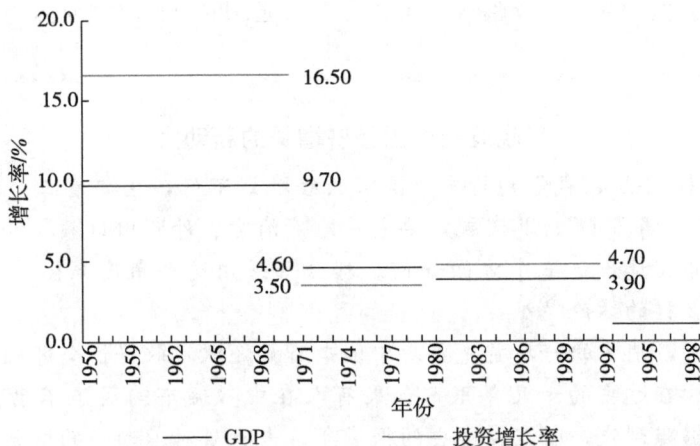

图 5.6　韩国不同时期 GDP 及投资实际增长率

资料来源：http://www.stat.go.jp/english/data/chouki/index.htm
和 OECD 数据库

成为全球最高。此外，我国出口对经济增长的贡献率也是较高的，这一点可以参照前文介绍经济增长核算的内容。对外贸易依存度是衡量一国或地区经济对国际市场依赖程度的指标，从改革开放时起，我国就抓住机遇，最大限度地提升了自己在国际经济体系中的地位，对外贸易依存度也从 1978 年的 8.4% 上升到 2006 年的 67%（图 5.7）。

2008 年金融危机以来，贸易环境逐步恶化，我国的对外贸易依存度也从 2008 年的 56.93% 降至 2013 年的 45.4%（图 5.7）。这表明外需受外界影响明显收缩，也证明我国对外需的依赖开始减弱，经济发展正由外需拉动向内需驱动转变。我国在 2013 年已经成为世界第一贸易大国，所以，应该在扩大内需强调消费拉动的同时，提高外贸的质量和效益，不再简单地进行外贸加工，而是在价值链中占据上游地位，形成扩大内需、拓展外需的良性互动，打造经济转型过程中另一个"中国奇迹"。

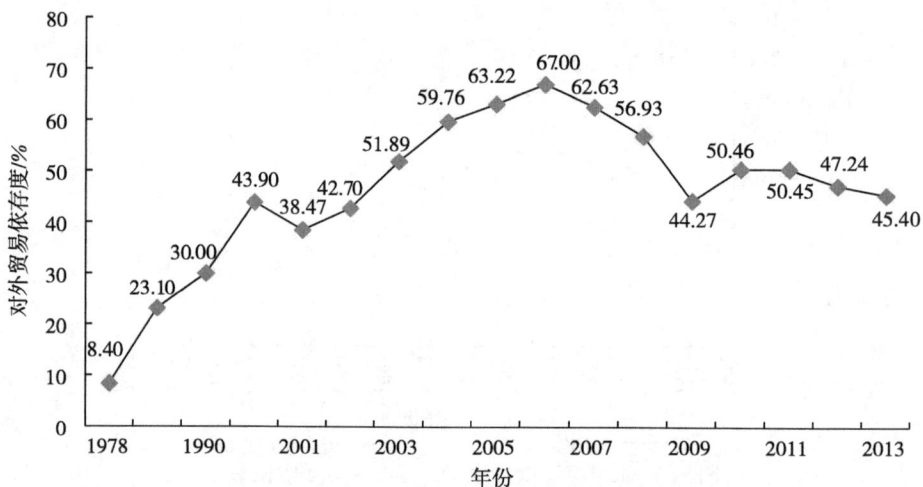

图 5.7　1978～2013 年中国的对外贸易依存度

资料来源：张慧芳. 消费主导的战略转型与中国经济行稳致远、均衡增长. 经济问题，2014，（8）：1-6

专题 5.2

吴晓波论中国经济增长的新动力

在过去的 16 年里，我们判断一个国家的经济好不好，主要看三个方面，就是我们前文所讲的"三驾马车"。其实就是要看房地产消费、外贸出口额和外贸规模、政府投资为主的城市化建设这三个方面如何。那么如果用这个角度来衡量中国经济的好坏，会得出什么样的结论呢？

首先看消费，消费的好坏首先要看中国老百姓还敢不敢将钱全部砸在一个叫房地产的篮子里面。在过去的十几年里，如果有人在中心城市购买了不动产，那么他有 99% 的概率能够赚到钱，所以在过去的很多年，老百姓对不动产的增长有一个很大的预期。但是到了 2015 年的今天，这样的预期消失了。也就是说，如果你有 200 万元，全部投在房地产的话，不能保证在未来 10 年内还能增长 5～6 倍。也就是说，房地产这种投机性爆发式增长的机会大概已经过去了。所以，未来的中国老百姓的消费是否仍然是以基础物与不动产投资为前提的居民消费，已经成为一个很大的问题。因此，拉动中国经济增长的第一驾马车出现了问题。

其次看出口。泉州是中国近些年来制造业发展很成熟的地区之一，1978～1998 年这 20 年里面，泉州包括东南沿海很多地方的老板，靠内贸赚钱，就是做运动衫、做服装（也就是民间戏称的高仿货）。1998 年之后，十来年的时间里面，他们靠外贸赚钱，也就是所谓的 made in China。但是在 2008 年美国金融危机的冲击下，这样的一种赚钱方式出现了问题，外贸出口值同年降低了百分之二十几，次年又降低了百分之二十几，到 2010 年又降低了百分之十几。因此，在今天的中国和各省（自治区、直辖市），外贸对经济增长的贡献率持续下滑，再用出口来观察国民经济和区域经济的发展，就不灵了。

最后讲投资。投资靠的是什么呢？是政府。政府不断地通过土地并购方式，扩大城市规模，如北京发展五环、六环，现如今可能要把承德、保定再并进来。这是大规模的投资方式，但是地方的债务平台不断抬高。所以说，2015 年的经济发展能否再靠政府如同摊大饼一样的城市规划建设来发展地方经济呢？似乎也行不通了。你会发现，2015 年的天好像变了，我们熟悉了十六年的"三驾马车"各自都出现了问题，而且这三驾马车是否能够支持中国的经济在未来的几年里继续往前跑，居然也成为一个巨大的问题。那么，在 2015 年我们如何判断中国的经济是不是会好、财富的爆发点在什么地方？我们可以看出，在这一年里，有一些新的增长点将会出现，也就是四大新动力。

1. 新实业

中国在过去的几年里有一个数据特别重要，就是我们在 2013 年的时候，中国整个实体经济的制造业在全球制造业的比重达到了 28%（美国制造业占全球制造业比重的 27%）。这个是自第二次工业革命以来，第一次有一个国家的制造业在全球的比重超过美国。这个数据无论是在工业革命历史还是中国历史上都是一个很重要的数据。但是，在 2013 年之前，中国实体经济的发展主要靠的是成本优势。从 1978 年开始，中国靠土地成本优势、人力成本优势、税收减免优势和低环境成本优势等优势，获得了经济的发展。因此，30 多年来形成了功利性的企业观察方法，即评价一个制造业企业的标准就是厂房面积、雇工多少、营业收入和是否进入世界 500 强。但是到了今天，这种企业观察已经发生了重大的问题，面积越大、雇工越多、收入越高的企业可能死得越快，因此中国的实体经济出现了问题，没有一片新的蓝海。现在所有的实体企业都将面对新的产业发展形势，并在各种成本优势都非常高的情况下继续活下去。

在顺德的家具企业，由于以前存在的各种成本优势都不复存在，所以日子很不好过。在以前，他们做好家具运到全国各地销售，卖不掉的就贴上打折的标签，然后再继续生产家具铺货到全国，这就是所谓的旧实业。但是有一家企业，它全国各地的连锁店里都没有什么大的家具，取而代之的是许多的电脑和木材材料。当你进入店里时，售货员会向你咨询房屋面积、家具预算、样式偏好，并将得到的数据输入电脑，很快就会出现许多相应的产品。顾客在电脑上进行选择，然后集成出一个清单，传送到顺德的工厂，等制造完毕之后再送货上门。这就是新实业，它通过大数据的方式和消费者的诉求，反过来定义自己的生产，而不是像原来那样，先把商品生产之后再铺到各个家具市场里面。因此，在这样一个新视野下，旧的家具行业形成了一个新行业。这样的变化正发生在中国的家具行业、家电行业、文化行业等，几乎遍及所有行业。这就是 2015 年对大制造型实体经济的一次颠覆。中国的制造企业到今天已经进入一个强制淘汰期，所以在这样的一个前提下，中国没有所谓的夕阳行业、传统产业，所有的行业和产业都将在 2015 年面临一个新的商业模式的调整。因此，这是一个新动力。

2. 城镇化

在 2013 年以前的许多年里，政府大量的投资和国家许多的基本建设是集中在大中型城市里面的，物价局统计的每月商品房价格上涨实际上统计的是全国七十大城市的商品房价格。但是 2015 年之后，中国政府大量的投资、未来中国主要的城市化建设的发展动力将出现在三线以下城市及一些核心集镇。中小城镇化会成为中国城市规模扩张和人口城市化的一个重要吸纳地，而不是北上广深这些地方的发展了。因此，即便是城市经营、投资领域，2015 年以后也会发生很大的变化，整个资本会被稀释到更多的、更大面积的城镇领域里面。

3. 互联网

2014 年中国商业界最大的新闻就是阿里巴巴的上市，在上市之前大家都在估计它的市值，一般估计是在 1 500 亿～1 800 亿美元，这样的估值足以使其成为中国最大的互联网公司，而它实际上市时的市值已经达到 2 000 多亿美元。而且，仅"双十一"这一天，其交易额便达到 570 多亿元，然后阿里巴巴的股票居然冲破了 3 000 亿美元。所以，现在阿里巴巴、京东、腾讯、百度这些互联网公司对中国整个社会和实体经济的改造已经发生了重大变化。互联网经济，特别是移动互联网所带动的新消费经济已经成为中国很大的一个新的增长极，而这个增长极在我们原来的"三驾马车"里面是看不到的。所以互联网成了一个促进中国经济发展的新动力。

4. 新金融

从 2014 年开始，中国的金融行业发生了翻天覆地的变化，在十八届三中全会上，我们第一次在中央文件里面看到这样一句话：国家即将允许中小企业发起设立中小银行等金融机构，这相当于将整个民营资本推到中国的整个银行体系里。所以在 2014 年国务院通过五个民资银行的审核报告后，这些民资银行将会成为一种新的发展力量进入金融业中，而金融产品的大规模爆发和增长在 2014 年也呈现得非常清晰。因此，在 2015 年以民营资本和互联网资本为代表的这些新的金融力量将全面再造中国的银行体系。

上述就是我们在 2015 年即将看到的一个全面的景象，即从 1998 年开始，支持中国经济发展 16 年的"三驾马车"的经济增长模式现在已经被彻底打破，而新实体、城镇化、互联网和新金融构成了中国经济发展的新的 4 个动力。因此，2015 年以后，我们判断一个地区的经济发展情况，需要看 4 个东西，首先是这个地区的实体经济有没有完成转型升级；其次是遍布于全国的、中国三四线以下的城镇化改造有没有完成；再次是互联网经济，特别是移动互联网和新消费在这个地区有没有产生新的增长点和新的爆发力；最后是在金融行业里面所产生的这些生产力有没有被激发出来。这将会是我们在 2015 年观察中国经济的一个新的方式。

5.2.2　中国经济增长面临的挑战

当前经济增长速度下降的主要原因是国际金融危机的影响及出口增速降低；我国大城市主导的城镇化模式导致城镇发展空间狭窄；资源环境约束增强及相应的要素成本提高。经济增长趋稳的基础性条件主要是世界经济逐步调整恢复及我国出口增长趋于稳定；我国以城市群为主体形态的新型城镇化推进并不断释放支持经济发展的空间；发展方式转变及资源环境约束相对减弱。当前引起经济增长速度下降和转型升级的诸因素仍在发展之中，经济增长的下行压力仍然较大，爆发系统性、区域性经济风险的可能性仍不可低估。针对这一形势，必须将稳增长与推进经济转型升级紧密结合，通过不断改善发展环境、提高微观基础和经济结构对环境变化的适应能力，加快培育和巩固经济增长的新常态。

1. 中等收入陷阱——中国该怎么跨越[15]？

20 世纪 60 年代初期，有 100 多个国家进入中等收入国家行列，但至今进入高收入国家的只有寥寥十几个，且大多数是小国。中国已进入中等收入国家行列，有人认为中国跌入"中等收入陷阱"的可能性很大。它山之石，可以攻玉。分析跨越陷阱国家的成功经验和跌入陷阱国家的教训，对中国的未来发展非常重要。

（1）韩国和日本跨越"中等收入陷阱"的主要经验。韩国和日本是通过增长动力机制转换和经济发展体制改革，成功实现经济发展方式转变，进而顺利成为高收入国家的典型，对中国的借鉴意义较大。总体而言，从日本、韩国的经验来看，跨越陷阱问题实际上是竞争力阶段性提升和跨越问题，日本和韩国实现持续增长的核心是培育出内生增长动力，最关键的是实现了从"模仿"到自主创新的方式转换，其主要经验包括以下几个方面。

第一，调整经济发展方式。从 20 世纪 50 年代初到 80 年代，日本实现了轻工业—重工业—第三产业的适时转换升级，完成了由"贸易立国"到"技术立国"再到"文化立国"的转变。80 年代以后，西方国家奉行贸易保护主义，极大地冲击了韩国出口导向型经济。韩国提出"产业结构高级化"的政策目标，加速从依托增加资金投入、维持廉价劳动力的粗放型发展战略，转为主要依靠增加研发投资和提高产业科技含量提升竞争力。韩国大力发展以电子工业为核心的技术知识密集型产业，整顿轻纺、纤维、染色等低附加值产业；将汽车、造船、机械等产业的制造工程逐步转移出去，国内主要抓研发、设计等前端工程，以及营销、售后服务等后端高附加值工程。这为韩国在全球产业调整过程中抢占先机、实现可持续发展奠定了重要基础。

第二，依靠技术创新立国。高收入经济体在中等收入阶段均采取各种战略和措施来提高本国的技术创新能力，以此在国际竞争中占据有利地位。1982 年，韩国正式提出"科技立国"战略，并明确其主要目标是利用先进技术改造原有产业。进入 20 世纪 90 年代，为减轻对发达国家的技术依赖程度，韩国进一步实施"科技立国"战略，发展本国高新技术产业。与韩国类似，20 世纪 80 年代以来，日本也确立了"创新立国"战略，并把它作为新时期经济发展的基本国策。

第三，提高全要素生产率。20 世纪 70 年代，韩国经济发展模式的显著特点是资本投入增长速度非常快，全要素生产率对经济增长的贡献为负值，经济增长依靠的是要素投入。但到 20 世纪 80 年代，韩国全要素生产率对经济的贡献率达到 28.94％，全要素生产率对经济增长的贡献超过劳动投入部分，成为仅次于资本的第二大发展动力。1998～2011年，韩国全要素生产率对经济增长的贡献率达到 44.87％，成为促进经济增长的主导因素。韩国真正实现了经济转型，转变为依靠全要素生产率发展的创新型经济发展模式。日本经历了 1951～1974 年的高速增长期、1975～1993 年的平稳增长期，以及 1994～2005年的失去的十年期，每一个时期最重要的标志之一就是全要素生产率的同向升降。

第四，调整收入分配格局。韩国政府通过税收政策调整初次分配格局；通过社会保障措施调整再分配格局。20 世纪 80 年代以后，其基尼系数明显降低，收入分配趋于均等化。1991 年韩国的基尼系数由 1980 年的 0.39 降至 0.26，社会高收入阶层与低收入阶层的收入差距明显缩小。

第五，实现城乡均衡发展。20 世纪 60 年代，在工业化进程中，韩国城乡收入差距逐步拉大。1970 年，韩国政府启动了旨在缩小城乡差距、工农协调发展的"新村运动"。韩国《农林统计年报》显示，1970 年韩国农村人口占全国人口的比例为 44.7％，2005 年下降到 6％。农民在其他非农部门大量兼业，城乡收入分配发生了显著变化。20 世纪 90 年代初，韩国农村居民人均收入已经达到城市居民人均收入的 95％，城乡收入差距已基本消失。第二次世界大战后，伴随工业化、城市化的发展，日本城乡差距急剧扩大，由此引发了大城市人口过密、农村人口过疏、农村经济日渐凋敝等一系列问题。日本政府于 1961年、1969 年和 1977 年先后制订了三轮综合开发计划，不断调整农业、农村政策，通过加强农村地区的社会化服务体系建设，完善城乡统筹的养老、医疗、教育制度的方式，使城市和农村在法律地位、居民政治权利、社会保障、治理模式等方面具有一致性，有效解除了农民进城或城市居民"下乡"的后顾之忧。经过几十年的发展，日本成为世界上城乡差距较小的国家。

(2) 一些国家跌入"中等收入陷阱"的原因探析。许多拉美国家和东南亚国家为何相继跌入"中等收入陷阱"？以下原因不可忽视。

第一，发展失速。"中等收入陷阱"的实质是增长问题。在具有持续增长能力的经济体内，各种社会矛盾可以通过增量调整的方式逐渐予以解决，而在增长停滞的经济体内则只能被迫进行存量调整，陷入"增长停滞—社会动荡—经济失序—复苏无力"的恶性循环。一国经济必须保证持续发展，否则就会跌入"中等收入陷阱"。整个拉美地区 20 世纪 80 年代经济年均增速 1.2％，人均 GDP 增长只有－1.9％，其中，1963～2008 年，阿根廷还出现了 16 年的负增长。

第二，结构失衡。巴西、墨西哥、阿根廷、马来西亚、泰国长期存在结构失衡：①产业结构失衡。巴西、阿根廷、墨西哥等国忽视具有比较优势的劳动密集型产业，转而发展资本密集型的钢铁、造船等重化工业，导致轻重工业比例失衡和工农业比例失调。②人力资本和自主创新失衡。高端人才匮乏和低下的研发能力严重制约经济结构升级转换。2009年，日本、韩国研发支出占 GDP 的比重超过 2％，而智利研发支出占 GDP 的比重只有0.7％。2009 年韩国获授权专利达到 9 566 件，而同期，马来西亚仅为 181 件。③城乡发展失衡。工业化发展严重滞后于过快的城市化，大量无地人口涌入城市，就业、住房、收入和社会保障困难引发严重的社会问题。巴西城市化率从 1950 年的 41.4％飙升到 2013 年的 85%，达到甚至超过发达国家水平。泰国总人口 6 000 多万人，而首都曼谷人口就达 1 000 多万人。④社会保障机制失衡。就业、医疗、教育保障投入弱化，对经济和社会稳定形成巨大冲击。⑤环境发展失衡。巴西大量砍伐亚马逊热带雨林的树木、工业化种植经济作物，阿根廷过度放牧，泰国的森林资源基本被毁损，马尼拉和雅加达的大量垃圾被直接倾倒入海。

第三，资金失血。金融体系脆弱的国家缺乏独立自主的金融体系，经济严重受制于发达国家资金，特别是普遍存在着借短放长现象，加上过早过度放开资本管制，一旦外资撤离致使资金失血，企业就会倒闭或濒临破产。例如，巴西曾经成为南美的骄傲，但巴西后期严重依赖外资，1999 年的金融危机彻底击碎了本已脆弱的金融体系，资金大量失血，经济下滑至谷底。墨西哥和阿根廷等国也大致如此。

第四，应对失措。当重大困难或经济危机来临时，许多跌入"中等收入陷阱"的国家应对失措，使困难演变成危机，小危机演变成大危机。其一，部分拉美国家顽固坚持"举债增长"战略。20 世纪 70 年代初石油危机后不久，不少拉美国家继续维持"举债增长"的发展战略，而欧美国家则相继采取紧缩政策，进一步加剧了拉美国家的债务负担。其二，推行"原教旨市场决定论"经济政策。20 世纪 80 年代，仍处于经济增长停滞泥潭的拉美国家将"看不见的手"视作救命稻草，让政府这只"看得见的手"见死不救。经济监控缺位下的救助方案不仅未能消除债务危机的根源，反而导致国际收支日趋恶化。其三，拉美不少国家脱离本国财政金融水平，照搬西方高福利制度。1987～1988 年，在拉美较早建立社会保险制度的阿根廷和乌拉圭，其社会保障税率分别在 34%～45% 和 54%～57% 的区间，接近欧洲国家；有不少国家为 20%～30%，也高于加拿大和美国。"福利赶超"扭曲了市场价格信号，导致资源配置失当和宏观财政上的债台高筑。其四，马来西亚等东南亚国家在亚洲金融危机后，未能及时对依靠低成本贸易拉动经济的模式进行调整，没有找到新的经济增长点。

(3)中国跨越"中等收入陷阱"应采取的举措。"中等收入陷阱"的实质是进入中等收入阶段后经济社会的可持续发展问题。中国要解决这一阶段出现的各种问题，显然需要多管齐下。例如，优化投资、进出口和消费结构，以产业转移实现区域协调发展，推动技术创新，着力提高我国全要素生产率等。此外，以下几个方面的举措也是非常重要的。

第一，发挥政府战略导向作用。要跨越"中等收入陷阱"，绝不能忽视政府的作用。以亚洲为例，成功跨越"陷阱"的大多是政府作用明显、经济决策高度集权的国家，而那些放弃政府应有作用的，反而跌入"陷阱"不能自拔。菲律宾从 20 世纪 30 年代开始，经过 30 年快速发展，现代化水平仅次于日本。但从 20 世纪 60 年代中期开始，政治、经济体制完全照搬美国，资金和政策严重依附国际货币基金组织(International Monetary Fund，IMF)、世界银行等外部势力，政府作用疲弱，未曾制定明确的、长期的经济发展战略，导致经济长期衰退、社会动荡，由"亚洲典范"走向"亚洲病夫"。第二次世界大战后，日本实行政府主导型的市场经济，官产学一体、银企相互渗透，在短短二三十年里，其经济实力迅速超过英国、法国和德国。韩国政府在 20 世纪 60 年代初形成了以高度集权化为特点的经济决策模式。新加坡政府在西方看来现在仍然是一个政府相对集权的国家。中国的国情和这些国家的发展经验都证明，我们必须坚持中国特色社会主义的道路自信、理论自信和制度自信，才能保持自身特色，跨越发展陷阱。

第二，推进城乡二元市场改革。中国"城乡分割"的"二元结构"主要表现为土地制度、公共品供给和公共治理制度、户籍管理和相关制度的城乡分割。成功的城市化不是简单的城市人口比例提高和城市面积扩张，更重要的是实现产业结构、就业方式、人居环境、社会保障、配套政策等一系列由"乡"到"城"的转变，要统筹推进人、地、钱等重点领域和关键环节的体制机制改革；在城乡户籍、农村土地产权、城乡社会保障和政府财政税收制度上要有所突破，实现城乡统筹发展，在深度城市化进程中跨越"中等收入陷阱"；要逐步破除城乡二元结构及城市内部二元结构，近期重点抓好棚户区改造，在资金、技术和机制上确保 2017 年前实现各类棚户区 1 000 万户的改造目标。

第三，深化收入分配制度改革。要实现经济发展方式从生产推动型向消费推动型转变，必须依赖收入分配差距的缩小和居民收入的提高；努力提高居民收入在国民收入分配中的比重、劳动报酬在初次分配中的比重，努力实现居民收入增长和经济发展同步、劳动报酬增长和劳动生产率提高同步，形成经济增长、公平分配和社会和谐的良性互动局面；要深化收入分配制度改革，加快形成中产阶级占多数的"橄榄形"分配格局；从减贫、基本公共服务、人力资本建设、就业创业等方面入手，提高社会机会均等程度；加快建立综合与分类相结合的个人所得税制度，合理确定税前抵扣范围并调整累进税率，减轻中低收入群体税收负担，加大对高收入群体的收入调节力度。

第四，把改革驱动作为各项应对措施的主基调。金融危机促使全球经济秩序进行深度调整，为了抢占未来战略制高点，大国已进入空前的创新密集和产业变革时代。我们要紧紧抓住新一轮世界科技革命带来的战略机遇，牢固树立经济增长依靠"改革驱动""效率驱动"的观念，以改革对接开放、对接全球化的规则和机制，提高"中国制造"的竞争力和"中国模式"的影响力，推动中国经济社会发展走上内生增长的轨道。

2. 全球经济下行——中国该何去何从？

中国目前的经济形势是产能曲线不断上扬，需求曲线不断下行，两条曲线间的"剪刀差"越拉越大，其结果就是产能利用率不断下降。而且建立在出口拉动之上的复苏是极其脆弱的，也是不可持续的。有学者预测，在 2015 年下半年前后，美国可能会爆发新的金融危机。如果美国金融泡沫再度破裂，肯定也会引起日本和欧洲金融市场随之发生危机。由于行将爆发的新危机是上一场危机的延续，且背景是财政与货币手段在上一场危机中都已用到极致，新危机的爆发相比 2007 年的危机会更加强烈，也会更难走出。对于这一新的危机，增加货币供给解决不了实体经济问题，但中国有实体经济的调整空间而美国、日本和欧洲没有。所以未来 20 年，世界上只有中国仍能处于力量扩张期[16]。

（1）经济下行将促进改革进一步深化。从国际环境来看，世界经济在温和复苏中进一步分化和调整，国际货币政策差异在加大，新兴市场国家风险在增大。从国内环境来看，中国经济的系统调整没有那么快能复原。具体看拉动经济增长的"三驾马车"：由于经济疲软、进口不振及国际大宗商品价格下跌，前三季度贸易顺差相较上年同期扩展 35.3%，进出口总体表现不佳，衰退型顺差反而对 GDP 形成了支撑；出现回落的主要是消费和投资。

2014 年以来，社会消费品零售总额增速已从 2013 年的约 13％降至 9 月的 11.6％，而前三季度社会消费品零售总额同比增长 12％，较 2013 年同期回落 0.9 百分点；固定资产投资(不含农户)增速从 2013 年的约 20％连续降到 9 月的累计 16.1％，较 2013 年同期大幅回落 4.1 百分点。从数据上看，固定资产投资增速放缓是拖累经济增长下行的最主要原因。房地产开发投资增速放缓是投资整体下滑的重要原因。数据显示，前三季度，全国房地产开发投资同比名义增长 12.5％，较 2013 年同期大幅回落 7.2 百分点。经济增速下行带来的一个直接结果是，政府财政收支的增速出现快速下滑。2014 年 9 月社会用电量、广义货币(M2)、居民消费价格指数(CPI)、生产价格指数(producer price indes，PPI)等经济指标都表明当前中国经济的下行压力之大。

更需要注意的是，有专家指出，当前中国经济还面临着一个大问题：过去市场化改革不够，没有为民营企业的发展创造足够的空间，民企一直在并不那么健康的条件下发展。例如，城市官员担心，将公共项目合同授予民企而非其国企竞争对手，可能会毁掉自身的仕途。放贷的银行也存在这种歧视——银行高管放给民企的贷款若变为坏账，将面临遭解雇的风险，但借给国企则不会面临这样的风险。经济高速增长时大家似乎都能赚钱，但当经济下行压力增大时，才发现国企"大佬"成不了市场栋梁，而民营企业也形不成足够的支撑。

所以，从某种意义上说，当前经济下行压力加大将促使中国决策层进一步调降增长目标，为深化改革腾挪出更多空间。强大的潜力和内生动力将保证中国经济还有数年的平稳发展，将为政府争取改革时间，为跨越"中等收入陷阱"赢得机会。为了稳中求进，把握好改革发展和稳定的平衡点、近期目标和长期发展平衡点、经济社会发展和人民生活改善的结合点，将会是政府实行改革的方向和重点。可以预期，如果经济疲软持续，推出更大力度的宽松政策的可能性会越来越大，因此将会进一步加快深化改革的步伐[17]。

(2)扩大内需战略。在目前国内外依然错综复杂和难以预料的经济形势下，要实现既定的经济增长目标，人们又想到了具有中长期结合特点、既能保持经济增长又可促进结构调整的扩大内需战略，进一步落实扩大内需战略可以在以下五个方面做一些工作。

一是把社会保障体系建设工作提到一个更高的地位。进一步加大社会保障体系建设力度，合理提高保障水平、有效提升保障统筹层次、继续扩大覆盖面，进一步强化社会保障的公平公正、共济共享和调节收入分配等功能。

二是继续加大基础设施建设力度。在进一步强化基础设施合理规划的基础上，进一步加大区域之间和城镇内部各类基础设施建设力度，继续为改善城乡区域发展条件、提高经济发展后劲和实力做出努力。

三是继续加大生态破坏和环境污染治理力度。突出抓好东部地区大气、水体、土壤和生物污染治理力度，还人们一个基本的、健康的生存环境；进一步强化中西部地区退耕还林、还草工作，努力遏制生态环境继续恶化的趋势；加大控制二氧化碳排放量的工作，以此促进各行各业技术创新和管理水平的提高。

四是强化自然资源的合理开发、综合利用和高效管理。采取一系列政策、技术和经济等综合手段和措施，提高自然资源，特别是有限的不可再生资源的合理高效利用，并不断加大替代资源的研发，努力降低自然资源对人类发展的约束程度。

　　五是抓住机遇，努力进一步缩小城乡区域发展差距。近年来，在一系列促进中西部发展和新农村建设等战略和政策的指导下，我国城乡区域发展出现了相对差距不断缩小的良好势头。2014 年前三季度我国中西部一些主要经济指标继续领先全国。例如，规模以上工业增加值全国增长 8.5％，而西部地区增长 10.6％，全国最高，中部和东部分别为8.5％和 8.0％；固定资产投资全国增长 15.3％，而西部和中部分别为 17.9％和 17.8％，东部只有 14.9％。继续保持这样的区域发展势头，未来我国区域城乡协调发展目标就一定能够实现[18]。

专题 5.3

经济增长理论的中国实践：李克强经济学

李克强经济学

　　"李克强经济学"（Likonomics）是巴克莱资本创造的一个新词，用来指代李克强为中国制订的经济增长计划。这一新词的出现，代表了中国目前所从事事业的重要性。李克强经济学为解决中国经济提供了一种新的思路，因为与朱镕基时代相比，今天的时代背景发生了很大变化。朱镕基时代的改革是以增量改革为主，存量改革为辅，而李克强时代的改革则需要以存量改革为主，增量改革为辅。中国已经到了依靠利益分配引导资源配置的时代。政府调整利益，市场配置资源，由看得见的手引导看不见的手。而中国国内利益再分配的成功与否，直接关系到中国在全球利益再分配过程中是受益还是受损。

　　新一届政府试图理清政府与市场关系，转变政府职能，削减政府开支，约束政府权力，增强经济内生动力，实现结构调整，推进全面改革。这与朱镕基时代的改革一样，殊为不易。实现上述目标，政府的施政思路需要从受管理的市场化向全面放松管制的市场化转变，从经济建设为中心向国家制度建设为中心转变。说到底，这是打造中国经济升级版的必由之路。简而言之，李克强经济学代表着用短痛换取长期的益处。据巴克莱预计，新一届政府的政策将把中国推向"临时硬着陆"，未来三年里，中国的季度经济增速会降至 3％，即以短期的经济下行来换取长期的经济增长。因此，李克强经济学的要义不在于强调政府要做什么，而是强调政府不做什么，其基本特征是强化市场、放松管制、改善供给。

　　强化市场是李克强经济学的第一个关键词。其强调政府与市场"换手"，政府不越位、不缺位。无论政府职能如何转变，政府也是市场当中重要的主体，而不是游离于市场之外。如果说朱镕基时代的任务是确保顺利转轨，初步建立市场经济体制，那么李克强时代的任务就是建立强化市场型政府，实现真正的市场经济体制。

　　放松管制是李克强经济学的第二个关键词。其强调减少审批，尊重市场，尊重市场主体的选择，政府减少微观干预。在他看来，审批权改革意味着对政府"法无授权不可为"，对市场"法无禁止即可为"。宏观调控是朱镕基经济学的重要关键词，而李克强更多强调改善和加强宏观管理。新型城镇化建设过程中，当然需要修路架桥盖房子，但更是改革的总抓手，是个放松管制的过程。土地开发方式必须改变，继续掠夺农民的开发方式不可持续，社会成本太高。破除户籍制度，至少是逐步解决部分进城农民的户籍问题，城乡统筹，让进城农民享受基本公共服务，也是李克强提出的促进社会公正的重要方面。放松管制同样体现在中央和地方关系的处理上，即中央向地方分权，允许地方先行先试。这就需要调整当前的分税制，解决财权事权不匹配的问题，提高地方自主权。

改善供给是李克强经济学的第三个关键词。其强调减税促进投资，完善福利制度，调整国内利益分配，国有部门向居民部门让利。营改增的税制改革将会继续推行，这一减税政策的重要意义在于：由于政府收入增长下滑，投资型政府的角色因而将会发生变化，只有这样才有可能实现中国经济的升级版。提高城乡居民收入固然重要，但中国的领导人必须解决财富分配差距过大问题，而不仅仅是收入分配差距过大问题。改革国有部门，富人向穷人让利，打破利益阶层固化，实现要素价格及其形成机制市场化，激发民间活力，避免剧变或革命，成败在此十年。

克强指数

2010 年年末，英国《经济学人》杂志推出了一项用于评估中国 GDP 增长量的新指标——克强指数（Li keqiang index）。这个以时任中国国务院副总理李克强的名字命名的指数，是三种经济指标，即耗电量、铁路运货量和银行贷款发放量的结合，以挤掉统计数字的水分。英国《经济学人》认为，克强指数比官方 GDP 数字更能反映中国经济的现实状况。"数字出官，官出数字"的现象一直饱受诟病，所以就真实性而言，克强指数包括的三项指标，项项涉及真金白银，几乎不存在作假的可能性。

用电量：被称最能准确反映实体经济状况的数据

全社会用电量用于经济统计，它是三大产业用电和居民生活用电的总和，国家能源局和电力企业联合会按月发布该数据。电力数据和工业生产及消费活动密切相关，由于中央对地方单位生产总值能耗控制得日益严格，地方官员不太愿意在能源问题上虚报。另外，中国五大发电集团的发电量在全国发电量中占据"半壁江山"，发电量数据不太容易被扭曲。

铁路货运量：受人为干预影响较小的数据

交通部每月中旬公布公路、水路货运量，铁道部和民航总局公布铁路和航空货运量。其中，铁路货运量数据受干扰较小，而且过去也很好地反映了工业生产情况。此外，交通部每月中旬还公布港口集装箱吞吐量。集装箱吞吐量用来衡量外需；水路/公路/铁路/航空货运量衡量内需；运费则衡量商品周期。交通数据的不足之处是在贸易和工业生产数据后公布，且糟糕的天气可能会对其产生极大影响。

编制克强指数的最终目的是预测 MSCI（摩根士丹利资本国际）中国的盈利。目前（2013 年）金融业基本是用克强指数来预测工业企业利润的增长的，然后用工业企业利润的增长预测 MSCI 中国的盈利。在花旗银行编制的克强指数中，铁路货运增长率占 25%，银行贷款增长率占 35%，用电量增长率占 40%。这是一个简单的回归分析结果。人们在 GDP 增长速度和这三个指标的增长速度间建立一个模型，来对比拟

合程度。在这三个指标里，用电量是一个影响经济走势的最重要指标，之后是银行贷
款和铁路货运。所以克强指数的计算公式为（数据均为每月的累计增长率）

克强指数＝贷款增长率×35％＋铁路货运量增长率×25％＋用电量增长率×40％

■5.3 中国经济的产业结构调整

中国内地在过去几年的高速增长过程中，一直伴随着严重的内部不均衡问题，也就是
投资过剩和消费不足。图5.8将中国内地的投资-消费比率同其他的东亚经济体，即日本、
韩国、中国香港、新加坡和中国台湾进行了比较，比较它们人均实际GDP和发展阶段与
中国内地现阶段发展水平一致时的差异。从中可以明显看出两点结论：第一，中国内地的
消费-投资比率极低，在各项人均收入类别下都同中国香港、日本、韩国和中国台湾有较
大差距。和新加坡比较的话，中国内地的比率除了在人均实际GDP处于5 000~6 000美
元时略微高一些外，整体是相对较低的。第二，过去几十年来，中国内地的消费-投资比
率快速下降，从人均实际GDP处于2 000~3 000美元时的2.3左右，大幅度下降至人均
实际GDP处于8 000美元时的0.5。所以可以广泛地认为中国内地目前面临着严峻的内部
不均衡问题。中国内地如何对此进行反应决定着中国内地是否能够突破中等收入陷阱、持
续进行高速增长，然后步入高等收入国家行列。基于此，本节重点介绍中国经济的产业结
构现状及调整的思路及方法。

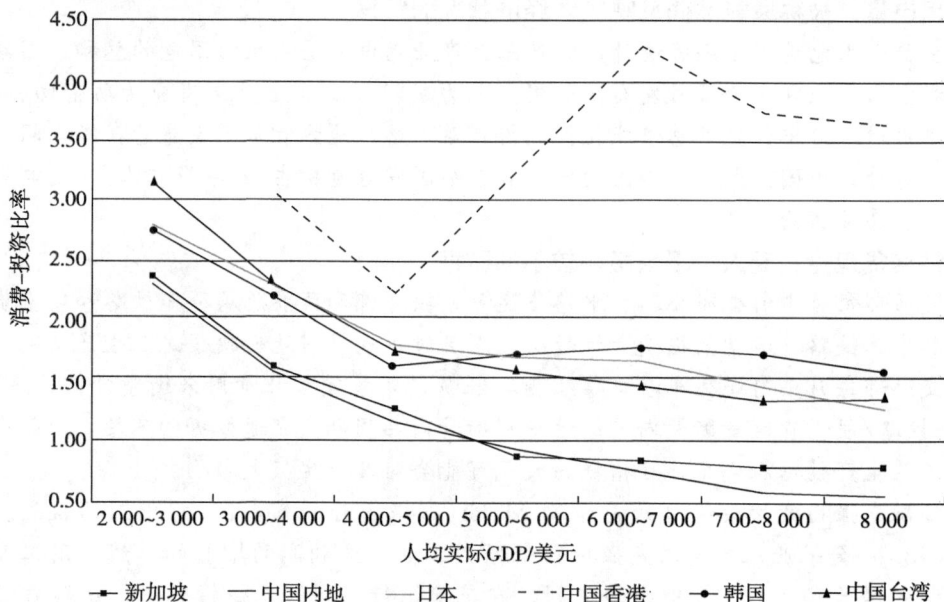

图5.8 消费-投资比率

资料来源：Du J L，Fang H S，Jin X R. The"growth-first strategy"and the imbalance
between consumption and investment in China，2014

5.3.1　经济长期增长下的产业结构升级

张连城认为，经济增长的结构性特征主要表现在两个方面：一是伴随经济增长会导致产业结构升级，二是伴随经济增长会出现城市化发展。所谓的产业结构升级主要涉及"配第-克拉克定理"和库兹涅茨的产业结构演变理论。综合这两种理论得出以下结论：随着人均收入水平的提高，劳动力首先由第一产业向第二产业转移；当人均国民收入水平进一步提高后，劳动力便由第二产业向第三产业转移。考虑到产业的国民收入和劳动力占全部产业的比重，农业部门（第一次产业）是具有下降趋势的，服务部门（第三次产业）是具有上升趋势的，而工业部门（第二次产业）大体不变或略有上升[19]。

克拉克、库兹涅茨等的研究是在 20 世纪 60 年代之前完成的。经过近 50 年的发展，世界的格局也发生了巨大的变化。日本迎头赶上，成为世界第二大经济强国；原本工业化强悍的苏联于 1990 年解体，俄罗斯经济经历了十年的沉寂；20 世纪 70 年代末，中国改革开放以来，经济实现了翻两番还要多，二十多年保持了其他国家难以想象的增长速度。虽然全球的贫富差距有越来越大的趋势，各个国家不可避免地存在着经济周期性的波动，但是从总体上来看，各国的总量经济基本上都是处于上升状态的。如今人均产值低于 300 美元的国家已经相当少了，而低于 70 美元的赤贫国家更是已经消失，全球大部分国家的人均 GNP 都达到或大大超过了 800 美元[20]。既然前人当时研究的基础数据在现代已经发生了变化，那么现代的总量经济和产业结构之间的关系又会发生什么样的改变呢？我们将通过观察中国 30 年来的数据进行分析和比较，来讨论产业结构变化理论在中国的应用情况。

现在我们来分析中国的产业结构现状。1994 年，第三产业（23.00%）赶超第二产业（22.70%），但仍旧不及第一产业（54.30%）。但在此阶段，第三产业的就业人数大幅增加，人均 GDP 的增长也首次迎接拐点，增长势头开始猛进。1997 年，第一产业就业人数占比首次低于 50%，2002 年起人均 GDP 高速增长，2003 年起第一产业就业人数大幅下降。2011 年第三产业首次赶超第一产业，成为就业人数占比最高的产业，一直延续至今。可以发现，随着人均国民收入水平的提高，劳动力确实首先由第一产业向第二产业转移；当人均国民收入水平进一步提高时，劳动力便向第三产业转移。这同之前我们阐述的产业结构调整理论是一致的。

下面我们着重分析中国目前的产业结构和钱纳里的工业化阶段理论是否契合。由图 5.9可知，截至 2013 年年底，中国人均 GDP 为 41 907.59 元，若按 2013 年 12 月 31 日的汇率来算，等于 6 870.10 美元，即中国经济应当符合人均 GDP 超过 5 000 美元后经济发展的阶段性特征。自李克强总理上任以来，一直非常强调产业结构的调整，读者可以通过专题阅读来了解目前产业调整的进展。

5.3.2　中国产业结构现状及存在问题

改革开放以来，我国社会主义现代化建设取得了举世瞩目的伟大成就。但长期以来粗放型的经济增长方式，已使我国的人口、资源和环境都面临着非常严峻的问题，如人口素质较低、劳动生产率不高、经济效益低下、资源浪费严重和生态环境问题突出等。加快调

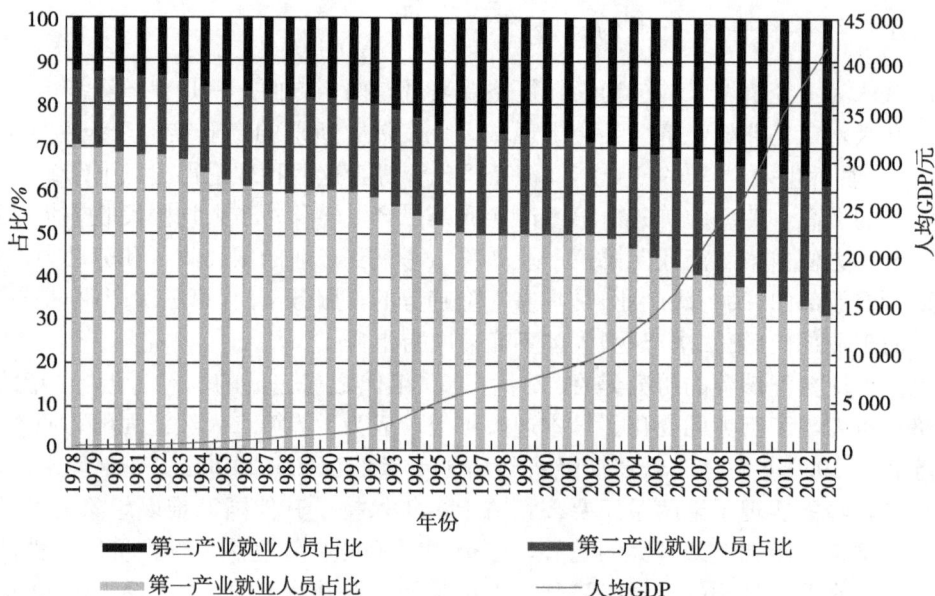

图 5.9　三次产业劳动力分配及经济增长关系

资料来源：1978～2012 年数据来自国家统计局网站—年数据—就
业人员和工资—按三次产业分就业人员数。2013 年数据来自《2013 年
度相关公司股票走势人力资源和社会保障事业发展统计公报》

整产业结构，建立高效、合理的产业结构体系对于加快经济增长方式转变、推动产业结构
优化升级、提高国际竞争力和保持社会经济的可持续发展都具有重要意义。

1. 我国产业结构的现状

自 1978 年党中央实行改革开放政策以来，我国的经济发展令世界瞩目，GDP 增长率在
1979～2008 年平均达到 9.8%，2009 年在全球经济不景气背景下，我国经济发展态势依然良
好，增长 8.7%，GDP 达 335 353 亿元。三十年来通过优先发展农业和轻工业，加强基础产
业、基础设施建设，大力发展第三产业等一系列的政策和措施，我国产业结构逐渐趋于合
理，并向优化和升级方向发展。从 1978 年以来三大产业产值的变化情况来看（图 5.10），三
大产业都呈现出增长趋势，但自 20 世纪 90 年代末以来，第二、第三产业 GDP 增长速度明
显快于第一产业。第一产业在 GDP 中的份额从 1978 年的 1 027.5 亿元上升到 2009 年的
35 477 亿元并继续保持稳步增长态势，年均增长率为 12.10%。第二产业在 1992 年以前增长
较缓慢，但之后发展较快，其总产值由 1978 年的 1 745.2 亿元增加到 2009 年的 156 958 亿
元，年均增长率为 15.62%。随着科技水平的不断提高，我国第三产业也迅速发展，其总产
值从 1978 年的 872.5 亿元上升到 2009 年的 142 918 亿元，年均增长率达 17.88%。

就三次产业增加值在 GDP 中所占比重的变动情况来看，第一产业比重自改革开放初
期到 20 世纪 80 年代初期保持上升趋势，此后基本呈稳步下降趋势，其比重由 1978 年的
28.2% 下降到 2009 年的 10.6%，与此同时，第一产业的内部结构尤其是生产方式由单一
结构逐步变为多种经营，为现代化农业的发展提供了保障；第二产业比重自改革初期到

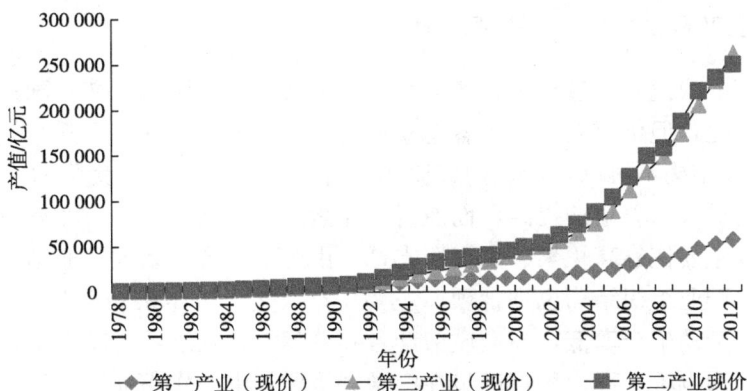

图 5.10　1978 年以来三大产业产值变化图

资料来源：中诚信数据库—宏观数据—中国宏观数据库—年数
据—国民经济核算—国内生产总值—国内生产总值(年)

20 世纪 80 年代末呈逐年下降趋势，1991 年止降转升，呈平稳上升趋势，维持在 50％左
右，第二产业已成为我国经济发展的主导力量；第三产业占 GDP 比重自 1978～2009 年基
本呈上升趋势，由 23.9％上升到 42.6％。同时，1985 年后第三产业比重超过第一产业成
为拉动经济发展的第二大支柱。

　　1978～2008 年各产业从业人员的比重发生了很大变化(图 5.11)：第一产业从业人员
比重大幅度下降，由 1978 年占绝对优势的 70.5％下降到 1989 年的 60.1％，再下降到
2008 年的 39.6％，平均每年下降 1.0 百分点；第三产业从业人员比重上升幅度较大，由
1978 年的 12.2％上升到 1989 年的 18.3％，再上升为 2008 年的 33.2％，平均每年上升
0.68 百分点；第二产业从业人员比重有所上升，31 年间上升了 9.9 百分点。但目前我国
第三产业从业人员比重仍占主导地位。

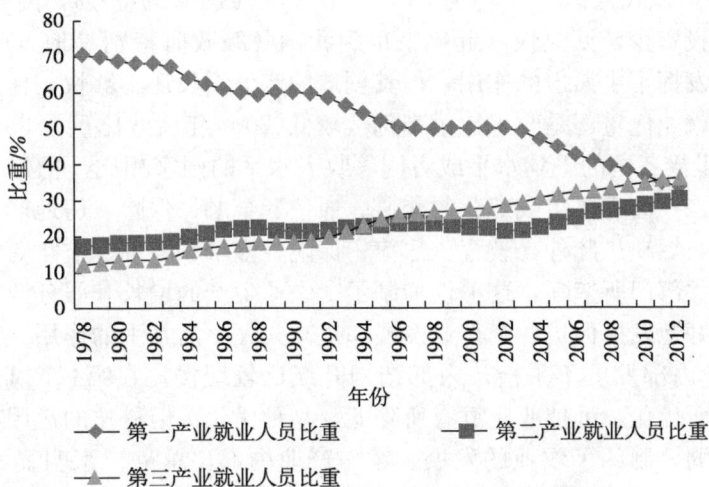

图 5.11　1978 年以来三大产业从业人员比重变化图

资料来源：中诚信数据库—宏观数据—中国宏观数据库—年数据—就业与工资—就业—
各地区三次产业就业人数及构成(年)

2. 当前我国产业结构存在的主要问题

在我国经济的快速发展过程中，产业结构也进行了几次调整，使我国的产业结构得到了一定程度的优化，但仍存在一些不容忽视的问题，主要表现在以下几个方面。

(1)三次产业结构不协调，产业构成比例不合理。长期以来，我国的经济政策取向偏重于工业规模的扩大和总量的提高，而忽视产业素质特别是企业的市场竞争力的提高，经济发展的高速度主要依靠高积累、高投资支撑，由此造成了一系列产业结构问题，不仅生产结构不合理，产业组织结构也不合理，主要生产工艺、技术装备落后，资源利用率低，环境污染严重，劳动生产率低，高素质劳动者和管理人才缺乏，劳动力结构亟待优化。另外，产业技术结构也不合理，科技进步在中国经济增长中的作用远远低于发达国家，经济运行中长期存在"高消耗、低效益，高投入、低产出"的恶性循环。第一、第二、第三产业结构比较粗放和落后，第一产业现代化程度很低，劳动力过剩；第二产业比重过大，但内在水平不高，低水平重复多；第三产业发展仍显不足，不能适应现代经济发展的需要。从2008年我国产业增加值来看，第二产业的比重为48.6%，大大高于国际标准的31.4%；第三产业的比重为40.1%，仍然低于国际标准的50%。

(2)产值结构和就业结构扭曲，大量劳动力仍滞留在第一产业。从产值结构来看，2000年以来第一产业占GDP的比重已经降到10%左右，达到了完成工业化的标准。但目前第一产业就业人数占全社会就业总数的比重还在40%左右，远未达到基本上完成工业化时的就业结构要求，即第一产业就业人数占就业总数的比重应该降到20%以下。这不仅会在耕地资源有限的情况下制约劳动生产力的提高，还会由于大量劳动力滞留农村，制约第三产业的发展，进而限制农村人均收入水平的提高及工业品在农村的市场规模，破坏推动工业生产持续增长和实现结构调整的市场条件。

(3)第三产业发展相对滞后。在20世纪90年代，世界上的第三产业占GNP的平均比重为60%，其中，低收入国家平均为31%，中等收入国家为50%，高收入国家平均为65%。第三产业投资少，见效快，近年来得到我国各级政府特别是地方政府的鼓励和支持，已在就业中发挥了主渠道的作用，但其创造的产值增长还不够快，比重提高的幅度还不够大，无论是就业比重还是收入比重都仍然较低(2008年就业比重占33.2%，收入比重占40.1%)，同世界各国的平均水平或者同等收入水平的国家相比，仍处于滞后状态。特别是作为现代经济社会重要组成部分的交通、通信、金融、保险、房地产、科技开发等现代服务业的落后与短缺。此外，教育、法律、保险、金融、咨询、航空等领域有很大一部分为政府及其相关部门所垄断，这不仅抑制了工农业生产的增长和服务业自身的发展，更影响了服务业更好地发挥促进各个行业发展和提高人民生活水平的作用。

(4)三次产业内部发展不平衡，内部结构升级比较缓慢。在第一产业内部，农、林、牧、渔结构虽有所优化，种植业比重有所降低，品种优化，但科技的运用有限，加上我国农业基础比较薄弱，制约了农业的发展。第二产业内部，总量扩张明显，但结构升级缓慢，经济增长质量不高；技术开发与创新能力不强，水平较低，增长质量不高；传统产业比重过大，技术改造进展不大，高技术产业发展对工业结构升级及带动作用较小。第三产业内部，总量偏小、比重偏低且行业结构不合理，发展水平滞后。目前，绝大部分发达国家的这一比重在 70％左右，大部分发展中国家在 50％左右，而我国 2009 年仅为 42.6％。此外，传统服务业比重太大（约 60％以上），新兴现代服务业发展缓慢，如信息、咨询、文化、科研开发、教育、旅游、房地产、新闻出版、广播电视等虽然近年来发展较快，但总的比重不足 30％，信息服务业比重仅为 5％左右。

（5）地区发展不协调，产业结构趋同化严重。我国东、中、西部的资源和经济技术环境存在很大差别，但在工业产品结构中，相似程度却很高。据有关部门测算，中部和东部经济结构相似率为 93.5％，中部与西部的相似率更高达 97.9％。各地区主导产业选择雷同。例如，在 2010 年目标纲要中，有 24 个地区将电子工业列为支柱产业，25 个地区将汽车工业列为支柱产业，16 个地区将化工列为支柱产业，14 个地区将冶金列为支柱产业；趋同化涉及的产业和产品众多，从初级产品到以家电为代表的机电产品，再到支柱产业，目前还有继续增加的趋势。同时，这种工业结构趋同的问题在同一地区内部也普遍存在。这种现象不仅阻碍了地区优势发挥，扭曲了资源的合理配置，降低了资源配置的效率，而且影响了全国范围内生产力的合理布局和整体产业结构水平的提升[21]。

专题 5.4

2014 上半年产业结构调整取得新进展

2014 年以来，面对错综复杂多变的国内外环境，党中央、国务院坚持稳中求进的工作总基调，以改革促调整，以调整促发展，在宏观经济政策取向上更加注重财政政策、货币政策和产业政策的协调配合，实现了国民经济运行的总体平稳、稳中有进。从上半年产业发展情况看，化解产能过剩矛盾有序进行，改造提升制造业各项工作稳步推进，服务业发展保持良好势头，产业结构调整取得新进展。

一是工业运行逐步趋稳。规模以上工业增加值同比增长 8.8％，增幅比一季度加快 0.1 百分点，其中 6 月同比增长 9.2％，增幅比前两个月均有所提高。分地区看，东部地区工业增加值同比增长 8.4％，中部地区增长 8.8％，西部地区增长 10.8％。分产品看，464 种产品中有 346 种产品的产量同比增长。1～6 月，规模以上工业出口交货值 56 143 亿元，同比增长 5.3％，增速同比提高 0.5 百分点。1～5 月，制造业完成投资 53 044 亿元，同比增长 14.2％，较前 4 个月回落 1 百分点，降幅有所收窄。1～5 月，规模以上工业企业实现利润 22 764 亿元，同比增长 9.8％。

二是化解产能过剩初见成效。1～6 月，钢铁、电解铝行业投资同比分别下降 8.4％、31％。重点钢铁企业从 3 月开始实现盈利，前 5 个月实现利润 17.5 亿元，其中，5 月实现利润 28.5 亿元，环比增长 1.3 倍，钢铁行业 4 月和 5 月利润增长的主要原因是铁矿、煤炭价格大幅下降。前 4 个月水泥行业实现利润 172 亿元，同比增长 109.3％。平板玻璃行业实现利润 18 亿元，同比增长 78％。船舶行业逐步企稳向好，上半年承接新船订单 4 080 万载重吨，同比增长 78.2％，前 5 个月规模以上企业实现利润 25.3 亿元，同比增长 9.2％。

三是服务业发展继续呈现良好态势。上半年服务业增长速度为 8.0％，比同期经济增幅高 0.6 百分点,服务业增加值比重达到 46.6%,比上年同期提高 1.3 百分点,已连续 6 个季度超过第二产业,对经济增长的支撑作用日益明显。服务业固定资产投资 118 764 亿元,占全社会固定资产投资的 55.8%,增速 19.5%,分别高于全社会固定资产投资和第二产业投资 2.2 百分点和 5.2 百分点。移动互联网接入流量同比增长 52.1%,月户均手机上网流量同比增长 93.2%,商务部重点监测的 5 000 家重点零售企业中,网络购物同比增长 29.5%。服务业新增企业数量达 129.06 万户,占新登记企业总数的 78.1%,对扩大就业起到积极作用。

下半年,推进产业结构调整要抓住和用好"倒逼"机制,以解决重大结构性矛盾为突破口,积极发展结构优化、技术先进、清洁安全、附加值高、吸纳就业能力强的现代产业体系。

一是增强产业发展的协调性。认真执行好产业结构调整指导目录,引导社会资本合理流动,促进要素资源更有效地配置到国家鼓励发展的领域和行业;继续降低市场准入门槛,探索负面清单管理模式,简化行政审批,推进投资贸易便利化;落实企业自主权,支持非公有制经济发展,推动各类市场主体平等参与市场竞争,促进区域产业协调发展。

二是改造提升制造业。继续推进化解产能严重过剩矛盾,抓好已出台配套政策措施的落实,确保各项措施方案落地,坚定不移地推进各项工作。落实好重点产业布局调整和产业转移的政策措施,优化生产力布局,推动重点产业有序转移,打造一批具有国际竞争能力的先进制造业基地,发展一批专业特色鲜明、品牌形象突出、服务平台完备的现代产业集群。支持企业技术改造,应用新技术、新材料、新工艺、新装备发展先进装备制造业,调整优化原材料工业,改造提升消费品工业。坚持市场化运作,发挥企业主体作用,推动优势企业实施强强联合、跨地区兼并重组,提高产业集中度。

三是培育发展新兴产业。以重大技术突破和重大发展需求为基础,促进新兴科技与新兴产业深度融合,推动战略性新兴产业重点领域跨越发展。实施产业创新发展工程,依托优势企业、产业集聚区和重大项目,统筹技术开发、工程化、标准制定、应用示范等环节,支持商业模式创新和市场拓展,培育一批战略性新兴产业骨干企业和示范基地。

四是加快服务业发展。推动生产性服务业向中高端发展,深化产业融合,细化专业分工,增强服务功能,提高产业整体素质和核心竞争力。大力发展生活性服务业,丰富服务供给,完善服务标准,提高服务质量,不断满足广大人民群众日益增长的物质文化生活需要。深入开展国家服务业综合改革试点和服务业发展示范区建设,加强制造业集聚区、服务业集聚区公共平台建设,积极探索、先行先试,创新发展模式,完善体制机制和政策措施,破解制约服务业发展的瓶颈。

资料来源:国家发改委政策研究室网站(2014 年 08 月 01 日)

参考文献

[1]波金斯 D H，拉德勒 S，林道尔 D L，等．发展经济学．第六版．彭刚译．北京：中国人民大学出版社，2013：27-29.

[2]高鸿业．西方经济学(宏观部分)．第五版．北京：中国人民大学出版社，2011：549-550.

[3]韦尔 D N．经济增长．王劲峰等译．北京：中国人民大学出版社，2007.

[4]波金斯 D H，拉德勒 S，林道尔 D L，等．发展经济学．第六版．彭刚译．北京：中国人民大学出版社，2013：53.

[5]徐康宁，邵军．自然禀赋与经济增长：对"资源诅咒"命题的再检验．世界经济，2006，(11)：38-47.

[6]孙亚男．人力资本对经济增长推动作用研究．技术经济与管理研究，2012，(3)：96-99.

[7]黄萍．我国投资与经济增长的关系分析．发展，2009，(4)：124-125.

[8]Foster L，Haltiwanger J，Syverson C. Reallocation, firm turnover, and efficiency：selection on productivity or profitability? American Economic Review，2008，98：394-425.

[9]Foster L，Haltiwanger J，Krizan C J. Aggregate productivity growth：lessons from microeconomic evidence. In：Hulten C R，Dean E R，Harper M J. New Developments in Productivity Analysis. Chicago：NBER，University of Chicago Press，2001.

[10]Hayashi F，Prescott E C. The 1990s in Japan：a lost decade. Review of Economic Dynamics，2002，5(1)：206-235.

[11]蔡昉．从人口红利到改革红利．北京：社会科学文献出版社，2014.

[12]高鸿业．西方经济学(宏观部分)．第五版．北京：中国人民大学出版社，2011：552.

[13]范志勇，宋佳音，王宝奎．开放条件下中国国民收入增长核算及效率研究．经济理论与经济管理，2013，(6)：21-30.

[14]刘树杰，王宇鹏．中国改革开放三十年经济增长动力分析．经济研究参考，2012，(43)：35-36.

[15]郑之杰．跨越"中等收入陷阱"的国际经验教训．红旗文稿，2014，(19)：17-19.

[16]王建．对冲经济下行压力须大力推进城市化．中国证券报，2014-11-05.

[17]周子勋．经济下行为深化改革腾挪出了更大空间．上海证券报，2014-10-23.

[18]刘勇．应对经济下行　扩大内需战略需进一步做实．中国经济时报，2014-10-26.

[19]张连城．中国经济增长路径与经济周期研究．北京：中国经济出版社，2012.

[20]王磊．产业结构调整的国际比对．世界经济研究，2005，(6)：4-10.

[21]杨丽伟．我国产业结构调整与经济发展方式转变对策．当代经济，2014，(2)：8-10.

第 6 章

中国的经济波动与政府调控

■ 6.1　经济周期理论

6.1.1　经济周期的含义

经济周期(business cycle)也称经济波动,是宏观经济学的两大主题之一(另一主题为经济增长)。在经济周期理论的不同发展阶段,学术界对其理解存在着明显差异。

传统观点认为,经济周期就像一个受到干扰的正弦波,在经济扩张和经济衰退之间交替转换,呈现自持续的周期性变化,即经济活动的每一个周期性阶段是由上一个周期性阶段发展而来的,经济扩张的同时酝酿着下一次的经济衰退,经济衰退同样酝酿着下一次的经济扩张。

上述关于经济周期的经典定义得到了各国学术界的广泛认可,然而随着现代经济周期理论的不断发展,经济学家们对经济周期的认识有了深刻的变化,不再将经济周期视为固定的波动周期,或是多个固定周期的组合,而是理解为多种随机冲击效应经过传播、放大和复合的结果。事实上,此时"经济波动"这一术语比"经济周期"更接近这一理念,但考虑到理论延续性,在具体研究中,并没有将"经济周期"与"经济波动"这两个术语严格区分开来。

本书认为,经济周期是指经济运行过程中周期性出现的经济扩张与经济紧缩交替更迭、循环往复的一种现象。它是指经济运行过程中出现的波动,会体现在经济活动的各种指标中,如 GDP、国民总产出、就业人员工资总额、失业率、固定资产投资额、进出口总额、能源消费总量,甚至住房开工率等,这种波动以各种经济指标普遍而同期的扩张或收缩为特征。在经济扩张时期,众多经济指标同时呈现繁荣之势;而在经济衰退时期,大多数经济指标也都往不利于经济发展的方向发展。

6.1.2　理解经济周期[1]

为了较为完整地理解经济周期,必须从以下五个方面来把握经济周期。

(1)总体经济活动(aggregate economic activity)。经济周期是指总体经济活动的上下波动,并不仅仅表现为某一具体经济变量的波动。以实际 GDP 为例,尽管实际 GDP 是测度总体经济活动最近似的单个指标,但是,经济活动的其他指标,如就业率、价格水平及金融市场变量等对理解经济周期也是非常重要的。

(2)扩张(expansion)和衰退(contraction)。总体经济活动的上升称为经济扩张,总体经济活动的下降称为经济衰退。其中,经济扩张阶段向衰退阶段转换的转折点称为波峰,经济衰退阶段向扩张阶段转换的转折点称为谷底。在经济到达波峰之后,总体经济活动开始呈下降趋势;在经济到达谷底之后,总体经济活动开始增长。一般地,我们把总体经济从一个谷底到下一个谷底的时间内所经历的扩张和紧随其后的衰退,或者总体经济从一个波峰到下一个波峰的时间内所经历的衰退和紧随其后的扩张,称为一个经济周期。

(3)联动性(comovement)。经济周期是指总体经济活动的波动,并不是仅仅几个经济部门或几个经济指标的波动,经济扩张或衰退总是同时在大多数经济活动中发生。因此,要完整地反映经济活动周期,就必须多方面考虑较多的经济指标,如价格水平、政府支出、投资、市场利率等。

(4)循环性(recurrent)。经济周期也可被称为经济循环。严格来说,周期是指有规律、可预测的经济现象或事件发生两次的时间间隔,即具有固定的时间长度。而我们定义的经济周期并不是绝对的按照某一规律或某一固定时间间隔周期性发生的,扩张或衰退的持续时间也并不固定。但是,经济周期必定是循环发生的,它总是按照"扩张—波峰—衰退—谷底"这一标准形态周而复始地出现。因此,经济周期可以说并不具备周期性,但一定具有循环性。

(5)持续性(persistence)。不同经济周期的时间跨度可能存在较大差异,有的经济周期只有 3~5 年,有的则长达数十年。共同点是,一旦产生经济衰退,总体经济活动总会持续衰退一段时期;类似地,一旦经济开始扩张,总体经济倾向于持续扩张一段时间。这种衰退之后进一步衰退的倾向,以及增长之后进一步增长的倾向,被称为经济周期的持续性。

6.1.3　经济周期与宏观经济指标[1]

1. 经济周期与通货膨胀率

一般来说,通货膨胀率与经济周期走势成正相关,并且通货膨胀率的波动往往比经济周期的波动更为剧烈。也就是说,经济衰退期,通货膨胀率一般呈下降趋势,严重时甚至会出现负数,即出现通货紧缩;经济扩张期,通货膨胀率则通常会上升。

2. 经济周期与失业率

就业率或失业率的波动是经济周期的一个重要研究内容。在经济衰退期,就业率通常出现下降,不少工人被解雇,失业率则处于上升阶段;在经济扩张期,失业率则会下降。在经济周期的波峰,就业率一般也会出现一个波峰,失业率则保持在最低水平;在经济周期的谷底,就业率通常也在谷底,失业率则达到其最高水平。从美国经济的历史表现来看,在大萧条和石油危机期间,失业率均创出阶段性的高点,而在第二次世界大战期间由于政府战争支出的大幅增加,失业率则达到一个显著的低点。

3. 经济周期与股票价格

股票价格、名义利率等金融指标对经济周期的波动较为敏感。然而，同通货膨胀率、失业率相比，股票价格变动与经济周期的吻合性较低。从总体上说，股票价格能够基本反映经济周期的变化，并且通常领先于总体经济活动的变化，因而对经济周期具有一定的预测性。股票价格一般在总体经济活动开始扩张之前就出现上涨，在总体经济活动开始衰退之前就开始下跌，因此，常常被认为是国民经济的晴雨表。

但是，股票价格并不总是表现出领先于总体经济活动的特性，有时会与经济活动的发展方向产生偏差。主要原因是经济主体无法总是正确地预测经济发展前景，股票价格由投资者对公司利润的预期决定，而预期利润又取决于整体经济状况，因此，股票价格的最终决定因素是对未来经济情况的预期，而预期总是存在偏差。因此，股票市场的价格变动不能完全可靠地预测经济周期，只是一种重要的参考指标。

6.1.4　经济周期阶段划分

1. 经济周期阶段

对经济周期阶段的划分，按照阶段数量可分为两阶段法和四阶段法。

1）两阶段法

如图6.1所示，每个经济周期都可以根据总体经济活动的上升或下降分为两个阶段。总体经济活动的上升阶段称为经济扩张，最高点称为波峰。波峰也是总体经济由盛转衰的转折点，此后经济就进入下降阶段，称为经济衰退，衰退的最低点称为谷底。谷底也是总体经济由衰转盛的转折点，此后经济进入上升阶段。在总体经济活动波动的过程中，从一个波峰经过衰退、谷底、扩张达到另一个波峰，或者从一个谷底经过扩张、波峰、衰退达到另一个谷底，就是一次完整的经济周期。现代经济学对于经济周期的划分，一般是指经济增长率上升和下降的交替过程。

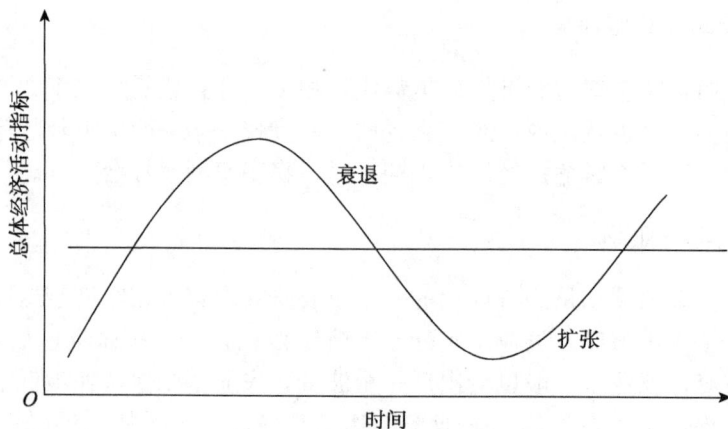

图6.1　两阶段经济周期波动

2)四阶段法

如图 6.2 所示，每一个经济周期可分为繁荣、衰退、萧条和复苏四个阶段，也可称为波峰、衰退、谷底、扩张四个阶段。总体经济活动的最高点称为繁荣，也是经济由盛转衰的转折点；经济下降的过程称为衰退；总体经济活动的最低点称为萧条，萧条也是经济由衰转盛的转折点；经济上升的过程则称为复苏。总体经济活动从一个繁荣阶段，经过衰退、萧条、复苏达到另一个繁荣阶段，或者从一个萧条阶段经过复苏、繁荣、衰退达到另一个萧条阶段，就是一次完整的经济周期。

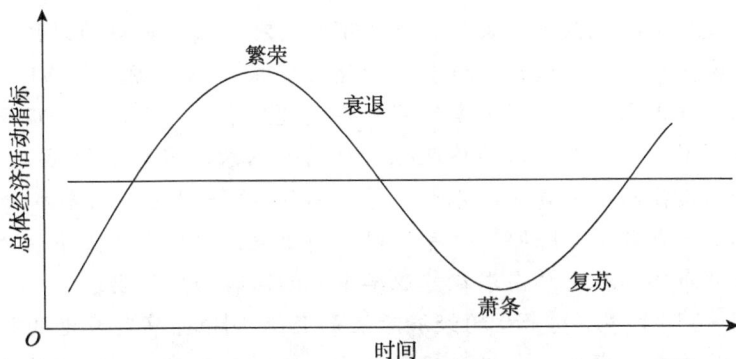

图 6.2　四阶段经济周期波动

专题 6.1

对经济衰退的界定[2]

21 世纪美国发生的首次经济衰退受到了学术界的广泛争议。2001 年 11 月 26 日，美国全国经济研究局（The National Bureau of Economic Research，NBER）发表报告，宣称美国经济从 2001 年 3 月开始衰退。然而，一些经济学家并不认同 NBER 对于此次衰退及衰退开始时间的界定标准。特别是在 2002 年 1 月底，美国商务部公布的2001 年第四季度 GDP 增长率为正值的情况下，不少学者对当前是否发生衰退提出质疑。

长期以来，西方经济界把一国经济衰退的标准界定为 GDP 连续负增长至少两个季度的经济周期阶段。然而，NBER 在 11 月发表的报告中对上述传统标准有所突破，把衰退的标准定为持续几个月以上、社会整体经济活动显著下降，突出表现在工业生产、就业、实际收入和销售等方面。NBER 在对衰退进行界定时，没有采用 GDP 指标，因为 GDP 只统计季度指标，而且后期存在多次的大幅度修改。另外，NBER 认为此次衰退开始于 2001 年 3 月，主要理由是占生产投入 65% 的劳动力就业率在 2001年 3 月达到了顶峰，此后即开始下降。对于衰退的程度，NBER 在 2002 年 2 月的报告中称，工业生产在从 2001 年 3 月开始到 2001 年 12 月止的 9 个月之间下降 7.1%，降幅超过 20 世纪 60 年代以来衰退期间工业生产下降 4.6% 的平均水平，就业率则在衰退以来的九个月里累计下降了 1.1%，与过去衰退期间就业率下降的平均数相当。

对 NBER 关于美国经济衰退的界定标准，以《商业周刊》为代表的经济学界持有不同看法。《商业周刊》在 2002 年 2 月 1 日刊出的《衰退？怎样的衰退？》一文中指出，NBER 宣布美国经济于 2001 年 3 月进入衰退阶段"太武断"；NBER 应对衰退的界定标准及其宣布美国经济陷入衰退的决定做出修正。其主要理由有以下几点。

首先，界定经济衰退的标准不包括广泛生产领域（即 GDP）是不全面的，因为产业结构的变化使工业生产仅占 GDP 的 20%，而服务业占 GDP 的 70% 以上。

其次，将这次衰退的开始时间定于 2001 年 3 月不准确。

再次，NBER 关于就业率大减导致需求下降的观点缺乏足够的说服力，它忽视了企业可通过提高生产率以促进经济增长及为适应需求波动雇佣更多临时工的新趋势，这两个现象都会在不影响经济增长率的同时导致就业率的下降。劳工市场新的灵活性已降低了就业率增长和消费需求的关联性，公司在需求放慢时能够迅速解雇临时工，但也会因生产率提高而增加在职工人的工资。2001 年美国的失业率水平上升了 2 百分点，但实际工资却是从 20 世纪 60 年代以来增长最快的年度。由于生产率的提高而导致工资上升的事实，社会总需求在就业率下降的同时仍然强劲。

最后，"9·11"事件及其产生的经济后果是促使 NBER 确定衰退的关键。它在报告中承认，在恐怖袭击事件前，经济下滑由于太轻微而不符合衰退的条件，但袭击事件明显深化了经济萎缩。然而，"9·11"事件后的 2001 年第四季度美国经济下滑程度也是不足的。2002 年 1 月底美国商务部公布的 GDP 并没有出现下降，反而有所上升。因此，《商业周刊》认为，美国经济疲软从广度和深度看来均不符合衰退的标准。

2. 我国经济周期阶段划分

在经济学中，划分经济周期的方法主要有速度法、分量法、移动平均法和对数差分法等，其中，最简单常用的是速度法。速度法是指选取若干历史年份经济增长率指标，描绘出经济增长率的波动曲线，然后根据经济增长率波动曲线所表明的波峰和谷底，将两个相邻波峰或谷底的区间划定为一个经济周期。每一个经济周期都包括经济增长率从谷底向波峰移动轨迹形成的经济扩张期，以及从波峰向谷底移动轨迹形成的经济收缩期。当前我国经济学界比较一致的观点是，以 GDP 的增长率为主要研究指标，根据谷-谷法对经济周期进行划分。

为给我国经济周期的划分提供直观依据，我们首先根据历年《中国统计年鉴》所公布的 GDP 数据绘制出历年 GDP 增长率的波动曲线，如图 6.3 所示。

第一个经济周期为 1979～1981 年[3]。其中，1979～1980 年为经济扩张阶段，1981 年为经济衰退阶段。这一经济周期的特点是，峰点值和谷点值之间的差距不大。

第二个经济周期为 1982～1986 年[3]。这一周期包含了 1982～1984 年的扩张阶段，以及 1985～1986 年的经济衰退阶段。其主要特点表现如下：峰点值与谷点值之间的差距明显增大，两者分别是 15.3% 和 8.5%，相差 6.8 百分点；扩张期的时间跨度长于收缩期，经济增长速度较快，年均增长率为 11.48%；受经济体制改革全面铺开的影响，在投资需

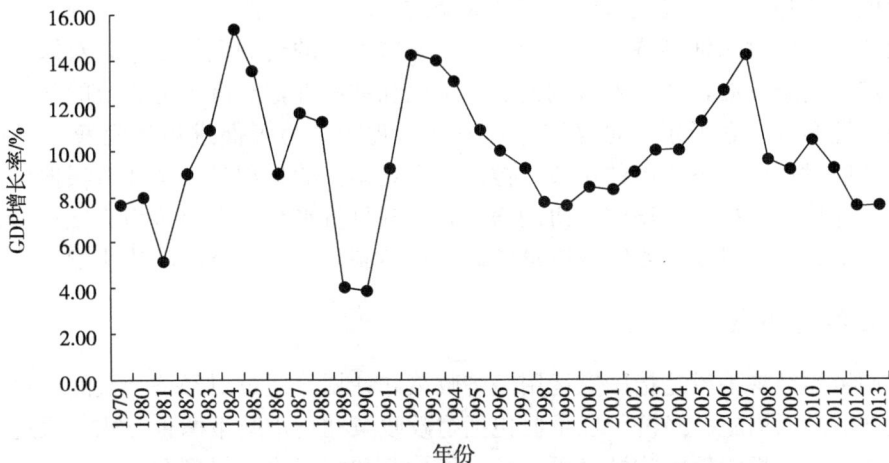

图 6.3 1979～2013 年中国 GDP 增长率(1978 年＝100)

求和消费需求的拉动下，物价指数在本周期的后端迅速攀升，出现了转轨时期的第一个经济"热潮"。

第三个经济周期为 1987～1990 年[3]。它包括 1987～1988 年的经济扩张阶段及随后而来的经济衰退阶段。这个周期的主要特点如下：相对上一周期而言，经济增长速度明显趋缓，无论是峰点值还是谷点值均低于上一轮经济周期，尤其是谷点值下探到整个转轨时期的最低点；由于经济增长率下滑到了最低点，本周期的波动更加明显；从物价指数的波动来看，三种价格指数都在前期经济扩张的拉动下，上升到了改革开放以来的第一个历史高点。

第四个经济周期是 1991～1998 年[3]。该周期的经济扩张阶段应是 1991 年至 1993 年 6 月，衰退阶段则是从 1993 年 7 月至 1998 年(实际上 1998 年之后仍在下降)。从前面的图 6.3 可以看出，第四个经济周期的重要特点是经济增长经过前两年半的迅猛扩张之后，自 1993 年下半年开始不断回落；由于这一周期是我国社会主义市场经济体制框架初步建立并不断趋于完善时期，市场化指数和宏观调控的能力有了较大的提高，经济波动的幅度和波动系数分别小于 0.75％和 10％。

第五个周期是 1999～2009 年。这一周期包括 1999～2007 年的经济扩张阶段，以及 2008～2009 年的经济衰退阶段。这一周期的主要特点是经济扩张期较长，且经济增长速度缓慢；2008 年经济增长速度下降 4.5％。

第六个周期是 2010～2013 年。它包括 2010 年的经济扩张阶段，以及 2011～2013 年的经济衰退阶段。这一周期的主要特点是经济扩张期非常短；峰点值与谷点值之间的差距较小，仅相差 2.78 百分点。

6.2 政府宏观调控手段

根据凯恩斯主义理论，政府可以通过适当的反经济周期宏观政策对经济进行调节，以避免经济产生更大的波动，而一个国家的宏观经济调控(macro-economic control)成功与否很大程度上依赖于对宏观经济所处经济周期波动阶段的判断是否准确。因此，研究经济周期波动特征，及时识别经济周期的拐点，以采取相应的宏观调控政策，对保持国民经济持续、稳定、健康发展，增强宏观调控的科学性和准确性，具有十分重要的现实意义。

宏观调控亦称国家干预，是经济运行发展过程中，为了促进市场发育、规范市场运行，一国政府对社会经济总体的调节与控制。宏观调控的过程是一国政府根据市场经济运行规律，为保持经济持续、稳定、协调增长并实现总量平衡，而对货币收支总量、财政收支总量、外汇收支总量及主要物资供求的调节与控制，以实现资源的优化配置。

6.2.1 经济手段

宏观调控的经济手段是指国家运用经济政策和计划，通过对经济利益的调整影响和调节社会经济活动的措施。经济手段主要包括财政政策和货币政策两种方式，通过影响市场利率、消费需求、投资额影响社会总需求，使就业和国民收入得到调节。

1. 财政政策[1]

财政政策是指政府变动税收政策、公债政策、政府支出行为等，以影响社会有效需求、促进就业水平提升，并缓解通货膨胀或通货紧缩情况，从而实现经济持续、稳定增长的一种宏观调控政策的经济手段。在宏观经济各项政策中，财政政策具有相当重要的地位，它对生产、分配、交换、消费各个方面都有巨大影响，是国家进行宏观调控的主要手段之一，主要通过税收政策、公债政策及政府支出手段等影响经济主体的经济活动。总之，财政政策就是通过调整包括税收、公债在内的财政收入和公共支出等手段，来达到经济发展、实现公平和效率、保持物价稳定等目标的长期或短期财政战略。

与其他经济手段相比，财政政策具有直接性和强制性。一方面，财政政策可由国家直接掌握和控制，能够直接干预和调节社会经济活动；另一方面，财政政策一般通过立法形式制定并颁布实施，具有法律效力，一旦制定，各单位和个人都必须按规定贯彻执行。

财政政策通过参与国民收入分配和再分配，与社会供需总量和结构发生密切联系，使国家对国民经济实行有效的调节。为保证国民经济持续稳定增长，财政政策应根据"逆经济风向"的原则进行相机抉择。当社会总需求大于社会总供给从而出现通货膨胀时，政府就应当采取紧缩性的财政政策，以减少社会总需求，实现供需平衡；相反，当社会总需求小于总供给，出现总供给过剩时，政府就应采取扩张性的财政政策，以扩大社会总需求。另外，当出现短缺与过剩并存的结构性矛盾时，政府可以通过调整国民收入、支出结构来协调供需结构。

1)财政收入政策

(1)税收政策。税收是当今世界各国财政收入的主要来源，同时又是各国政府实施财政政策强有力的手段之一，主要包括改变税率及改变税收总量两条途径。以改变税率为例，在经济衰退阶段，可通过降低所得税等税率提高人民可支配收入，以提高社会总需求水平，从而抑制经济衰退；在经济扩张阶段，可通过提高所得税税率增加税收，降低人民可支配收入以降低社会总需求，从而降低通货膨胀。

具体来说，税收政策对整个宏观经济的作用主要有以下几点：第一，税收是国家筹集资金的主要工具，是国家财政收入的主要来源。第二，税收能够在一定程度上调节经济，主要是通过调整收入分配关系以及调节社会总供给、总需求实现。第三，政府可通过税收对企业进行监督。政府税务部门可通过税收了解企业的经济活动、生产经营状况和遵纪守法情况，从而为监督企业遵纪守法、打击一切违法犯罪活动提供一条重要的监督渠道。

　　我国的税收收入以流转税和企业所得税为主，而这两类税收主要都来自于企业。流转税主要包括增值税、消费税、营业税、关税等，直接来自企业的生产、经营活动；企业所得税则是对企业的生产经营所得和其他所得征收的一种税。图 6.4、图 6.5 分别为中国历年各项税收收入折线图及柱状图，由图 6.4 和图 6.5 可知，我国税收主要来源依次为增值税、企业所得税及营业税。

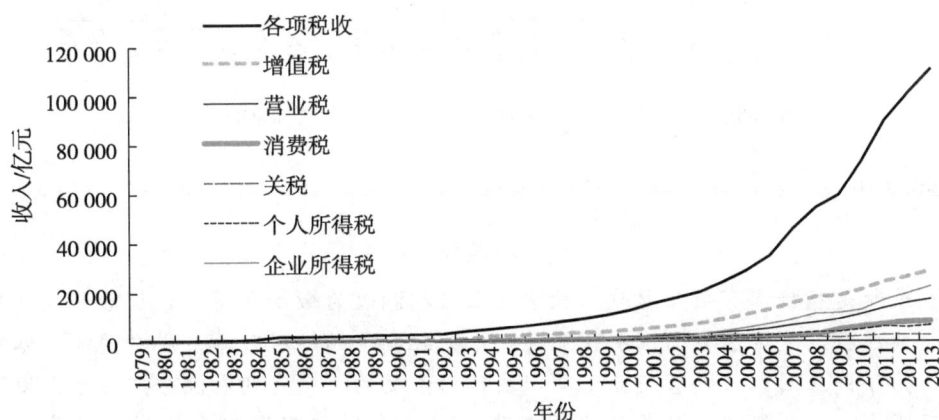

图 6.4　中国历年各项税收收入折线图

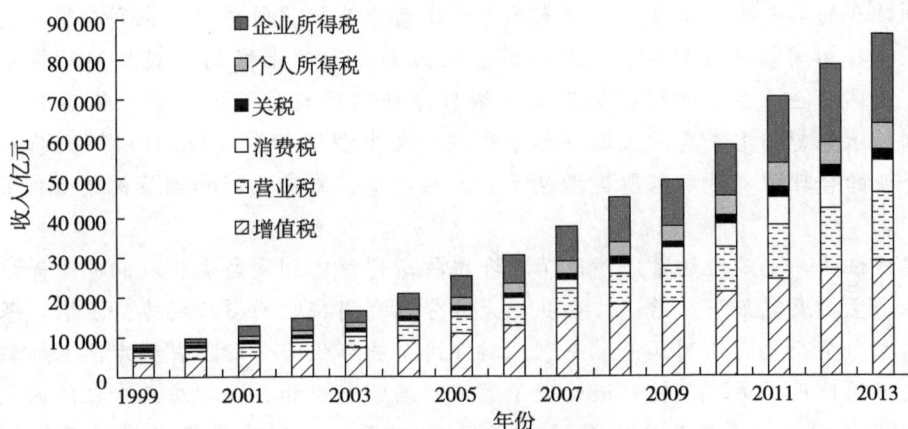

图 6.5　中国历年各项税收收入柱状图

　　图 6.6 为历年增值税、企业所得税、营业税占税收总额的比例。1990 年至今，我国收取的增值税、企业所得税、营业税合计额占各项税收总额的比例均在 56.90％～72.13％。其中，1990～1994 年，增值税所占比例快速上升，从 14.18％上升至 45.02％；1995～2013 年，则从 43.10％缓慢下降至 26.07％；2002～2005 年逐年小幅上升，从 35.03％上升至 37.50％。1990～1999 年，企业所得税所占比例从 25.37％下降至 7.6％，

此后呈波动上升趋势，2005～2013年则稳定在17.54%～20.61%。营业税占税收总额的比例变动最为平稳，自1995年起，均保持在13.49%～17%。

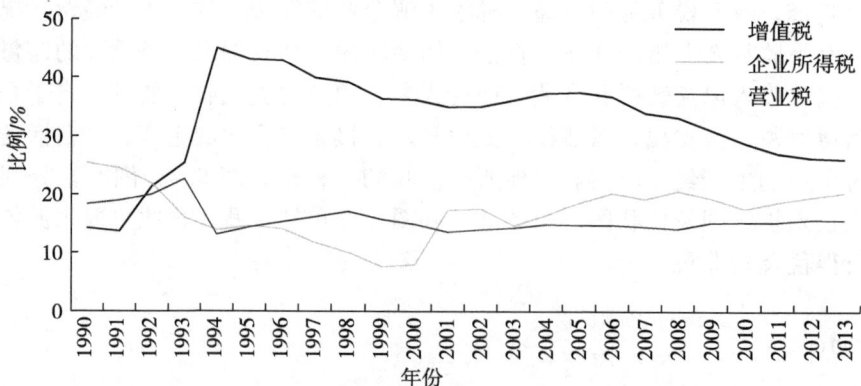

图6.6 历年增值税、企业所得税、营业税占税收总额的比例

专题6.2

利改税

利改税是指将国有企业财政缴款中的上缴利润改为缴纳所得税，税后利润则全部留归企业所有，是国家参与国有企业纯收入分配制度的一种改革。在中国经济体制改革中，为了建立国家与国营企业之间以法律为依据的、稳定的利润分配关系，使国营企业逐步走上自主经营、自负盈亏的道路，1983年进行了国有企业利改税第一步改革，此后，又于1984年进行了第二步改革。

利改税的第一步改革主要是对有盈利的国营企业征收所得税。在利改税之前，国营企业直接向国家交付利润，利改税将企业大部分利润上缴的形式改为所得税。其中，小型国营企业在以所得税的形式上缴部分利润后自负盈亏，少数税后利润较多的，则以承包费的形式再次上缴一部分利润。大中型国营企业缴纳所得税后的利润，除了企业的合理留利外，采取递增包干、定额包干、固定比例和调节税等多种形式上缴国家。

实践证明，利改税的第一步改革，即征收所得税比利润留成、利润包干等方式更为优越。主要表现如下：第一，企业的大部分利润用征收所得税的办法上缴，基本固定了国家与企业之间的利润分配关系，对促进企业加强经营管理并稳定国家财政收入起到良好的作用。第二，较好地处理了国家、国营企业和企业职工三者之间的利益关系。1983年国营工业企业比上年增加利润42亿元，按利改税第一步改革执行的结果，国家所得占61.8%，企业所得占38.2%（主要用于生产发展、职工集体福利及分发职工奖金），较好地实现了国家得大头、企业得中头、个人得小头的原则。第三，扩大了企业的自主财权，显著调动了职工的生产积极性。

然而，在利改税的第一步改革中，有些问题还没有得到解决，包括尚未完全做到以税代利、税种较为单一等。这些问题，在利改税的第二步改革中得到了进一步解决。利改税第二步改革的主要内容如下：将国营企业原来上缴国家的所得税、承包费及其他形式的利润改为按照 11 个税种分别向国家交税，也就是由利改税第一步改革后的税利并存逐步过渡到完全的以税代利，增加税收种类。在这一改革中，将对企业采取适当的鼓励政策，越是改善经营管理、努力增加收入，税后留归企业安排使用的财力越大。

（2）公债政策。公债是指政府为筹集资金，以国家信用为基础，按照一定程序由国家发行的，承诺在一定时期支付利息及到期偿还本金的债券。由于公债的发行主体是国家，因此具有较高的信用度，被公认是最安全的投资渠道。政府公债的发行，在增加财政收入、影响财政支出的同时，能够调节金融市场上的资金供求情况，从而调节社会总需求。因此，公债是政府实施宏观调控有力的经济政策工具，其对经济活动的杠杆作用主要体现在它对经济的流动性效应和利率效应上。

公债的流动性效应是指可以通过改变公债的流动性来影响金融市场上资金的流动性，从而对国民经济产生扩张性或紧缩性的效应。具体可通过以下两条途径实现：①调整公债的期限构成。长期公债的流动性低于短期公债，所以当经济不景气时，政府应增加短期公债的发行比重，以提高整个社会的资金流动性，扩大社会总需求；当经济过热时，政府应增加长期公债的发行比重，以降低整个社会的资金流动性，降低社会总需求。②改变公债的资金筹集来源。公债的资金借出方可以是商业银行或者是非银行金融机构、企业或个人，但两者认购公债产生的社会经济后果并不相同。商业银行购买公债，可能会通过中央银行的公开市场业务等方式筹集资金，这将扩大信贷规模从而增加市场中的货币供给量。非银行部门购买公债则不会影响货币供给量，只是将资金使用权从其他部门转移到政府。因此，当经济处于衰退阶段时，应增加商业银行体系对公债的认购比例，以刺激社会总消费及投资需求，从而促进经济发展；当经济处于扩张时，政府应尽量减少商业银行体系对公债的认购比例，降低货币供应量的增加额，从而降低通货膨胀率，促进经济健康稳定发展。

公债政策的利率效应是指通过调整公债的利率水平影响其供求状况，从而影响金融市场的利率变动，对国民经济产生扩张性或紧缩性的效应。具体可通过以下两个途径实现：①调整公债发行利率。当经济处于衰退阶段时，应适当降低公债发行利率，使金融市场利率水平随之下降，从而提高社会总需求。②改变公债的价格。公债的发行价格与利率成负相关，当经济处于衰退阶段时，政府可以通过大量买进政府债券，使公债在二级市场上的价格上升，利率水平下降，从而刺激经济的发展；相反，当经济繁荣时，政府可以通过大量抛售政府债券，使公债价格下降，利率水平上升，从而抑制经济的过度膨胀。

1992～2013 年我国国债发行额如图 6.7 所示，国债发行额增长率如图 6.8 所示。由图 6.7 和图 6.8 可知，我国国债发行额总体呈上升趋势，其中，1994 年国债发行额比上年增长了 198.33%，2007 年增长率为 160.48%，2009 年增长了 109.47%，1998 年增长率为 57.92%，除此之外增长率均低于 33%。国债发行额出现负增长的有 1993 年、

2008 年、2011 年、2012 年及 2013 年，其中，2008 年国债发行额增长率为－63.01％，其余均在－17.25％～－3.78％。

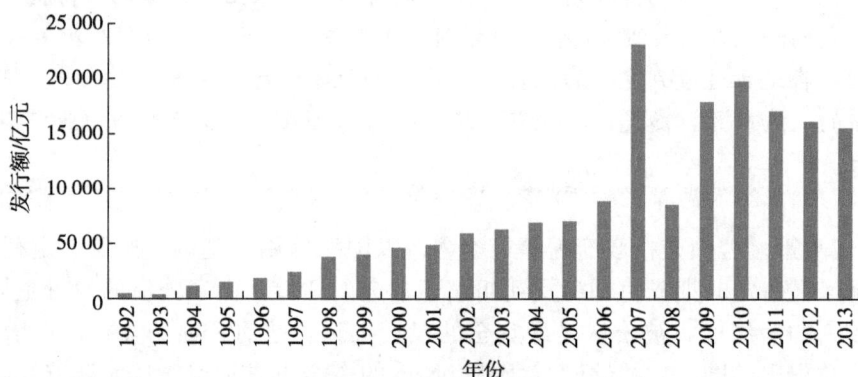

图 6.7　1992～2013 年我国国债发行额

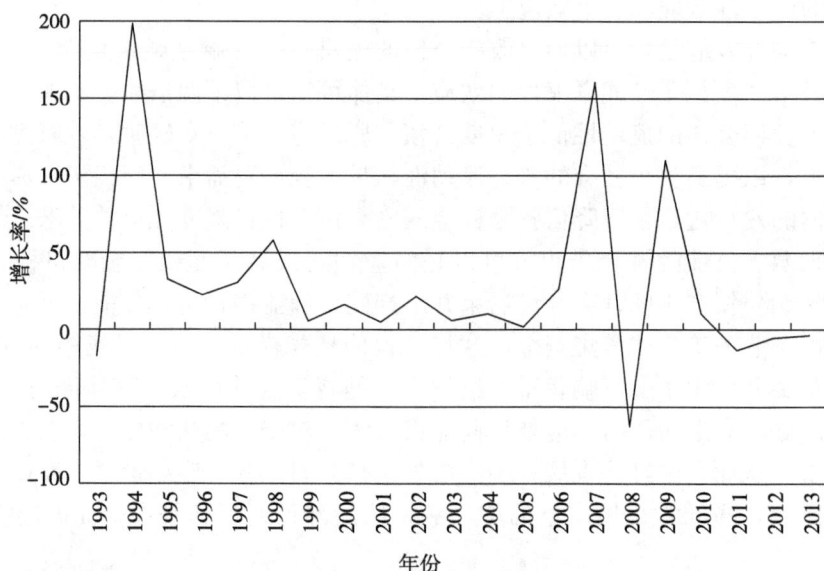

图 6.8　国债发行额增长率

2）财政支出政策

（1）政府购买支出政策。政府的购买支出行为能够对整个社会的总支出水平起到重要的调节作用。当经济处于衰退阶段时，社会总支出水平偏低，政府可通过投资基础设施建设等行为增加社会总需求；当经济过热时，社会总支出水平偏高，政府可通过减少政府购买支出等政策降低社会总需求，从而来抑制通货膨胀。因此，可以认为政府购买支出政策是实现反经济周期、合理配置资源、稳定物价强有力的工具。

根据最终用途的不同，政府购买支出可分为两类，分别为政府投资和政府消费。政府投资具有以下特点：第一，投资规模较大；第二，投资方向主要是基础设施、公用事业等；第三，主要投资目标是提高社会整体经济运行效率，而不在于盈利；第四，资金来源主要是发行公债所得和税收收入。政府可以通过改变投资规模和方向，在一定程度上改变社会总需求，并调整产业结构、劳动力结构关系，刺激私人投资。政府消费是指政府为了维持国防、文教卫生事业等一般行政以及其他政府活动所进行的商品、劳务的购买支出。政府可以通过消费政策的变动直接影响社会总需求，从而引导私人生产的发展方向、调节经济周期的波动。

(2)政府转移支付政策。政府转移支付作为另一种重要的财政支出政策工具，对宏观经济的调控力度要小于政府购买支出。当经济波动处于谷底阶段时，社会的总支出水平不足，失业率较高，政府可以通过增加社会福利保障支出，提高政府转移支付水平，提高人民可支配收入，从而增加社会有效需求，刺激经济走出低谷；当经济波动处于波峰阶段时，社会的总支出水平偏高，通货膨胀率较高，政府可以通过减少社会福利保障支出，降低转移支付水平，降低人民可支配收入水平，从而降低社会有效需求，使经济降温。因此，政府的转移支付政策是对人民收入进行再分配、实现反经济周期波动等目标的主要政策。

政府转移支付也可以根据最终用途的不同分为两类，分别为社会福利保障支出和财政补贴费用支出。社会福利保障支出实际上是将社会高收入阶层的一部分收入转移到低收入阶层，从而缩小贫富差距。财政补贴费用支出主要包括生产性补贴和消费性补贴。生产性补贴主要是对生产者的特定生产投资活动进行的补贴，如生产资料价格补贴、投资补贴、利息补贴等，其作用相当于对生产者实施减税政策，可以直接增加生产者的收入，提高生产者的投资和生产能力。消费性补贴主要是对人民日常生活用品进行价格补贴，能够直接增加消费者的实际可支配收入，刺激消费。在社会总需求低于总供给时，应主要增加消费性补贴，以提高总需求；在社会总需求高于总供给时，应主要增加生产性补贴，以提高总供给。

由图 6.9 可知，中国的财政支出普遍高于财政收入，1979～2013 年，仅 1981 年、1985 年、2007 年 3 个年度的财政收入高于财政支出。1979～2013 年财政收入、财政支出增长率见图 6.10，我国财政收入平均增长率为 14.75%，财政支出平均增长率为 15.02%。其中，1979～1992 年，除了 1984 年、1985 年财政收入增长率分别为 20.2%、22%，财政支出增长率分别为 20.7%、17%，其余年份财政收入增长率均在 1.2%～13.1%，财政支出增长率均在 -7.5%～14.6%。1993～2013 年财政收入、财政支出增长率与 1979～1992 年的数据相比，略高一些。1993～1998 年，财政收入、财政支出增长率均有一个下降的趋势，其中，财政收入增长率由 24.8% 下降至 14.2%，财政支出增长率由 24.1% 下降至 16.9%。此后，财政收入增长率在 10.14%～32.4% 波动，财政支出增长率在 10.95%～25.7% 波动。

政府可通过压缩固定资产投资规模以控制财政支出，如从 1988 年 9 月至 1989 年第一季度，停建、缓建固定资产投资项目共 1 800 多个；1994 年 1 月，国务院向中央各部委和省政府发出限制新批国有固定资产投资项目的通知，要求在没有得到政府事先审批的情况下，任何新的国家投资项目均不得上马。

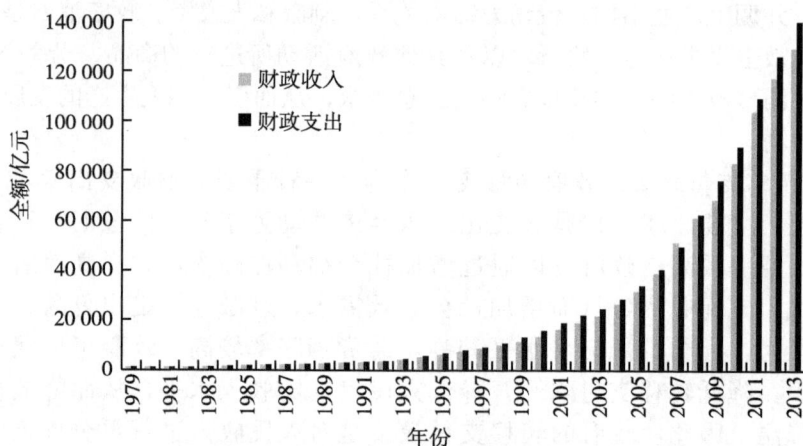

图 6.9 中国财政收入、支出金额

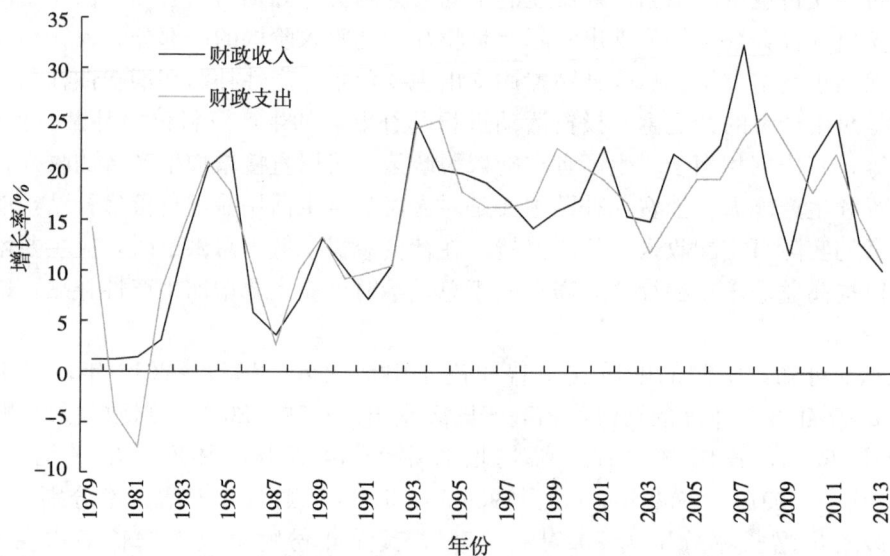

图 6.10 1979～2013 年财政收入、财政支出增长率

专题 6.3

四万亿计划

2008 年 11 月 5 日，国务院总理温家宝主持召开国务院常务会议，研究部署进一步扩大内需、促进经济平稳快速增长的措施。会议认为，随着世界金融危机的日趋严峻，为降低其对我国的不利影响，必须采取灵活审慎的宏观调控政策，以应对复杂多变的形势。当前，应实施积极的财政政策及适度宽松的货币政策，并出台更加有力的政策以扩大内需，加快基础设施、生态环境建设和灾后重建，提高人民特别是低收入人群的收入水平，促进经济平稳快速增长。

会议确定了当前进一步扩大内需、促进经济增长的十项措施。

第一，加快保障性安居工程的建设。加大对廉租住房建设的支持力度，加快棚户区改造，实施游牧民定居工程，扩大农村危房改造试点。

第二，加快农村基础设施建设。加大农村沼气、饮水安全工程和农村公路建设力度，完善农村电网，加快南水北调等重大水利工程建设和病险水库除险加固，加强大型灌区节水改造，加大扶贫开发力度。

第三，加快铁路、公路和机场等重大基础设施建设。重点建设一批客运专线、煤运通道项目和西部干线铁路，完善高速公路网，安排中西部干线机场和支线机场建设，加快城市电网改造。

第四，加快医疗卫生、文化教育事业的发展。加强基层医疗卫生服务体系建设，加快中西部农村初中校舍改造，推进中西部地区特殊教育学校和乡镇综合文化站建设。

第五，加强对生态环境的建设。加快城镇污水、垃圾处理设施建设和重点流域水污染防治，加强重点防护林和天然林资源保护工程建设，支持重点节能减排工程建设。

第六，加快自主创新和结构调整。支持高技术产业化建设和产业技术进步，支持服务业发展。

第七，加快地震灾区灾后重建各项工作的开展。

第八，提高城乡居民收入。提高 2009 年粮食最低收购价格，提高农资综合直补、良种补贴、农机具补贴等标准，以增加农民收入。提高低收入群体等社会保障对象的待遇水平，增加城市和农村低保补助，继续提高企业退休人员基本养老金水平和优抚对象生活补助标准。

第九，在全国所有地区、所有行业全面实施增值税转型改革，鼓励企业技术改造，减轻企业负担 1 200 亿元。

第十，加大金融对经济增长的支持力度。取消对商业银行的信贷规模限制，合理扩大信贷规模，加大对重点工程、"三农"、中小企业和技术改造、兼并重组的信贷支持，有针对性地培育和巩固消费信贷增长点。初步匡算，实施上述工程建设，到 2010 年年底约需投资 4 万亿元。为加快建设进度，会议决定，2008 年第四季度先增加安排中央投资 1 000 亿元，2009 年灾后重建基金提前安排 200 亿元，带动地方和社会投资，总规模达到 4 000 亿元。

2009 年 5 月 21 日，国家发展和改革委员会(简称国家发改委)有关负责人对 4 万亿元新增投资的资金来源情况进行了解释。其中，新增中央投资共 11 800 亿元，占总投资规模的 29.5%，主要来自中央预算内投资、中央政府性基金、中央财政其他公共投资，以及中央财政灾后恢复重建基金；其他投资 28 200 亿元，占总投资规模的 70.5%，主要来自地方财政预算、中央财政代发地方政府债券、政策性贷款、企业(公司)债券和中期票据、银行贷款及民间投资等。

2009 年 10 月 27 日，国家发改委有关负责人在回答记者提问时表示，4 万亿元投资计划项目建设进展顺利，中央投资的引导和带动作用持续显现，取得了明显成效。一是对拉动全社会投资和稳定经济发挥了重要作用；二是为进一步加强"三农"和改善民生夯实了基础；三是积极推进了经济结构战略性调整和发展方式转变；四是重大基础设施建设稳步推进，汶川地震灾后恢复重建有力有序开展。

3) 内在稳定器

内在稳定器是指经济系统本身所具有的，能在经济运行过程中自动抑制经济波动的作用，即在经济扩张阶段能自动抑制通货膨胀，在经济衰退阶段则能自动减轻经济增长率下滑的程度，而不需要政府采取任何行动。宏观调控财政政策的内在稳定器功能主要是通过以下三种机制实现的。

(1) 政府税收的变化。当整个经济处于衰退状态时，国民收入的水平下降，人们的收入减少，这时即使所得税税率不变，政府的税收收入也会自动减少，人们的可支配收入减少的幅度要比税前收入减少的幅度小一些，从而消费和投资需求下降的幅度也小一些，社会总需求不至于收缩太多。所得税实行累进税率时，人民收入水平的降低使适用的税率也相应降低，而政府税收收入下降的幅度要高于人民可支配收入下降的幅度，从而起到抑制经济衰退的作用。

当整个经济处于繁荣状态时，国民收入的水平有所上升，人们的收入增加，这时如果所得税税率不变，政府的税收会随着人们收入的增加而自动增加，人们的可支配收入增加的幅度要比税前收入增加的幅度小一些，从而消费和投资需求增加的幅度也小一些，社会总需求不至于扩张太多。所得税实行累进税率时，人民收入水平的提高使适用的税率也相应提高，而政府税收收入上升的幅度会高于人民可支配收入上升的幅度，从而起到抑制经济过热的作用。

因此，经济学家认为，政府的税收收入是一种随经济变化而自动发生变化的内在机制，是一种有助于减轻经济波动幅度的自动稳定因素。

(2) 政府转移支付的变化。政府转移支付对经济周期的内在稳定器功能主要通过政府的失业救济和其他社会福利支出体现。当经济处于衰退阶段时，失业人数和符合失业救济的人数增加，失业救济和其他社会福利支出就会相应增加，从而抑制人民因收入下降而导致的消费需求的减少，抑制经济衰退，缓解失业率的上涨。经济扩张时期，失业人数和符合失业救济的人数有所减少，失业救济和其他社会福利支出就会相应减少，从而抑制人民因收入上升而引起的消费需求的进一步膨胀，抑制经济过度繁荣，降低通货膨胀率。由此可见，政府转移支付也是一种随经济变化而自动发生变化的内在机制，是一种有助于减轻经济波动的自动稳定因素。

(3) 农产品价格支持制度。经济衰退时期，国民收入水平下降，一般物价水平降低，农产品的价格也随之降低，这时政府根据农产品保护价格收购农产品，使农民收入和消费水平维持在一定的水平上，从而抑制经济的进一步衰退。经济扩张时期，国民收入水平上升，农产品价格也随之上涨，这时政府可以减少收购甚至抛售农产品，抑制农产品价格的上升，抑制农民收入的增加，从而抑制社会总需求的过度增加。因此，农产品价格支持制度与政府税收和政府转移支付一样，都是宏观经济的自动稳定因素，都是财政制度的内在稳定器和对经济波动的重要防线。

2. 货币政策[1]

货币政策是指中央银行通过银行体系变动货币供给量以调节社会总需求水平的宏观调控政策。例如，在经济衰退期增加货币供给量或降低利率，可刺激私人投资及人民消费需求，从而增加就业人数、扩大生产规模；在经济扩张期，则应降低货币供给量或提高利率，以抑制投资和消费。前者属于扩张性货币政策，后者属于紧缩性货币政策。

货币政策工具根据影响范围不同，可以分为一般性货币政策工具、选择性货币政策工具、直接信用控制和间接信用控制等工具。

(1)一般性货币政策工具。一般性货币政策工具主要包括三项，分别是再贴现政策、法定存款准备金政策及公开市场业务，是较为传统的货币政策工具。

再贴现率是指商业银行将其贴现的未到期票据向中央银行申请再贴现时的预扣利率。再贴现意味着商业银行向中央银行申请贷款，增加了市场中的货币供应量。中央银行可通过改变再贴现率，影响贴现贷款的数量，从而影响货币供给量。经济扩张时期，中央银行可通过提高再贴现率增加商业银行借款成本，从而减少商业银行的再贴现次数与金额，进而缩减整个社会的货币供给总量，市场利率也随之上升。相反，经济衰退时期，中央银行可通过降低再贴现率，降低商业银行的借款成本，从而扩大商业银行的准备金和信贷规模，进而提高整个社会的货币供给量，使市场利率也有所下降。

法定存款准备金率是指一国中央银行规定的商业银行以及其他存款金融机构必须缴存中央银行的一个最低限度的法定准备金占其存款总额的比率。中央银行可通过调整法定存款准备金率影响货币乘数，从而影响市场中的货币供给量。若中央银行提高法定存款准备金率，商业银行必须减少对外放贷额以满足央行要求，货币乘数随之降低，从而减少整个社会的货币供给量；若中央银行降低法定存款准备金率，商业银行可增加放贷额，放款能力大大提升，货币乘数随之提高，从而引起货币供给量的增加。

公开市场业务是指中央银行通过在金融市场上公开买卖政府债券等有价证券，吞吐基础货币，从而调节货币供给量的一种宏观调控货币政策。公开市场业务主要包括两类：一类是主动性的公开市场业务，主要是为了改变准备金水平和基础货币；另一类是被动性的公开市场业务，主要目的是抵销基础货币的其他影响因素变动所带来的影响。当国民经济处于衰退阶段时，中央银行可从公开市场上买入有价证券，向市场投放一笔基础货币以增加流通中的货币量，引起社会货币总供给量的成倍增加，抑制经济衰退；反之，当经济处于扩张阶段时，中央银行可从二级市场上卖出证券，以收缩社会中的货币供给量，从而使经济降温。

由表6.1可知中国大型金融机构法定存款准备金率历年调整情况。其中，1985年法定存款准备金率定为10.0%，不再对企业存款、农村存款、储蓄存款区分存款准备金率；1987年、1988年、2003年、2004年，法定存款准备金率均上调一次；1998年、1999年则均下调一次。2006年、2007年分别上调3次、10次；2008年共调整10次，其中，上调7次，下调3次；2010年上调6次；2011年共调整7次，其中，上调6次，下调1次；

2012 年下调 2 次。

表 6.1　中国大型金融机构法定存款准备金率历年调整情况

年份	调整次数/次	调整前/%	调整后/%	调整幅度/%
1985	1	企业存款 20	10.0	
		农村存款 25		
		储蓄存款 40		
1987	1	10.0	12.0	2.0
1988	1	12.0	13.0	1.0
1998	1	13.0	8.0	−5.0
1999	1	8.0	6.0	−2.0
2003	1	6.0	7.0	1.0
2004	1	7.0	7.5	0.5
2006	3	7.5	9.0	1.5
2007	10	9.0	14.5	5.5
2008	10	14.5	16.0	1.5
2010	6	16.0	18.5	2.5
2011	7	18.5	21.0	2.5
2012	2	21.0	20.0	−1.0

2003 年 9 月至 2008 年 6 月，中国法定存款准备金率共上调 21 次，累计上调 11.5%；2008 年 9～12 月，法定存款准备金率上调 1 次、下调 3 次，累计下调 2%；2010 年 11 月至 2011 年 6 月，上调 12 次，累计上调 6%；2011 年 12 月至 2012 年 5 月，下调 3 次，累计下调 1.5%。

(2)选择性货币政策工具。除了三大传统的货币政策工具，中央银行还可以对某些特殊的领域有针对性地进行信用调节，以影响经济发展。

消费信用控制是指对不动产以外的耐用消费品的销售融资进行控制。主要内容如下：第一，规定分期付款购买耐用消费品时的第一次付款的最低金额；第二，限制消费信贷借款的最长期限；第三，对能够以消费信贷方式购买的消费品的种类做出规定；等等。

证券市场信用控制是指为抑制证券交易中的过度投机行为，对有关证券交易的各种贷款进行控制。例如，对以贷款方式购买证券时的第一次付款金额进行规定；根据金融市场的具体情况，随时调整最低保证金率等。

不动产信用控制是指中央银行对商业银行在房地产贷款方面的管理措施，主要包括规定贷款的最高限额、贷款最长期限及第一次付现的最低金额等。

优惠利率是指中央银行对国家重点扶持的产业，实行贷款利率优惠政策，主要目的是刺激这些经济部门的生产积极性，实现产业结构和产品结构的调整。

进口保证金制度是指中央银行要求进口商按进口商品总额的一定比例，缴纳进口保证金，并将其存入中央银行，主要目的是保证国际收支平衡，抑制进口过度增长，一般为经常出现国际收支逆差的国家所采用。

(3)直接信用控制和间接信用控制。

直接信用控制是指中央银行以行政命令或其他方式，直接控制商业银行的信用活动，其手段主要包括利率最高限额、信用配额、流动性比率和直接干预等方式。

利率最高限额是指中央银行对商业银行的定期和储蓄存款所能支付的最高利率水平予以限制；信用配额是指根据金融市场的具体情况和客观经济需要，权衡轻重缓急之后，分别对各个商业银行的信用规模加以合理分配与限制；流动性比率是指规定商业银行全部资金中流动性资产的最低比重，目的是限制商业银行信用扩张；直接干预是指中央银行直接对商业银行的信贷业务、放款规模等加以干预。

间接信用控制主要是指通过道义劝告和窗口指导等办法间接影响商业银行的信用创造。间接信用控制使用起来较为灵活，且有利于中央银行与商业银行等一般金融机构保持密切的合作关系。

道义劝告是指中央银行在必要时利用其在金融领域中的特殊地位和威望，对商业银行和其他金融机构发出通告、指示或与各金融机构负责人进行面谈，从而影响金融机构的放款与投资数量和方向，使其符合金融调控的目的。窗口指导是指中央银行根据市场状况、物价变动趋势和金融市场的动向，对商业银行每季度的贷款变动额做出规定，并要求其执行。

1990～2013 年我国货币供应量如图 6.11 所示，1991～2013 年我国货币供应量同比增长率如图 6.12 所示。

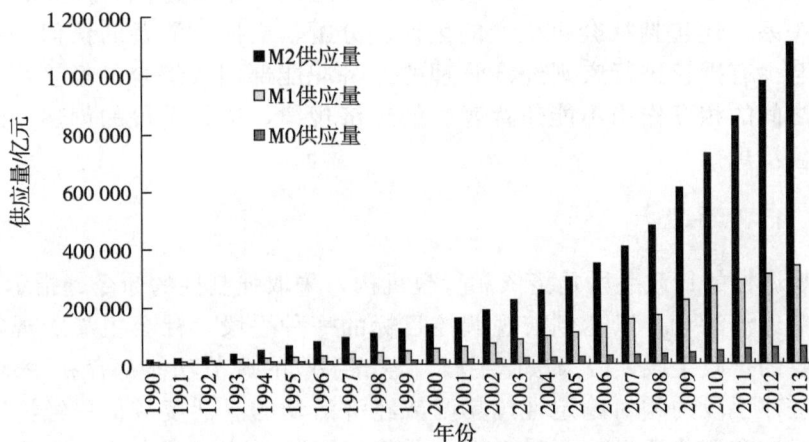

图 6.11　1990～2013 年我国货币供应量

6.2.2　法律手段

政府宏观调控的法律手段是指依靠法制力量，通过经济立法和司法，运用经济法规来调节经济关系和经济活动，以达到宏观调控目标的一种手段，包括经济立法和经济司法两方面。经济立法主要是由立法机关制定各种经济法规，保护市场主体权益；经济司法主要是由司法机关按照法律规定的制度、程序，对经济案件进行检察和审理的活动，用以维护

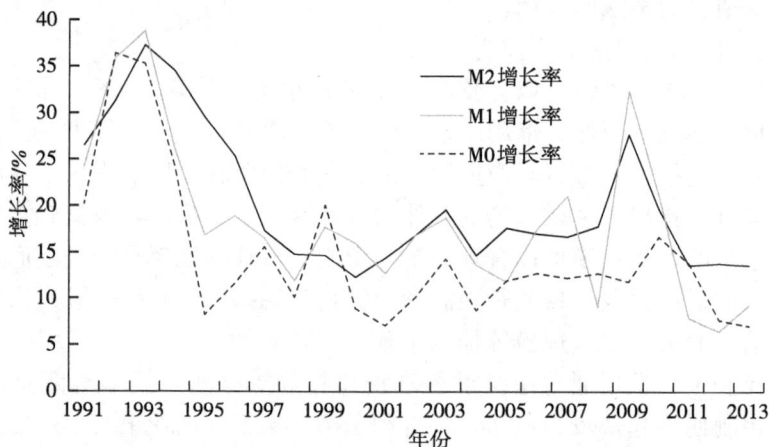

图 6.12　1991～2013 年我国货币供应量同比增长率

市场秩序，惩罚和制裁经济犯罪。

宏观调控中的法律手段具有法律的一般特性，如强制性、规范性，同时，与其他领域的法律相比又具有明显的经济性。主要体现在以下三个方面：①调控的方法不是传统计划经济条件下的直接行政命令，而是考虑到市场经济中各主体利益的多元化，在权限范围内，依法以市场为中介进行间接调节和控制。运用法律手段进行宏观调控主要是为了弥补市场自发调节带来的盲目性，并让市场机制对资源的配置起基础性的作用。②调控的客体是市场经济关系，包括各产业之间，市场之间，国家、企业和个人之间的经济关系，还包括社会再生产的生产、分配、交换、消费的任何一个环节；调控的主体是至少有授权进行宏观经济管理的经济职能部门或综合的经济部门。③法律手段主客体之间的相互作用不能违背客观的经济规律，法律手段的创建和运用必须遵循客观市场经济规律[4]。

6.2.3　行政手段

政府宏观调控的行政手段是指依靠行政机构，采取强制性的命令、指示、规定等行政方式来调节经济活动，以达到宏观调控目标的一种手段。社会主义宏观经济调控还不能放弃必要的行政手段，因为法律手段、经济手段的调节功能都存在一定的局限性。例如，由于法律手段的相对稳定性，其调节经济活动的灵活度较低；经济手段则具有短期性、滞后性和调节后果的不确定性。尤其当国民经济出现大比例失调或社会经济某一领域失控时，运用行政手段能够更为迅速地扭转失控局面，并恢复正常的经济秩序。例如，部分小煤窑、小油田等存在污染严重的问题，对社会可持续发展产生不利影响，若通过经济、法律等手段并不能够有效治理，可通过政府行政手段下令其关闭。当然行政手段是短期的非常规的手段，不可滥用，必须在尊重客观经济规律的基础上，从实际出发加以运用。

专题 6.4

行政手段参与粮食宏观调控[5]

根据操作目标与政策工具的不同可将粮食宏观调控中的行政手段细分为以下四类：①通过产业规制、贸易规制与市场秩序规制等对粮食企业的市场准入与过程进行监管；②对耕地、资金等生产要素进行直接控制；③对粮食宏观调控对象与主要指标进行直接干预；④对粮食宏观调控部门及委托的国有企业执行情况进行行政监督。粮食调控中行政手段的政策工具及其具体体现如表6.2所示。

表 6.2　粮食调控中行政手段的政策工具及其具体体现

政策工具		具体体现
准入与过程监管	产业规制	对凡是挤占农业资源并威胁到农产品价格稳定的工业生产采取一定的限制措施。以玉米产业为例，2006年年底，国家发改委下发了紧急通知，要求立即暂停核准和备案玉米加工项目，并对在建和拟建项目进行全面清理
	贸易规制	通过配额等方式，限制价格出现较大涨幅的单宗商品的出口；通过指定或限制贸易主客体的方式对粮食经营活动进行准入过程监管，如政府指定粮食经营公司垄断收购与定向销售等
	市场秩序规制	加强价格执法，部署专项检查，严厉打击价格串通、哄抬价格、搭车乱涨价等价格违法行为
生产要素控制	土地供给	国家从2003年以来实施了最严格的耕地保护制度，除了大规模的土地市场治理整顿和高密度的土地执法专项行动，国家对占用基本农田进行植树造林、挖塘养鱼等行为也进行了坚决制止，并采取多项有力措施纠正耕地撂荒行为，恢复撂荒地生产
	信贷与农资供给	加强农业生产资料的生产和调度，以稳定农资价格、支持农业生产；人民银行指导金融机构加大支农力度；指示有关银行对勒令停工的粮食加工项目或企业停止贷款
直接干预		发挥农业基层组织的力量，督促抓好备耕和田间管理
		安排运输调度，防止供给的结构性失衡
		价格管理：保持政府控制的公用事业和公益性服务价格总体上保持相对稳定，必要时采取价格干预。主要包括对粮食价格实行政府指导价或政府定价、限定差价率或者利润率、规定限价、实行提价申报制度、调价备案制度及集中定价权限和冻结价格等
行政监督		国务院派督察组对有关部委、地方政府及执行粮食调控业务的中国储备粮管理总公司等进行检查；中央政府对于各级地方政府的粮食安全保障问责；国务院组织突击性的全国性粮食"清仓查库"等

　　随着粮食市场化的不断推进，行政手段参与粮食宏观调控的地位与作用得到明显强化，然而行政干预所带来的副作用也日益显现。1994年迄今我国出台的有关行政手段参与粮食宏观调控的举措如表6.3所示，这里着重从2004年以来最具有代表性及影响力的行政手段参与粮食宏观调控方式——粮食最低收购价来说明。

表6.3　1994年迄今我国出台的有关行政手段参与粮食宏观调控的举措

出台年份	核心内容	简要评点
1994	"米袋子"省长负责制	有利于在中央统一领导下调动地方保障粮食安全的积极性，但也造成了全国粮食市场的某种人为性分割
2000	组建中国储备粮管理总公司（简称中储粮总公司）	实践证明，中储粮总公司形同第二国家粮食局
2004	国家实施最低收购价和临时收储定向销售等托市政策	作为我国目前粮食价格支持政策与农业支持保护制度的基本内容，以及行政干预含量很高的调控活动，在业内存在着褒贬不一的评价
2007	实行最严格的土地管理制度	其核心是守住全国耕地18亿亩红线
2009	国务院组织全国性的清仓查库	效果明显，但耗资巨大、耗时长

　　第一，粮食最低收购价的实质是政府基于微观规制的行政干预。从2004年开始，我国实行了粮食最低收购价托市收购政策。它主要是指国家在粮食主产区，委托中储粮总公司等按政府事先确定的最低收购价收购农民的余粮，其基本出发点是形成"政府调控市场、市场形成价格、价格引导生产"的良性机制。但从实际操作上来讲，其实质仍是政府基于微观规制的行政干预。

　　第二，粮食最低收购价启动的频度高、副作用大。2004～2008年，托市价格制定得并不高，只有部分粮食品种启动了预案。2009～2011年国家大幅提高了托市价格，其中2009年提价幅度最大，各品种的最低收购价格水平均提高了15%左右；粮食最低收购价启动的频度也明显增高。每每启动预案都会对保护农民利益等产生一定的促进作用，但同时也带来了不容忽视的副作用。2006年9月30日，国家托市收购结束时市场粮价仍徘徊在最低收购价附近，但从11月中旬开始，不少地方粮价大幅走高。这种情况使政府又不得不采取与最低收购价刚好相左的迅速平抑粮价的做法，而这时离最终低价收购结束还不到两个月的时间。为此粮食最低收购价扭曲了粮食的真实市场价格，令市场供需信号紊乱，弱化了原来粮食市场价格的形成机制，极可能在托市的同时埋下人为刺激粮食涨价的隐患，从而使我国粮食经济呈现出越来越多的非内生性特点——过分依赖行政手段等。

　　第三，对粮食最低收购价的执行主体监督协调难。中储粮总公司承担着最低收购价粮食收购、信贷偿还、储存保管与委托拍卖等责任。由于它的库点相对较少，在托市政策执行过程中，绝大部分的收购任务由受委托的一大批国有粮食购销企业共同完成，这使得政策的责任主体与实际任务完成主体分离。中储粮总公司不仅要开展收购业务，还要监管其委托的收购企业；不仅要控制好收购中的各种风险，还

> 要妥善处理好自己与委托方的关系，以及公司政策性业务与增值性业务之间的平衡协调关系。

6.3　宏观调控目的

1. 充分就业

充分就业是指政府要保证凡是有工作能力且具有就业愿望的人，都能在较合理的条件下随时找到适当的工作。通常采用失业率判断一个国家是否达到充分就业，然而充分就业并不等于失业率为零，因为在非自愿失业之外，还存在摩擦性失业和结构性失业。一国政府宏观调控的目标是使非自愿失业率降到最低水平。充分就业如此重要的原因有高失业率会造成人民生活困难、自尊心丧失、社会犯罪率上升等，更重要的是，高失业率使大量工人闲置，造成社会经济资源的浪费，使经济的总产出大量降低。

但是，失业率为多少才算达到了充分就业呢？目前，美国对自然失业率的估计大约为6%，但这个估计也是有争议的。一国达到充分就业时的失业率水平应由各国根据本国的社会经济发展状况和本国可容忍的失业程度来确定。

1979～2013 年我国城镇登记失业率、城镇登记失业人口数量如图 6.13 所示。由图 6.13 可知，我国城镇登记失业率、城镇登记失业人口分别在 1984 年、1985 年达到最低值。其中，1979～1985 年，我国城镇登记失业率快速下降，由 5.4% 下降至 1.8%；1986～2000 年，城镇登记失业率呈缓慢、波动上升，由 2.0% 上升至 3.1%；2001～2003 年，城镇失业登记率增长速度急剧上升，2001 年增长了 0.5%，2002 年增长了 0.4%，2003 年增长了 0.3%；2004～2013 年，城镇失业登记率趋于稳定，在 4.0%～4.3% 波动。对于城镇登记失业人口，1979～1984 年从 567.6 万人下降至 235.7 万人；1985～2009 年，25 个年度间我国城镇登记失业人口只有 1991 年、1998 年、2007 年三个年度出现下降，从 238.5 万人增长至 921 万人，增长幅度大于城镇登记失业率；2010～2013 年，则在 908 万～926 万人波动。

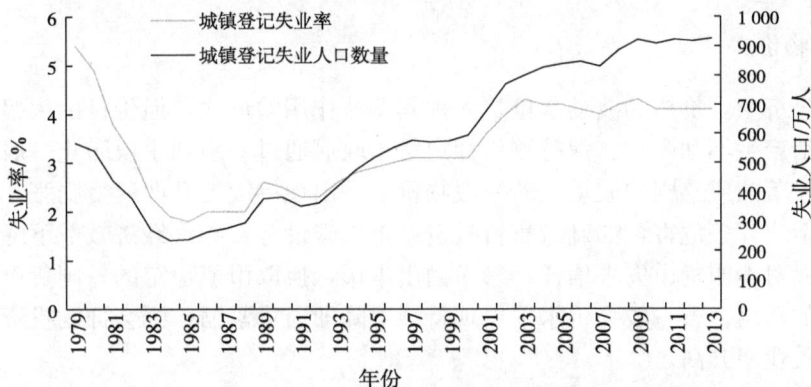

图 6.13　1979～2013 年我国城镇登记失业率、城镇登记失业人口数量

2. 促进经济稳定增长

经济增长是指一国在一定时期内所生产的商品和劳务总量的增加，也就是一国 GNP 或人均 GNP 的增加。经济增长是经济和社会发展的基础，持续、快速、稳定的经济增长是实现国家长远战略目标的首要条件，也是提高人民生活水平的首要条件。因此，促进经济稳定增长是宏观调控重要的目标之一。为了促进经济增长，政府必须调节社会总供给与社会总需求的关系，使之达到基本平衡。

我国 GDP、人均 GDP 增长率如图 6.14 所示。由图 6.14 可知，我国人均 GDP 略低于 GDP，GDP 与人均 GDP 之间的差额主要取决于我国人口增长率。自 1987 起至 2012 年，两者之间的差额基本上呈现逐年减小的趋势，1987 年 GDP 与人均 GDP 之间的差额达到最高峰，为 1.79％，2012 年降为 0.52％，2013 年小幅增长至 0.54％。

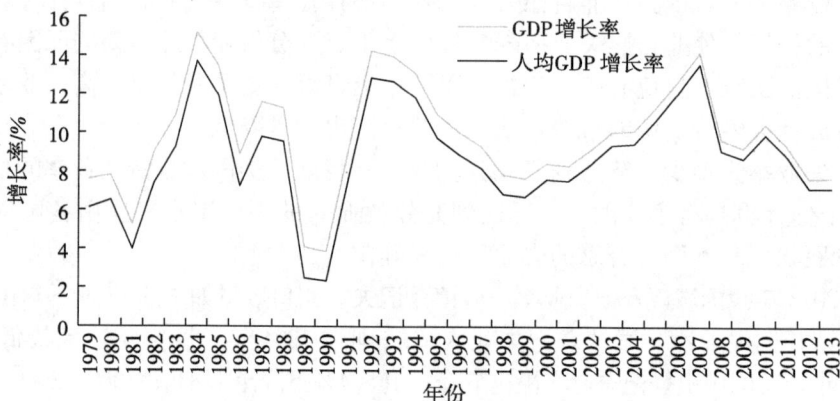

图 6.14 我国 GDP、人均 GDP 增长率(1979 年＝100)

资料来源：国家统计局

1979～2013 年，我国 GDP 增长率平均值为 9.8％，35 个年度中，GDP 增长率只有三个年度低于 7％，分别为 1981 年、1989 年和 1990 年；低于 8％的，则有 9 个年度。结合图 6.15，可知我国 GDP 增长率显著高于美国、日本、英国，即我国经济发展达到了持续、快速增长。然而，我国 GDP 增长率波动幅度较大，即经济增长速度不够稳定。

3. 稳定物价

在市场经济中，价格的波动是价格发挥其调节作用的形式，但价格的大幅波动通常能够对经济生活产生不利影响。保持物价稳定是指政府通过一系列手段防止一般物价水平在短期内发生显著的或急剧的波动。若一般物价水平出现持续上升即通货膨胀，对一国经济和社会都会造成许多危害，如刺激盲目投资、重复建设等，导致经济效益下降。通货膨胀有可能使人民对本国货币失去信任，纷纷抛出本币，换取币值稳定的外国货币，从而引起经济与社会的动荡。若一般物价水平出现持续下降即通货紧缩，则会抑制投资、降低生产力，从而使失业率升高。

在社会主义市场经济条件下，绝大多数商品和服务的价格由市场决定，但政府可以运用货币等经济手段对价格进行调节，必要时也可以采用某些行政手段(如限定商品最低或

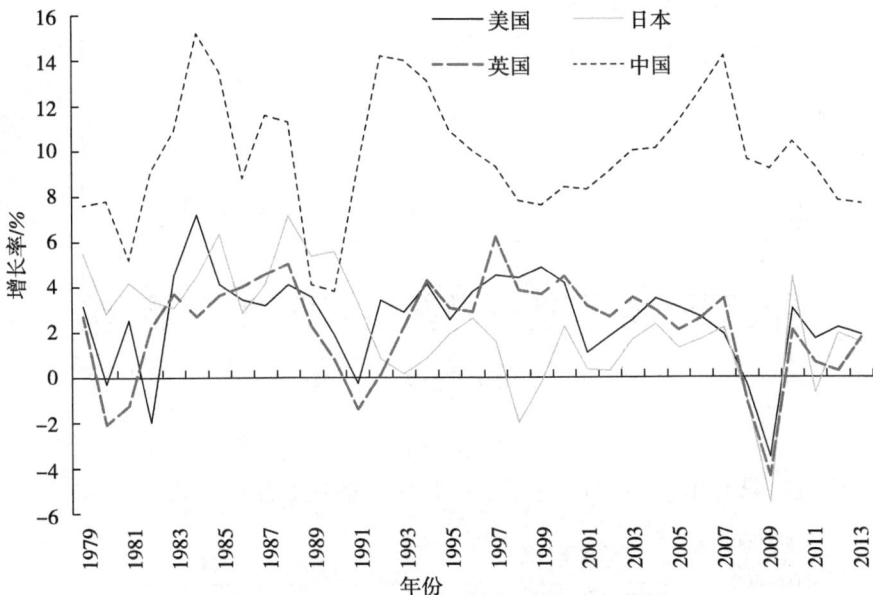

图 6.15　美国、日本、英国、中国 GDP 增长率

资料来源：新浪财经

最高价、打击价格欺诈等)，以保持价格的基本稳定，避免价格的大起大落。至于中央银行应该将一般物价控制在什么水平上才算稳定，要根据各国的具体情况和本国人民的承受能力而定。大多数国家都想把物价波动控制在最小幅度内，以利于本国经济的发展。

我国居民消费价格指数(CPI)如图 6.16 所示。令上年为 100，1979~2013 年我国 CPI 平均值为 105.4。1979~1997 年，CPI 变动幅度较大，18 个年度中有 2 个年度 CPI 增长率的绝对值大于 10%，9 个年度增长率的绝对值大于 5%，CPI 平均值为 108.34。1998~2013 年，我国 CPI(上年＝100)较为稳定，均在 98.6~105.9，16 个年度只有 1 个年度增长率的绝对值大于 5%，平均值为 101.9。另外，1979~1997 年，我国 CPI(上年＝100)均在 100 以上；1998~2013 年，则有 1998 年、1999 年、2002 年、2009 年 4 个年度低于 100，最低为 98.6。

可见，1998 年以后，我国宏观调控稳定物价的目的在较大程度上得到了实现。主要体现在 CPI(1978 年＝100)增长率较为稳定，且增长率显著低于 1979~1997 年的平均值。

1982~2013 年，我国国际收入大致等于国际支出，国际收支总差额介于－0.01 万美元至 0.01 万美元之间。图 6.17、图 6.18 分别为 1982~2000 年、2000~2013 年我国国际收支差额的折线图。2001 年之后，由于中国加入 WTO，各项差额的绝对值均有明显增长。1997 年我国经常项目差额比上年增长 410.4%，1982~1996 年，我国经常项目差额在－119 亿美元至 132.7 亿美元之间；1997~2004 年，在 174.1 亿美元至 686.4 亿美元之间；2005~2013 年在 1 323.8 亿美元至 4 205.7 亿美元之间；另外，1994~2013 年，我国经常项目差额均为正数。我国资本和金融项目差额的波动幅度更为剧烈，其中 1982~1992 年，我国资本和金融项目差额在－37.5 亿美元至 84.9 亿美元之间；1993~1997 年，在 210.2 亿美元至 399.7 亿美元之间；1998~2000 年，则又回落至－63.2 亿美元至 51.8

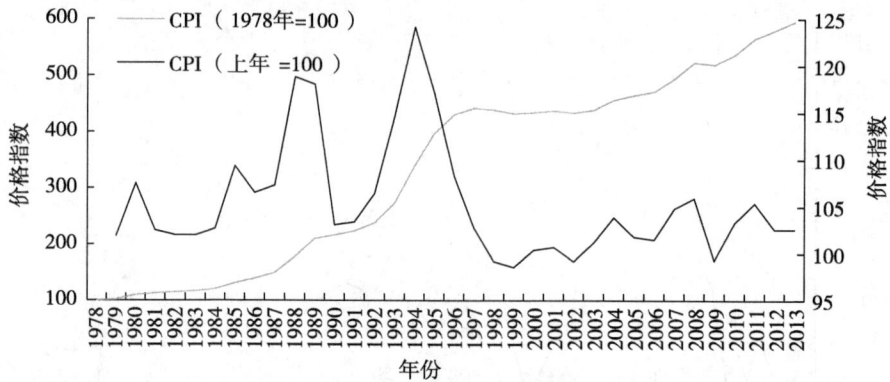

图 6.16 我国居民消费价格指数(CPI)

亿美元之间；2001～2013 年，在－168.2 亿美元至 3 263 亿美元之间波动。我国储备资产差额多数为负值，只有 1984～1986 年及 1992 年 4 个年度出现正值。

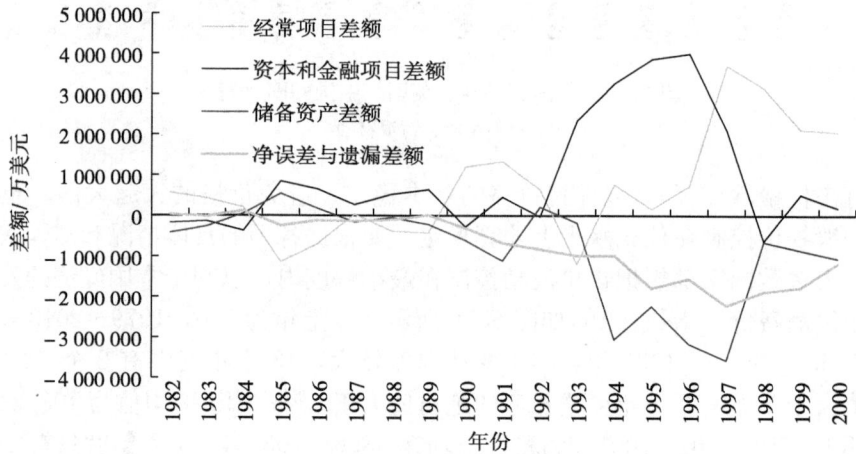

图 6.17 我国国际收支差额(贷-借；1982～2000 年)

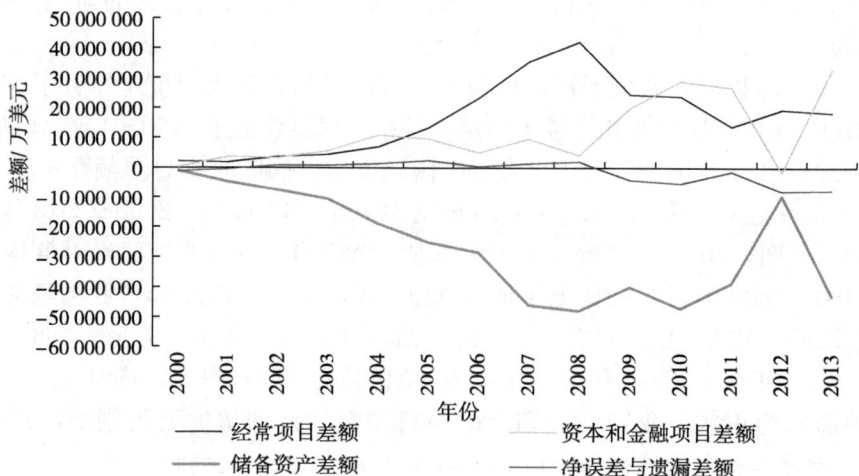

图 6.18 我国国际收支差额(贷-借；2000～2013 年)

4. 保持国际收支平衡

国际收支是指一个国家或地区在一定时期(通常为一年)内与其他国家或地区之间由政治、经济、文化往来所引起的全部货币收支,这是一国国民经济的重要组成部分,反映了一国对外经济活动的范围、规模和特点,也反映了该国在国际经济中的地位和作用。国际收支平衡就是指一国的国际收入(大致)等于国际支出。

参考文献

[1]蔡继明.宏观经济学.北京:人民出版社,2002.

[2]甄炳禧.对衰退与复苏的质疑.世界知识,2002,6:26-27.

[3]汤在新,吴超林.宏观调控:理论基础与政策分析.广州:广东经济出版社,2001.

[4]曾文革,廖益.论法律手段在政府宏观调控中的运用.河南师范大学学报(哲学社会科学版),2003,6:48-51.

[5]吴志华,胡非凡.行政手段参与粮食宏观调控问题及对策研究——基于 RFID 农户结算卡试点推广视角.中国行政管理,2013,2:26-30.

第7章

中国市场经济的微观体制

微观经济主体的发展、变革在我国市场经济的发展过程中起到了举足轻重的作用。

在中国市场经济逐步确立及发展过程中，产生了多种所有制结构的经济主体。本章重点讨论1978年至今，国有企业、民营企业、外资企业三个微观经济主体的变革，纵览改革开放三十多年来我国国有企业、民营企业、外资企业的发展历程，探讨不同微观主体在市场经济发展过程中面临的挑战与机遇，并结合具体案例进行讨论。

关于我国微观经济主体的划分及界定，一直存在争议，在此，我们对本章论述的三个主体的概念进行一个简单梳理。

国有企业，根据国家统计局的界定，是指国有企业加上国有控股企业。国有企业（即原全民所有制工业或国营工业）是指企业全部资产归国家所有的企业。国有控股企业是对混合所有制经济的企业进行的"国有控股"分类，它是指这些企业的全部资产中国有资产（股份）相对其他所有者中的任何一个所有者占资（股）最多的企业。

1931年，王春圃的《经济救国论》中首次提出了"民营"的概念[1]。书中将国民党政府经营的企业称为"官营"，由民间投资经营的企业称为"民营"。理论界将民营企业的界定分为广义与狭义。广义的民营企业是对除国有和国有控股企业以外的多种所有制经济企业的统称，包括个体工商户、私营企业、集体企业、港澳台投资企业和外商投资企业。狭义的民营企业则不包括港澳台投资企业和外商投资企业。本章采用狭义民营企业的概念，简单表述为如下等式：

民营企业（狭义）＝私营企业＋个体企业＋联营企业

本章将港澳台投资企业及外商投资企业总称为外资企业。

7.1 中国国有企业改革进程

1978年以来，随着我国经济体制的转变，国内及国际市场都比以往更有活力，也更充满挑战。国有企业为迎接挑战，顺应改革浪潮，突破自身发展的瓶颈，进行了一系列的改革。

7.1.1　国企改革探索阶段：放权让利(1978～1987 年)

1978～1984 年的 6 年间，我国仍处于计划经济时期，在这一阶段，国有企业进行了初步的改革探索。改革的主要特征表现为"放权让利"，即通过向企业下放部分经营权和收益权来达到调动企业经营者和职工的积极性、提高企业产出以保证财政收入增长的目的。"放权让利"改革以"扩大企业自主权""利改税""租赁制"等多种形式在国有企业中展开。

1979 年 7 月，国务院颁布《关于扩大国营工业企业经营管理自主权的若干规定》，随之配套颁布《关于国营企业实行利润留成的规定》《关于提高国营工业企业固定资产折旧率和改进折旧费使用办法的暂行规定》《关于开征国营工业企业固定资产税的暂行规定》《关于国营工业企业实行流动资金全额信贷的暂行规定》4 个文件，决定将国营企业的放权让利改革在全国推行。

1. 扩大企业自主权[2]

1978 年 10 月，四川省宁江机床厂、重庆钢铁厂等 6 家企业进行扩大企业自主权改革试点，确定企业在增收基础上可以提取利润留成，职工也可获得奖金。1979 年 5 月，北京、天津、上海三地的首都钢铁公司、天津自行车厂、上海柴油机厂等 8 家企业进行扩大企业自主权的试点。随后，全国各地纷纷试点。从 1979 年年底全面推广扩大企业自主权改革开始，在一年内，16％的全国预算内企业都实施了此项改革，实行扩大企业经营自主权的企业产值占全部企业产值的 60％，占利润的 70％。

扩大企业自主权的改革在一定程度上打破了政府对国有企业管得过死的局面，调动了企业经营者和职工的积极性，释放了企业的生产、经营活力。但是，由于没有明确限定企业的权力边界，权力下放后没有相应的约束机制进行限制，加上计划经济体制的限制，扩大企业自主权并没有从实际上改善国家财政状况。1979 年、1980 年国家连续两年出现巨额财政赤字。从图 7.1 可以看出，1979～1981 年，连续三年财政收入增速缓慢。1979 年国家财政收入 1 146.38 亿元，支出 1 281.79 亿元，财政赤字 135.41 亿元。1980 年国家财政收入 1 159.93 亿元，支出 1 228.83 亿元，财政赤字 68.9 亿元，国家财政状况出现严重问题。

为尽快落实财政上缴的任务，1981 年开始，各地政府在坚持扩大企业自主权的基础上，对工业企业试行利润包干制度，在分配上确定了"利润留成""盈亏包干""以税代利、自负盈亏"3 种类型。

利润包干制度在初期产生了一定成效，短期内，一些企业实现了增收的目标，但是大多数企业的经济效益并没有得到显著提高。同时，由于企业的各项计划指标是在上一年度完成的基础上制定的，因此，"利润包干制度"一开始就为企业与政府之间的讨价还价留出了空间，不可避免地出现了"鞭打快牛""苦乐不均"的现象。到 1993 年年初，利润包干制度在更大范围推行后引起了执行混乱和物价上涨等严重问题，鉴于此，中央决定停止全面推行利润包干，转而实行利改税。

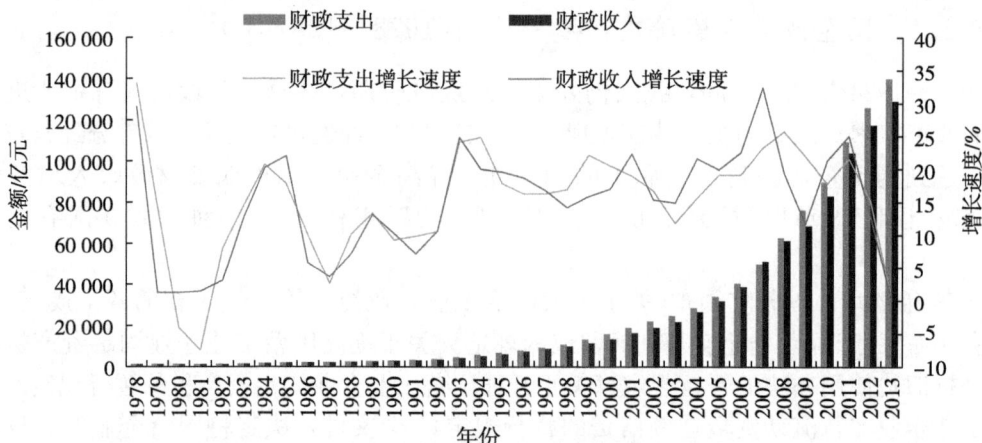

图 7.1   国家财政收支及增速

注：①财政收入中不包括国内外债务收入；②从 2000 年起，财政支出中包括国内外债务
付息支出；③与以往年份相比，2007 年财政收支科目实施了较大改革，特别是财政
支出项目口径变化很大，与往年数据不可比。2007 年起财政支出采用新的分类指标

资料来源：国家统计局

2. 利改税

扩大企业自主权的改革中出现的"鞭打快牛"及巨额财政赤字使利改税的思想应运而
生，政策设计者希望通过实行利改税来稳定企业上缴的财政收入，规范国有企业的经济责
任，用税收手段拉平企业之间的竞争条件，使企业处在同一起跑线上。1983 年，国务院
批转财政部《关于国营企业利改税试行办法》，提出两步实施利改税：第一步是国有企业征
收固定比例的所得税，然后通过谈判方式确定税后利润上缴比例。例如，对大中型企业实
现的利润，按 55% 的税率征收所得税，企业税后利润按国家核定的比例留给企业，其余
上缴国家；第二步实行单一征税制度，把所得税由比例税改为累进税，取消上缴利润的办
法，同时征收资源税、资产税和调节税等。

第一步利改税的目标基本实现了。但 1984 年 10 月开始实施的第二步利改税，其最终
方案偏离了改革的初衷。由于在第二步利改税设计中，产品税的比重过大，很多企业在支
付该项税收后已无力支付与利润无关、但与资金占用挂钩的资金税，国家最终只能放弃资
金税，改为从利润较多的大中型企业中开征一户一率的调节税，以"代替"利润上缴。最
终，利改税并没有改变企业税负过重的局面，由于取代利润上缴的税收不规范，外部竞争
的条件不但没有拉平，"鞭打快牛""苦乐不均"的问题反而更加严重了。

3. 租赁制

租赁制改革开始于 1984 年沈阳汽车工业公司的试点，此后，许多小型工业企业走上
了租赁制改革道路。租赁制改革最初在一些微利亏损的小企业中开展，主要目的是解决企
业亏损问题。实际操作过程中，主管部门设定一定数量的租金，把企业出租给个人，租赁
期满时主管部门获得期初约定的租金，承租人获得剩余收入。随着租赁制改革的深入发

展，承租人由个人逐渐发展为团伙、全体企业成员，租金也由固定变成浮动比例，最终，租赁制在小型工业企业中变得越来越像承包制经营形式。

在 1987 年普遍推行承包经营责任制后，采取租赁制形式的小型工业企业数量不断增加。1988 年年底，在对 43 935 个国有小型工业企业的调查中，实行租赁制和其他经营方式的企业已达到 24 660 个，占总数的 56.1%。在租赁制改革的推行中，逐渐出现了厂长负责制、厂长任期目标责任制等形式，从其操作手段和表现特征来看，这两种形式可被看做承包制的雏形。

计划经济体制下，国有企业作为各级政府部门的附属机构，承担着社会稳定、充分就业和经济发展等各项责任。各级政府部门通过国有企业上缴的财政收入，实现各自的功能和利益，但是作为微观经济主体的国有企业却没有相应的经营自主权。在这样的经济体制下，国有企业的经营者及职工的努力程度和收入没有必然联系，于是出现"干多干少一个样，干与不干一个样"的现象，同时出现了"企业吃国家的大锅饭""职工吃企业的大锅饭"的现象。

实际操作中，放权让利改革虽未能触及企业产权制度，未能摆脱各级政府部门的附属身份，但在分配领域大胆尝试。通过完善考核制度，建立监督激励机制等方式，使国有企业的管理者和职工形成了效益与收入挂钩的理念，国有经济初步表现出搞活的迹象。

在借鉴东欧国家的国有企业改革经验中，理论界提出了各种改革思想，蒋一苇的"三论"——企业本位论、职工主体论、经济民主论是当时最为著名的理论思想之一。"三论"认为，"我国的经济体制改革，应从企业缺少自主权的现实出发，使企业成为自主经营与发展的、具有独立性的社会主义基本经济实体"。而在我国放权让利改革阶段，把国有企业改造为责、权、利统一的商品经济生产主体的思想在理论界已达成共识。

7.1.2 国企改革深入推进阶段：两权分离（1988～1992 年）

从放权让利到两权分离是国有企业改革的一次重大突破。如 7.1.1 小节提到，放权让利未能突破计划经济体制的框架，没有涉及企业经营权的改革，所以也未能从根本上提高国有企业效率，改善国有企业长期经营环境。而两权分离改革逐渐触及经济改革的主体部分，将企业的经营权和所有权分离，在一定程度上有利于国有企业自主经营，自负盈亏，为企业松绑，释放国有企业活力。以两权分离为特征的改革主要包括对大中型企业实行的承包制、对中小企业推行的租赁制后期阶段、资产经营责任制、部分企业的股份制试点改革。

1. 承包制改革

放权让利改革时期形成的厂长负责制、厂长任期目标责任制等形式可看做承包制的雏形。由于 1983 年全面推广利改税，全国大多数企业终止了承包制改革的试点和探索，直到 1987 年承包制改革重新登上国企改革的舞台。1988 年 2 月，国务院颁布《全民所有制工业企业承包经营责任制暂行条例》，承包制逐渐取代其他改革形式成为城市经济改革的主流。1988 年到 1990 年的两年时间内，全国 90% 的预算内工业企业完成了第一轮承包制改革，随后又展开了第二轮承包制改革。

　　承包制改革的具体形式主要包括上缴税利定额包干、微利微亏企业定额承包、上缴税利递增包干、上缴税利目标承包、亏损包干或亏损递减包干等，改革的核心是保住利润上缴基数，稳定国家企业的分配关系，通过调动承包者的积极性来扩大各方的利益总量。承包制简单易行，能较为稳定可靠地增加财政收入，企业可从高效率中获得收益，因此政府、企业等各方都非常欢迎承包制的推行。但在承包制改革推行过程中，许多企业着眼于短期盈利，忽略了长期的发展，长期来看，企业仍处于亏损中。虽然承包制以合同等法律形式实现了在一段时期内所有权与经营权的分离，为企业的自主经营创造了条件，从而搞活了企业，但承包制本身并没有改变传统的依附性企业体制，政府对企业的干预仍然十分严重：当企业经营惨淡，短期内未见成效时，政府会向企业施加压力，倾向于收回企业的经营权；当外部经济及政策环境发生变化，不利于企业发展、经营，企业无法完成承包任务时，放弃经营权、回归旧体制便成为企业的首选。但面对企业经营缺乏活力，不能完成财政上缴任务时，政府又不得不下放权力。因此，承包制改革在"放权—收权—放权"的循环中蹒跚前进。

专题 7.1

国企承包第一人

　　马胜利（1939～2014年），中国"国企承包第一人"，国企改革的标志性人物之一，曾被称为全国最著名厂长，首届全国优秀企业家，两次全国五一劳动奖章获得者，中国共产党第十三次全国代表大会代表。

　　马胜利原是石家庄市造纸厂基建科的一名普通职工。改革开放后，市场经济行为慢慢渗入国有企业，造纸厂决定将"供销科"改为"销售科"，敢闯敢干的马胜利向厂领导毛遂自荐做销售科科长。在担任科长期间，他从南到北，跑宾馆、访客户，给厂里带来大量订单，扭转了工厂连续几年亏损的局面。

　　1984年，改革的春风从农村吹到城市，造纸厂也要搞承包，已经连续3年没向国家交一分钱利润、国家还不断倒贴的造纸厂，定下了"扭亏为盈，上缴利润17万元"的承包指标。但作为拥有800多人大厂的厂领导在当时还不敢接，讨价还价说还得亏损10万元。

　　马胜利觉得17万元的要求并不高，只要改掉不合理的制度，效益立马会上来，于是找厂领导提出自己的想法。可是谈的过程并不顺利，想法不能统一。马胜利一激动，直接说那我来当这个厂长。结果，马胜利被免职。

　　于是，禀性耿直硬朗的马胜利在厂门口突然贴出一份《向领导班子表决心》的大红"决心书"：我请求承包造纸厂！承包后，实现利润翻番，工人工资翻番，达不到目标，甘愿受法律制裁。我的办法是"三十六计"和"七十二变"，对外搞活经济，对内从严治厂，关心群众生活……这一天是3月28日。

　　马胜利的一纸承包"决心书"正好赶在"扩大企业自主权"的改革没有取得预期成功的背景下，正好在国家制定出台《中共中央关于经济体制改革的决定》的前夕。

　　1984年10月召开的十二届三中全会第一次通过了系统的经济体制改革方案——

《中共中央关于经济体制改革的决定》，突破了把计划经济同商品经济对立起来的传统观念，确认我国社会主义经济是"公有制基础上的有计划的商品经济"，提出了增强企业活力、建立社会主义有计划的商品经济的目标。

这一年也被称为中国现代公司元年，诞生了以海尔、联想为代表的，至今仍驰骋市场的著名公司。

突然杀出来的马胜利，让当时正在力推国企承包制改革以扭亏为盈，却遭遇讨价还价困境的市领导眼前一亮，于是拍板决定让马胜利当厂长，承包企业。有着丰富销售经验的马胜利，开始发挥自己的业务能力，在产品结构和销售激励上下足了工夫。

结果，马胜利承包造纸厂的第一个月，利润就超过 21 万元，比原先下达的整年指标 17 万元还多，这一下震动了全厂，也震动了全市。第一年承包期满，马胜利完成利润 140 万元，比他自己提出来的承包指标还翻了一番。

1984 年 8～9 月，时任中共中央总书记的胡耀邦到河北考察，听完省领导的汇报后，胡耀邦说，马胜利搞承包比较好，干脆就叫"马承包"。

当"承包制"这个新名词进入传媒界，马胜利作为全国第一个国有企业承包者，也迅速成为当时最闪亮的明星。1985 年 7 月 26 日，新华社长篇通讯——《时刻想着国家和人民利益的好厂长马胜利》在全国各大报纸刊登，马胜利很快成为炙手可热的新闻人物。河北、山东等一些省份还发起了"向马胜利同志学习"的运动。

从 1978 年的土地承包到 1984 年的国企承包，"马承包"生逢其时，一夜之间创造了国企改革的历史。随后的第二年，石家庄市造纸厂盈利 280 万元，第三年盈利 320 万元……承包 4 年，利润增长了近 22 倍。连年亏损的工厂摇身变效益大户，石家庄造纸厂借改革之势成为全国明星企业。

由此，马胜利获得 1988 年首届中国优秀企业家金球奖，1986 年、1988 年两次获得五一劳动奖章，被邓小平接见过四次；以他为原型拍摄了电影《地平线》、纪录片《金钱面前》；曾经的高中教材里，一篇《时刻想着党和国家》的课文写的是他，小学政治课本也有过一篇课文叫《马承包》；新中国成立 54 周年时中宣部选出"54 个英雄儿女"，第一个是毛泽东，最后一个是杨利伟，马胜利也在其中。

从辉煌到陨落

1987 年马胜利在全国近千家企业"求承包"的呼声下，开始"放眼中国"，决定承包全国各地的造纸企业。这是一项带"中国"名头的自创性工程。从 1987 年 11 月中旬到 1988 年 1 月，马胜利如同一匹不知疲倦的快马，纵横南北十余省市，闪电承包了 27 家造纸企业。1988 年 1 月 19 日，在掌声与欢笑声中，中国马胜利造纸企业集团正式成立，马胜利组建了他的纸业托拉斯。

至此，他的辉煌也达到了顶点。从 1989 年下半年开始，盲目扩张带来的诸多问题开始暴露。1990 年石家庄造纸厂亏损 300 多万元；1991 年 5 月，马胜利造纸企业集团解散；1995 年，时年 56 岁的马胜利被免职退休。免职后，马胜利为补贴家用，卖过包子，也经营过纸品公司，但时间都不长。

> 2003 年 11 月，曾获 1988 年首届中国优秀企业家殊荣的十多位老人齐聚西湖。冯根生、汪海、鲁冠球这些同属一个时代的创业"老战友"们风光依旧，而马胜利已沉寂多时。双星集团老总汪海当即表示要"承包"马胜利，聘请他任职纸业公司的总经理。这是马胜利留在市场经济土壤上的最后一个印记，但这次"承包"很快便悄无声息。
>
> 曾经风云一时的国企改革标志性人物马胜利陨落了，也慢慢退出了人们的视野，但他所经历的以"摸着石头过河"为特点的改革开放并不曾退潮，而是风起云涌，掀起了一浪又一浪的高潮，一直推演至今。
>
> ——《企业观察报》2014 年 2 月 19 日

2. 资产经营责任制改革

承包制改革的停滞不前使政策制定者提出重新构造微观经济基础的思想。改革包括两方面内容：一是所有制形式和经济成分的多样化，即应当允许在一定范围内存在私人资本主义经济；二是通过所有权与经营权的重分割和分开，使国有企业摆脱行政隶属关系，成为真正的商品生产者和经营者。解决企业经营权问题是资产经营责任制改革第一阶段的核心内容，并分三步实施。首先，由企业主管部门聘请专家组成考评委员会，以现有资产作为标的，用招标的形式选出企业经营者。其次，被选中的经营者成为企业法人，并与主管部门签署具有法律效力的经营责任合同书，就任职内的资产、人员处理、生产决策等事宜达成协定，经营者拥有机构撤并设置、企业内部分配等权力。最后，任期结束后再次由主管部门主持投报选聘经营者，并根据资产评估结果对上一任经营者进行奖惩。

资产经营责任制改革的推行引起了广泛关注，但其在实际操作中对主管部门负责人素质要求高，实施成本高，其让利幅度却比其他改革方式小，因而未能得到大范围推广。

3. 股份制改革

股份制改革作为实现"两权分离"的另一种改革思路，拉开了我国国有企业产权改革的序幕。1984 年 7 月，北京天桥百货股份有限公司正式成立，同年 11 月，上海飞乐音响公司向社会发行股票，标志着中国股份制改造正式启动。最初的股份制改革探索以职工入股的方式展开。

1990 年 11 月 26 日上交所和 1990 年 12 月 1 日深圳证券交易所（简称深交所）的成立，标志着我国股份制改革进入一个崭新的发展阶段。据统计，到 1991 年年底，全国共有股份制试点企业 3 220 家（不包括实行股份合作制的乡镇企业，也不包括中外合资企业及国内联营企业）。邓小平在 1992 年年初的南方谈话中，对股份制改革的尝试做出了肯定评价，同年 5 月，国家经济体制改革委员会等政府部门联合发布了《股份制企业试点办法》，以更加积极的态度推行股份制试点改革，股份制试点逐步向规范化方向发展。1992 年年底，全国股份制试点企业已发展到 3 700 多家，其中，92 家在证券交易所上市。证券交易所的成立在我国证券市场的发展中具有里程碑式的作用和意义。

专题 7.2

上交所、深交所

上交所成立于 1990 年 11 月 26 日，同年 12 月 19 日开业，归属中国证券监督管理委员会（简称中国证监会）直接管理。秉承"法制、监管、自律、规范"的八字方针，上交所致力于创造透明、开放、安全、高效的市场环境，切实保护投资者权益，其主要职能包括提供证券交易的场所和设施；制定证券交易所的业务规则；接受上市申请，安排证券上市；组织、监督证券交易；对会员、上市公司进行监管；管理和公布市场信息。

上交所市场交易采用电子竞价交易方式，所有上市交易证券的买卖均需通过电脑主机进行公开申报竞价，由主机按照价格优先、时间优先的原则自动撮合成交。上交所新一代交易系统峰值订单处理能力达到 80 000 笔/秒，系统日双边成交容量不低于 1.2 亿笔。

经过多年的持续发展，上海证券市场已成为中国内地首屈一指的市场。截至 2012 年年底，上交所共有上市公司 954 家，2012 年新上市 26 家；上市股票数 998 只；股票市价总值 158 698.44 亿元；流通市值 134 294.45 亿元；上市公司总股本 24 617.62 亿股，流通股本 19 521.34 亿股，流通股本占总股本的 79.30%。一大批国民经济支柱企业、重点企业、基础行业企业和高新科技企业通过上市，既筹集了发展资金，又转换了经营机制。

深交所：深交所成立于 1990 年 12 月 1 日，为证券集中交易提供场所和设施，组织和监督证券交易，履行国家有关法律、法规、规章、政策规定的职责，实行自律管理的法人，由中国证监会监督管理。深交所的主要职能包括提供证券交易的场所和设施；制定业务规则；接受上市申请、安排证券上市；组织、监督证券交易；对会员进行监管；对上市公司进行监管；管理和公布市场信息；中国证监会许可的其他职能。

深交所以建设中国多层次资本市场体系为使命，全力支持中国中小企业发展，推进自主创新国家战略实施。2004 年 5 月，中小企业板正式推出；2006 年 1 月，中关村科技园区非上市公司股份报价转让开始试点；2009 年 10 月，创业板正式启动，多层次资本市场体系架构基本确立。深交所坚持从严监管根本理念，贯彻"监管、创新、培育、服务"八字方针，努力营造公开、公平、公正的市场环境。

专题 7.3

厉股份 VS 吴市场

厉以宁：（1930～），江苏仪征人，经济学家，北京大学教授。1951 年考入北京大学经济学系，1955 年毕业后留校工作。1985～1992 年任北京大学经济管理系主任，1993～2005 年任北大光华管理学院（原名工商管理学院）院长，并在全国人大专门委员会担任职务。

厉以宁在国内的经济学界享有盛名，因其在 20 世纪 80 年代较早提出对产权不清晰的国有企业和集体企业进行大规模股份制改造的构想，被经济学界冠以"厉股份"的绰号。

在中国经济改革之初，厉以宁就提出了用股份制改造中国经济的构想，包括用股份制改造国有企业、集体企业、乡镇企业及其他所有权不明晰的企业。这一理论和政策主张在中国经济改革实践中被证明是行之有效的，因而得到理论界与政策制定者的广泛接受。他的许多理论与政策主张都对中国经济改革与经济发展产生了重要影响。

吴敬琏：（1930～）江苏省南京市人，1954 年毕业于上海复旦大学经济系，现任国务院发展研究中心研究员、中国人民政治协商会议全国委员会常务委员兼经济委员会副主任、北京大学经济学院教授等，1984～1992 年，连续五次获得中国"孙冶方经济科学奖"。

吴敬琏因提出社会主义市场经济理论而被称为"吴市场"。1989 年春夏之际，中国发生了一场大动荡。在整个年度里，经济发展的速度降到了 1978 年以来的最低点。经济局势的动荡，使意识形态的争论变得非常敏感。就是在这样的大环境中，几年前已经尘埃落定的"商品经济"与"计划经济"之争再次被摆上台面。在这场充满了火药味的、决定中国经济方向的大论战中，吴敬琏认为对于改革中出现的问题，应当用新办法，扩大市场的作用。

日后吴敬琏在接受采访时多次谈及，"'吴市场'对我完全不是美称，当时是很厉害的贬义：'和中央不保持一致'"。（吴晓波）

7.1.3 国企改革创新阶段：建立现代企业制度（1993～）

1993 年 11 月，中共十四届三中全会通过了《中共中央关于建立社会主义市场经济体制若干问题的决定》，明确提出国有企业的改革方向是建立"产权清晰、权责明确、政企分开、管理科学"的现代企业制度。通过建立现代企业制度，力求使企业成为自主经营、自负盈亏、自我发展、自我约束的法人实体和市场竞争主体[3]。1994 年，国务院选定 100 家国有大中型企业进行建立现代企业制度的试点，各地各部门也选择了 2 000 多家企业试点。在已经改制的 1 989 家企业中，71.9％的企业组成了董事会，63％的企业成立了监事会，总经理由董事会聘任的达到 61％。

1. 国有企业战略性改组（1993～2002 年）

随着市场化改革的推进，大量国有企业由于机制缺陷，不能适应市场而陷入困境。中央进一步提出国有企业战略性改组思想，以解决国有企业所面临的各种困境[4]。

1995 年开始，中国国有企业改革的思路发生重要转变，"整体搞活"的思路逐步取代了"单个搞活"的思路，居主导地位，从单个企业试点转向对整个国有经济进行改革。1995年 9 月，中共十四届五中全会明确指出，"要着眼于搞好整个国有经济，通过存量资产的流动和重组，对国有企业实施战略性改组。这种改组要以市场和产业政策为导向，搞好大的，放活小的，把优化国有资产分布结构、企业结构同优化投资结构有机结合起来，择优扶强、优胜劣汰"。1996 年，国家确定重点抓好在各行业、各领域起主导作用的 300 家大企业，1997 年扩大到 512 家。这些企业虽然户数只占独立核算国有工业企业的 0.8%，但销售收入、实现利税分别占到 61% 和 85%，对国有工业增长的贡献率高达 88%。

1997 年，中央提出用三年左右的时间解决国有企业全面脱困问题，"抓大放小""战略性改组"改革加速推进，进一步从战略上调整国有经济布局和抓大放小的方针，从整体上搞活国有经济，发挥国有经济的主导作用。需要国有经济控制的重点行业和领域主要包括涉及国家安全的行业、自然垄断的行业、提供重要公共产品和服务的行业及支柱产业和高新技术产业中的重要骨干企业。

2. 建立国有资产管理体制（2003～）

2002 年，党的十六大提出在坚持继续调整国有经济的布局和结构的改革方向的基础上，进一步明确中央企业的定位，即关系国民经济命脉和国家安全的大型国有企业、基础设施和重要自然资源等，由中央政府代表国家履行出资人职责，建立国有资产管理体制。

2003 年 3 月，国资委正式成立，将关系国民经济命脉和国家安全的大型国有企业、基础设施和重要自然资源纳入管辖范围。截至 2007 年年底，全国地方级国有资产监管机构与组织体系的组建工作基本完成。国资委以《企业国有资产监督管理暂行条例》为依据，共制定了企业改制、产权转让、资产评估、业绩考核、财务监管等 16 个规章和 40 余件规范性文件，各地共出台 1 000 多件地方性法规和规章制度，国有资产监管的法规体系基本形成。在实际操作中，国有企业通过联合、兼并、改组等多种方式逐步向关系国家经济命脉的重要行业和关键领域集中，而在一般竞争性行业中逐渐退出，力求达到"国退民进"的目标[5]。与其同时，关于"国退民进"过程中出现的问题和争议一直存在，著名的"郎顾之争"是一个具有代表性的案例，具体请参照专题 7.4。

如图 7.2 和图 7.3 所示，自 2003 年国资委成立以来，国有控股企业及国有工业企业的数量呈现明显下降趋势。但从图 7.4 可以看出，国有控股工业企业的利润有了显著提升，利润总额从 2003 年的 3 836.2 亿元上升到 2011 年的 16 457.57 亿元。图 7.5 选取了国有企业中有代表性的煤炭开采和洗选业，烟草制造业，石油和天然气开采业，电力、热力的生产和供应业，交通运输设备制造业 5 个具有垄断性质的行业，从图 7.5 中可以看出，2003～2011 年以上五个垄断性行业的企业单位数基本稳定，这一稳定趋势也说明对关系国民经济命脉的行业仍由国家控股的鲜明特征。

作为 2015 年全面深化改革的重头戏之一，国企改革备受瞩目。2013 年十八届三中全会是本轮国企改革的起点，至今已有二十多个省市地区公布了国企改革方案。中央和地方多家企业的试点，提升了国有企业自身改革的主动性，国企改革顶层方案的出台时机日趋成熟。中央各部门对国企改革的总体原则等方面取得更多共识，预计混合所有制改革、国资管理和运营体制改革、公司治理结构改革和市场化选聘机制的建立将是 2015 年改革推

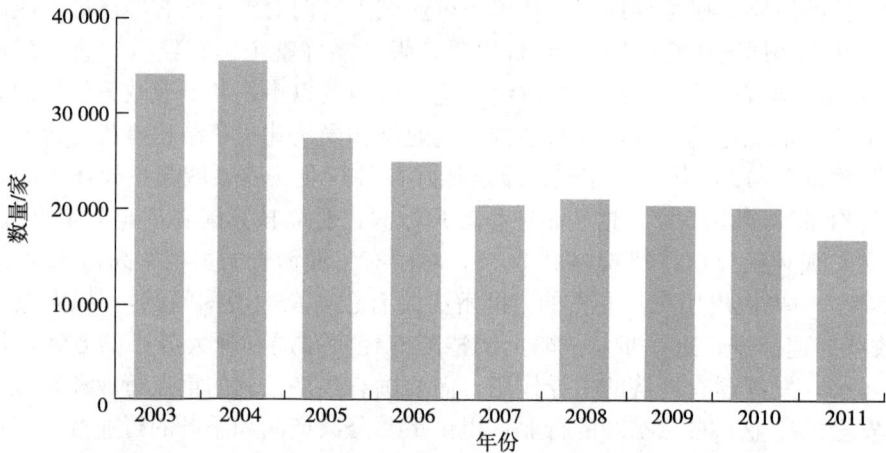

图 7.2　国有控股工业企业单位数

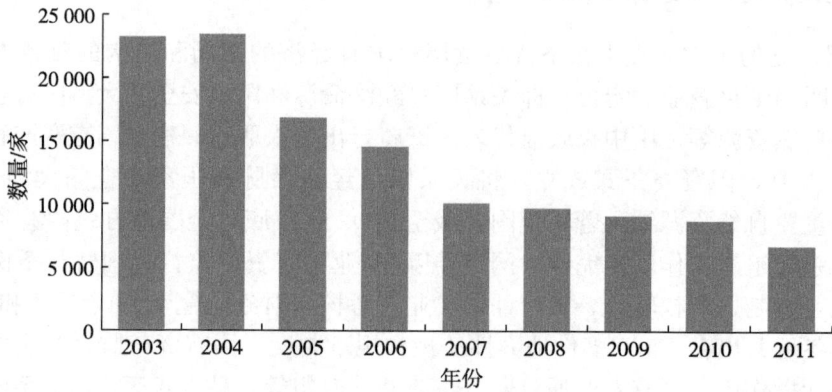

图 7.3　国有工业企业单位数

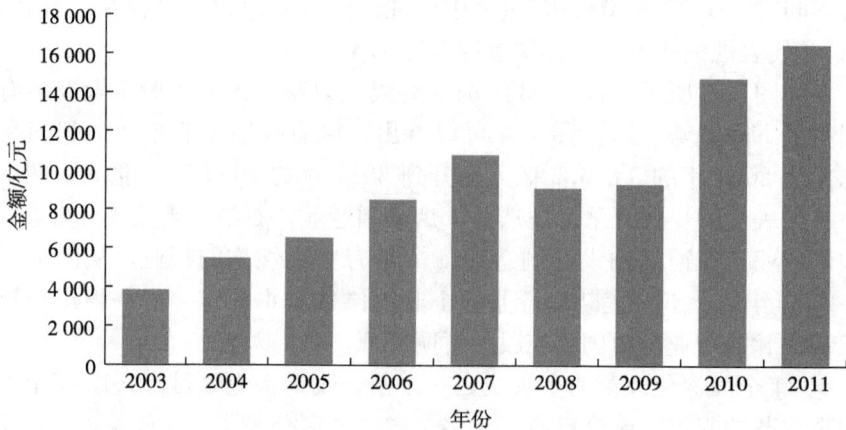

图 7.4　国有控股工业企业利润总额

进的重点方向，国企改革整体进程有望再次加速。

　　历次国企改革的时间及主要内容如表 7.1 所示，同时，表 7.2 也给出了改革试点中的

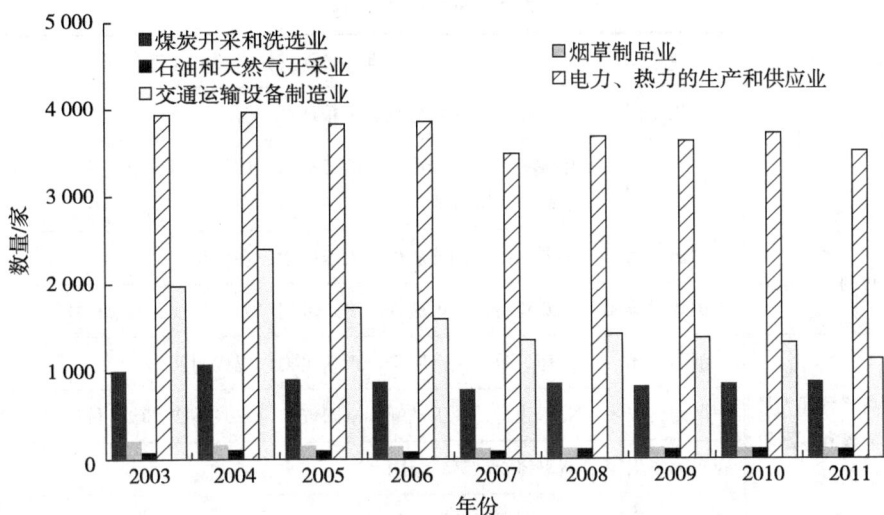

图 7.5　不同行业国有控股工业企业单位数

注：1998～2006 年，规模以上工业是指全部国有及年主营业务收入达到 500 万元及以上的
非国有工业法人企业；从 2007 年开始，按照国家统计局的规定，规模以上工业的统计范围
为年主营业务收入达到 500 万元及以上的工业法人企业；2011 年经国务院批准，纳入规
模以上工业统计范围的工业企业起点标准从年主营业务收入 500 万元提高到 2 000 万元

资料来源：国家统计局

具体集团和企业名单。

表 7.1　历次国企改革的时间及主要内容

时间	主要内容
1997 年：十五大报告	公有制经济不仅包括国有经济和集体经济，还包括混合所有制经济中的国有成分和集体成分
1999 年：十五届四中全会	国有大中型企业尤其是优势企业，宜于实行股份制的，要通过规范上市、中外合资和企业互相参股等形式，改为股份制企业，发展混合所有制经济
2002 年：党的十六大报告	除极少数必须由国家独自经营的企业外，积极推行股份制，发展混合所有制经济
2003 年：十六届三中全会	进一步增强公有制经济的活力，大力发展国有资本、集体资本和非公有资本等参股的混合所有制经济，实现投资主体多元化，使股份制成为公有制的主要实现形式。需要由国有资本控股的企业，应按情况实行绝对控股或相对控股
2007 年：党的十七大报告	以现代产权制度为基础，发展混合所有制经济
2013 年：十八届三中全会	国有资本、集体资本、非公有资本等交叉持股、相互融合的混合所有制经济是基本经济制度的重要实现形式；国有资本投资项目允许非国有资本参股；允许企业员工持股，形成资本所有制和劳动者利益共同体；鼓励发展非公有资本控股的混合所有制企业

表7.2　改革试点企业

改革试点内容	试点集团	旗下参股或控股A股上市公司
改革国有资本投资公司试点	中粮集团	中粮屯河、中粮生物、中粮地产
	国投集团	中成股份、国投中鲁、国投电力、国投新集、中纺投资、津膜科技、立思辰、福瑞股份
发展混合所有制经济试点	国药集团	国药一致、国药股份、天坛生物、现代制药
	中国建材集团	北新建材、中国玻纤、洛阳玻璃、方兴科技、瑞泰科技
董事会行使高级管理人员选聘、业绩考核和薪酬管理职权试点	国药集团	国药一致、国药股份、天坛生物、现代制药
	中国建材集团	北新建材、中国玻纤、洛阳玻璃、方兴科技、瑞泰科技
	新兴际华集团	新兴铸管、际华集团
	中国节能集团	烟台万润、启源设备

专题7.4

郎顾之争与科斯定理

　　郎咸平：1956年生于台湾，1986年，他以创世界纪录的两年半时间连续拿下美国宾夕法尼亚大学沃顿商学院的金融学硕士和博士学位，2001年开始重点研究中国大型国有企业的产权改革问题。2004年8月9日，郎咸平在复旦大学发表《格林柯尔：在"国退民进"的盛宴中狂欢》的演讲，揭露顾雏军在收购活动中卷走国家财富。郎咸平表示，经过3个多月的研究，他和他的学生发现，顾雏军先后收购了科龙、美菱、亚星客车、ST襄轴4家公司，向外界宣传投资41亿元，但实际投资仅为3亿元。郎咸平称，顾雏军的运作手段往往是通过接入被收购公司管理层后，大幅度提高企业运营费用，提高公司亏损幅度，进而压低收购价格来实现。

　　顾雏军：1959年生于江苏泰县，毕业于天津大学动力工程系，是格林柯尔集团的创始人，顾氏制冷剂的发明者，旗下控制科龙电器等五家上市公司。2005年登上第二届"胡润资本控制50强"榜首。2005年9月被正式批捕。2008年因虚假注册、挪用资金等罪名一审获判有期徒刑十年。2012年9月6日，顾雏军提前获释，9月14日，在北京朝阳区举办新闻发布会，头戴白纸高帽，上面写着"草民完全无罪"。发布

会上，顾雏军发放了长达 27 页的举报信、新闻稿、存储了多份判决书的光盘。对于"郎顾之争"，有支持郎咸平一派的声音，也有对郎咸平的观点表示质疑的一方。

北京大学中国经济研究中心教授周其仁，对郎咸平对格林柯尔的指控表示质疑。周其仁表示，郎咸平所说的顾雏军通过进入被收购公司，当上董事长，掌控资产转让定价权，进而压价卖给自己的收购方法"不靠谱"。周其仁认为科龙的主要教训是没有从根本上发起并完成产权改革。

对于民营企业的地位，北京大学教授张维迎认为，国企改革过程，特别是"国退民进"的过程是创造财富的过程，而不是瓜分财富的过程。他提出"不要妖魔化中国企业家"，国家和社会应感谢民营企业，政府也应该感谢民营企业家。如果没有民营企业家创造的就业机会，如果没有民营企业家创造的税收和其他财富，社会不会这么稳定。

美国耶鲁大学管理学院金融学终身教授陈志武对"国退民进"中是否存在国有资产流失问题的看法是，在今天这样一个缺乏监督、缺乏实质性制约的体系下，不发生问题反而奇怪了[6]。

"郎顾之争"的背后涉及国企改革的核心，即产权问题，也反映出在改革过程中遇到的种种困难及挑战。国企改革仍需不断推进，与之相随的也应是配套的法律、体制、机制的完善。

罗纳德·哈利·科斯（Ronald Harry Coase）（1910～2013 年），生于英国伦敦，经济学家，交易成本理论、科斯定理（Coase theorem）与科斯猜想的提出者，对产权理论、法律经济学与新制度经济学有极大贡献，1991 年获得诺贝尔经济学奖。其著名论文《企业的性质》，以交易成本概念解释企业规模；《社会成本问题》主张为完善产权定界可以解决外部性问题。

科斯定理描叙一个经济体系内部的资源配置与产出，在外部性存在的情形下，其经济效率所可能受到的影响。科斯是在考虑无线电广播频率时发展出科斯定理的。他发现，两家广播电台假如在同一个频段广播，便可能互相干扰，而管理者则必须将各个频段以最有效率的方式分配给不同的广播电台，从而消除电台之间的干扰。科斯的定理认为，只要对频率的产权界定清楚，那么无论频率在初始阶段如何分配，市场最终都会达到最有效率的状态。过程如下：在两家存在争议的电台之间，即使从争议频段中可以获得更大利益的电台甲对该频段没有产权，他也有足够的诱因向另一家电台乙购买或租用该频段的使用权，因为甲为了拿到频段而愿意付出的金额必定大于乙为了放弃频段而愿意接受的金额。因此，频段的初始分配会影响到两家电台的盈亏状况，却改变不了频段达到最有效率的分配状态的必然结果。

7.2　中国民营企业发展进程

自 1978 年改革开放以来，我国民营经济经历了从无到有、从小到大、从少到多的发展历程。起步于个体经济，成长于私营经济的民营经济在三十年的发展中迸发出新的生命力。本节简要回顾 1978 年至今我国民营企业的发展，并结合具体案例展示出一幅多彩的民营企业发展画卷。

1. 民营企业的初步发展（1978～1991 年）

1978 年 12 月 13 日，邓小平同志在十一届三中全会上发表"解放思想，团结一致向前看"的讲话，提出"让一部分人先富起来"。1982 年 12 月 4 日，五届人大第五次会议通过的新宪法中明文规定，"在法律规定范围内的城乡劳动者个体经济是社会主义公有制经济的补充，国家保护个体经济的合法权利和利益"，正式确立了新时期个体经济的法律地位。1987 年，中共中央在《把农村改革引向深入》中第一次正式肯定了私营企业存在的必要性和积极性。

民营经济的初期探索也经历了曲折的发展。自 1989 年，民营企业进入低潮时期。直到 1992 年，邓小平的南方谈话和党的"十四大"充分肯定了改革开放的历史成就，确立了建立社会主义市场经济体制的改革目标，民营企业又迎来一个新的春天。同年，党的十四大明确提出我国经济体制改革的目标是建立社会主义市场经济体制，并提出"在所有制结构上，以公有制包括全民所有制和集体所有制经济为主体，个体经济、私营经济、外资经济为补充，多种经济成分长期共同发展，不同经济成分还可以自愿实行多种形式的联合经营"。

20 世纪 80 年代起，公有制一统天下的局面被打破，个体私营经济开始迅速发展起来，如表 7.3 和表 7.4 所示，1978 年全国个体经营户仅为 15 万户，到 1992 年个体经营户已达到 1 534 万户，就业人数 2 468 万人，注册资金 601 亿元。私营经济从 1988 年的 4 万户发展到 2012 年的 1 086 万户，注册资金从 1992 年的 221 亿元增长至 2012 年的 310 000 亿元。

表 7.3　1978～2007 年全国个体经济发展状况

年份	户数/万户	人数/万人	注册资金/亿元
1978	15	15	
1988	1 455	2 300	
1992	1 534	2 468	601
2002	2 377	4 743	3 782
2007	4 059	80	19 800

表 7.4　1978～2012 年全国私营经济发展状况

年份	户数/万户	人数/万人	注册资金/亿元
1978	0		
1988	4	70	
1992	14	232	221

续表

年份	户数/万户	人数/万人	注册资金/亿元
2002	243	3 409	24 756
2012	1 086	12 000	310 000

资料来源：《中共中央关于完善社会主义市场经济体制若干问题的决定》辅导读本．北京：人民出版社，2003；《中共中央关于全面深化改革若干重大问题的决定》辅导读本．北京：人民出版社，2013

　　私营经济在发展中受到很多争论，其中，"傻子"瓜子的发展具有一定代表性，具体见专题7.5。

专题 7.5

"傻子"年广九[7]

　　1979 年，安徽芜湖一个自称"傻子"的商贩——年广九，炒得一手好瓜子，由于生意火爆，他雇佣了 12 个工人。而《资本论》中论述，"雇工到了 8 个就不是普通的个体经济，而是资本主义经济，是剥削"。那么，这个"傻子"商贩算不算资本家？这给中国的理论家出了一个难题。到 1982 年，"傻子"瓜子工厂已雇佣 105 个工人，日产瓜子 9 000 千克，关于"个体户到底雇几个人算是剥削"的争论还在继续。最后，邓小平结束了这场意识形态的争论，在中国中央政治局的讨论会议上，提出对私营企业采取"看一看"的方针。

　　邓小平文选中一共三次提到"傻子"年广九。1982 年的第一次，年广九一夜成名。第二次是在 1984 年，邓小平明确提出对"傻子瓜子"的处理方针，把"傻子瓜子"上升到个体经济发展的高度。他说道："还有些事情用不着急于解决，前些时候那个雇工问题呀，大家担心得不得了。我的意思是放两年再看。那个会影响到我们的大局吗？如果你一动，群众说政策变了，人心就不安了。你解决一个'傻子瓜子'，就会变动人心，没有益处。让'傻子瓜子'经营一段时间，怕什么？伤害了社会主义吗？"第三次是 1992 年邓小平南方谈话，邓小平把"傻子瓜子"提高到事关改革全局的高度，"农村改革初期，安徽出了个'傻子瓜子'问题。当时许多人不舒服，说他赚了 100 万元，主张动他。我说不能动，一动人们就会说政策变了，得不偿失"。

2. 民营企业的稳步发展（1992～2002 年）

　　从 1992 年党的十四大到 2002 年党的十六大，中国民营经济发展驶入了快车道，并真正融入了社会主义现代化建设的进程。1997 年党的十五大把以公有制为主体、多种所有制经济共同发展，确立为我国社会主义初级阶段的一项基本经济制度，并明确提出非公有制经济是社会主义市场经济的重要组成部分。1999 年九届全国人大二次会议通过的宪法修正案规定，"在法律规定范围内的个体经济、私营经济等非公有制经济，是社会主义市场经济的重要组成部分"。党对非公有制经济认识上的这一重大突破，为非公有制经济的发展提供了理论和制度保证，注入了强劲动力。

从1992年至2002年，民营经济逐步成为国民经济新增长点中的亮点。私营企业户数从近14万户增加到243.5万户，增长了约16倍，年均增长约30%，注册资金由221亿元增加到24 756亿元，增长了约111倍，年均增长约54%；从业人员从232万人增至3 409万人，增长了近14倍；税收从4.5亿元增加到945.6亿元，增长了约209倍，年均增长约63%。从1992年至2002年，全国个体工商户户数由1 543万户发展到2 378万户，资金数额由601亿元增加到3 782亿元，从业人员由2 468万人增加到4 743万人。

在民营经济的不断发展中，出现了一些有思想的企业家，史玉柱就是其中一位较具传奇色彩的企业家，具体请见专题7.6。同时，国内许多民营企业也在不断开拓海外市场，专题7.7介绍了我国汽车业最大的一次海外并购。

专题7.6

"巨人"史玉柱

"史玉柱绝对是当今中国商界最具争议和最具传奇色彩的人物。"

——新浪网评

1989年，史玉柱给《计算机世界》打电话，拿自己凑来的4 000元钱试图做一笔交易：《计算机世界》为史玉柱花费9个月时间研制的M-6401桌面排版印刷系统软件做广告，但要求是先打广告再付费。这一赌博式的做法，使史玉柱在4个月后成为年轻的百万富翁。史玉柱随后推出M-6402汉卡。1991年，巨人公司成立，推出M-6403汉卡。1992年，史玉柱带领100多名员工落户珠海，巨人公司迅速发展起来，资产规模很快接近3亿元。然而，就在这段时间，西方16国集团组成的巴黎统筹委员会解散，西方国家向中国出口计算机的禁令失效，惠普、国际商业机器公司（International Business Machines Corporation，IBM）、康柏等国际电脑公司大举入境，被称为中国硅谷的北京中关村一时风声鹤唳，电脑行业面临重新洗牌。在竞争危机之下，史玉柱提出了"二次创业"的总体目标：跳出电脑产业，走多元化扩张道路，以寻求发展、解决矛盾。

首先，史玉柱提出要建"全国第一高楼"——巨人大厦，珠海市政府给予了大力支持，征用的地价从每平方米1 600元直降到350元。同时，史玉柱的团队想出了一个比贷款更容易的融资方法——去香港卖楼花。顶着满头的光环，巨人大厦的楼花在香港卖得火爆，每平方米被炒到1万多港币，史玉柱一下圈进1.2亿元。

"二次创业"的第二个目标是保健品和药品产业，史玉柱宣布斥资5亿元，在一年内推出上百个新产品。

　　1996 年，巨人大厦资金告急，史玉柱决定将保健品方面的全部资金调往巨人大厦，保健品市场迅速衰败。1997 年，巨人大厦仍未能按期完工，只建至地面三层的巨人大厦停工，巨人集团名存实亡。

　　2000 年，史玉柱再度创业，开展脑白金业务，并在珠海收购巨人大厦楼花。2007 年 11 月 1 日，史玉柱旗下的巨人网络集团有限公司成功登陆美国纽约证券交易所，总市值 42 亿美元，融资额 10.45 亿美元，成为在美国发行规模最大的中国民营企业。2008 年 10 月 28 日，史玉柱创办的巨人投资公司在北京人民大会堂宣布正式开辟在保健品、银行投资、网游后的第四战场——保健酒市场，并推出世界第一款功能名酒——五粮液黄金酒。

　　之后，史玉柱又先后投资教育咨询机构、幼儿园等项目。

　　2013 年 4 月 9 日，史玉柱因个人原因辞去巨人网络首席执行官一职。史玉柱从 20 世纪 80 年代开始的多元化投资及其传奇经历，至今仍让人津津乐道。

3. 民营企业的新发展（2003～）

　　2003 年至今，各种所有制平等竞争、相互促进的新格局正在形成，民营经济发展进入历史新阶段。

　　党的十六大明确提出，"必须毫不动摇地巩固和发展公有制经济，必须毫不动摇地鼓励、支持和引导非公有制经济发展"。党的十六届三中全会提出消除体制性障碍、放宽非公有制经济的市场准入。十六届四中全会提出把坚持公有制为主体、促进非公有制经济发展，统一于社会主义现代化建设的进程中，在市场竞争中相互促进、共同发展。党的十七大提出，"平等保护物权，形成各种所有制经济平等竞争、相互促进新格局"；"推进公平准入，改善融资条件，破除体制障碍，促进个体、私营经济和中小企业发展"。2004 年全国人大十届二次会议通过的《中华人民共和国宪法修正案》规定，"国家保护个体经济、私营经济等非公有制经济的合法权利和利益。国家鼓励、支持和引导非公有制经济的发展，并对非公有制经济依法实行监督和管理"。2005 年国务院颁布了《关于鼓励支持和引导个体私营等非公有制经济发展的若干意见》，这是新中国成立以来第一部全面促进非公有制经济发展的政策性文件。目前，党和国家关于促进非公有制经济发展的方针政策和法律法规体系已基本形成。

　　进入 21 世纪以来，民营经济在中国经济与社会中的地位和作用发生了历史性变化。2007 年，全国共有私营企业 551 万户，个体工商户 2 741.5 万户，私营企业占全国企业总数的 61%，是数量最多的企业群体；私营企业注册资本 93 873 亿元，比 2002 年增加 69 117 亿元，增长 279%；个体工商户资金数额为 7 350.7 亿元，比 2002 年增加 3 568.7 亿元，增长 94%；规模以上私营工业企业利润从 2002 年的 490 亿元增加到 2007 年的 4 000 亿元，5 年增长 7 倍，年均增长 52%。

　　民营企业家也在更多地参与到国家政治生活中。十八大代表中有 34 位来自民营企业，比起十六大时的 7 名，十七大时的 17 名有了大幅提高。民营企业在零售业、计算机通信等各个行业发展迅速，表 7.5 展示了 2014 年中国民营企业 500 强（前 10 强的名单）。

表 7.5　2014 年中国民营企业 500 强（前 10 强名单）（单位：万元）

排名	企业名称	省市	所属行业名称	营业收入总额
1	苏宁控股集团	江苏	零售业	27 931 265
2	联想控股有限公司	北京	计算机、通信和其他电子设备制造业	24 403 077
3	山东魏桥创业集团有限公司	山东	纺织业	24 138 650
4	华为投资控股有限公司	广东	计算机、通信和其他电子设备制造业	23 902 500
5	正威国际集团有限公司	广东	有色金属冶炼和压延加工业	23 382 562
6	江苏沙钢集团有限公司	江苏	黑色金属冶炼和压延加工业	22 803 606
7	中国华信能源有限公司	上海	批发业	20 998 533
8	大连万达集团控股有限公司	辽宁	房地产业	18 664 000
9	浙江吉利控股集团有限公司	浙江	汽车制造业	15 842 925
10	万科企业股份有限公司	广东	房地产业	13 541 879

专题 7.7

吉利收购沃尔沃：中国汽车行业最大的一次海外并购

2010 年 8 月 2 日，浙江吉利控股集团有限公司（简称吉利控股集团）完成对福特汽车公司旗下沃尔沃轿车公司的全部股权收购。

李书福表示："对吉利控股集团来说，这是具有重要历史意义的一天，我们对能够成功收购沃尔沃轿车公司感到非常自豪。这一瑞典世界级知名豪华汽车品牌将坚守其安全、质量、环保和现代北欧设计这些核心价值，继续巩固和加强沃尔沃在欧美市场的传统地位，积极开拓包括中国在内的新兴国家市场。"

沃尔沃轿车公司新任总裁兼首席执行官斯蒂芬·雅克布先生表示："我很荣幸能够加入这个极具发展潜力的著名公司。我们所有的员工、供应商、经销商，特别是我们的客户完全可以相信，沃尔沃将继续保持其在汽车安全和创新上的行业领先地位，这一点在开辟新市场的过程中不会改变。"

吉利控股集团在 2010 年 3 月 28 日签署股权收购协议时宣布，同意以 18 亿美元的价格收购沃尔沃轿车公司，其中 2 亿美元以票据方式支付，其余以现金方式支付。在新的所有权下，沃尔沃轿车将会保留其瑞典总部以及在瑞典和比利时的生产基地，在董事会授权下，管理层将拥有执行商业计划的自主权。作为交易的组成部分，沃尔沃轿车与福特将继续保持密切的零部件相互供应关系，确保彼此之间继续提供对方需要的零部件。

专题 7.8

"双十一"的狂欢

阿里巴巴集团 2014 年 11 月 12 日零点公布的数据显示，2014 年"双十一"全球网购狂欢交易额达到 571 亿元人民币，217 个国家和地区的网民参与其中，共产生 2.78 亿个物流订单，刷新全球网上零售纪录。阿里巴巴的股票也因为"双十一"购物狂欢节的到来而连续大涨，周一盘中最高触及 119.45 美元的上市以来新高，其市值也首次超过 3 000 亿美元。

从 2012 年"双十一"191 亿元的交易额，到 2013 年的 350.19 亿元，再到 2014 年的 571 亿元，阿里巴巴在创造一个电商的奇迹。

阿里巴巴成就了千万创业者。对于草根创业者而言，他们追求的是资金、平台和渠道、消费者的信任，阿里巴巴有效地解决了这些问题。截止到 2013 年年底，阿里巴巴共向 642 000 个草根创业者提供资金，总金额达 1 722 亿元，平均 6.7% 的年利率，基本上等同于银行对大客户的基本利率，直接解决了草根创业者的资金困难。支付宝的产生解决了消费者对草根创业者的不信任问题。2014 年第一季度，通过支付宝的支付金额高达 3.87 万亿元，日均支付量 106 亿元，是中国日零售总额的 1/6。

7.3 中国外资企业的发展

1. 外资企业的起步阶段(1979~1991 年)

中国外资经济的发展是伴随着改革开放的，1979 年 1 月，邓小平在同几位工商界领导人的谈话中指出："现在搞建设，门路要多一点，可以利用外国的资金和技术，华侨、华裔也可以回来办工厂。"

1979 年 7 月五届人大二次会议通过了《中华人民共和国中外合资经营企业法》。此后，中国又陆续制定了《中华人民共和国外资企业法》《中华人民共和国中外合作经营企业法》等，以及有关实施条例和细则。这些法律法规为中国吸引和利用外资提供了基本的法律依据，也为营造一个有利于外商投资的环境奠定了基础。1979~1982 年 4 年间，中国实际使用外资金额仅为 17.69 亿美元，国内动荡的政治、经济环境使外商对中国的投资环境充满质疑。

在 20 世纪 80 年代，中国的外资利用呈逐年上升趋势。1984 年 6 月，邓小平在会见一个日本的代表团时指出："吸收外国资金肯定可以作为中国社会主义建设的重要补充，今天看来可以说是不可缺少的补充。"1984 年 10 月，中共十二届三中全会通过了《中共中央关于经济体制改革的决定》，其中利用外资被列为对外开放的重要内容，指出："利用外资，吸引外商来中国举办合资经营企业、合作经营企业和独资企业，也是对中国社会主义经济必要的有益的补充。"

2. 外资企业的深入发展（1992～2001年）

1992年10月，中共十四大报告明确提出："利用外资的领域要拓宽，采取更加灵活的方式，继续完善投资环境，为外商投资经营提供更方便的条件和更充分的法律保障。按照产业政策，积极吸引外商投资，引导外资主要投向基础设施、基础产业和企业的技术改造，投向资金、技术密集型产业，适当投向金融、商业、旅游、房地产等领域。"

1993年11月，中共十四届三中全会通过了《关于建立社会主义市场经济体制若干问题的决定》，提出要"改善投资环境和管理办法，扩大引资规模，拓宽引资领域，进一步开放国内市场，创造条件对外商投资企业实行国民待遇，依法完善对外商投资企业的管理，发挥我国资源和市场的比较优势，吸引外来资金和技术，促进经济发展"。

在各项政策的鼓励下，从1993年开始，外商对华投资势头更猛、规模更大，形成了一个利用外资的浪潮[8]。如图7.6所示，1992年实际利用外商投资金额为192亿美元，到1993年增长至389.6亿美元，约是1992年的2倍。

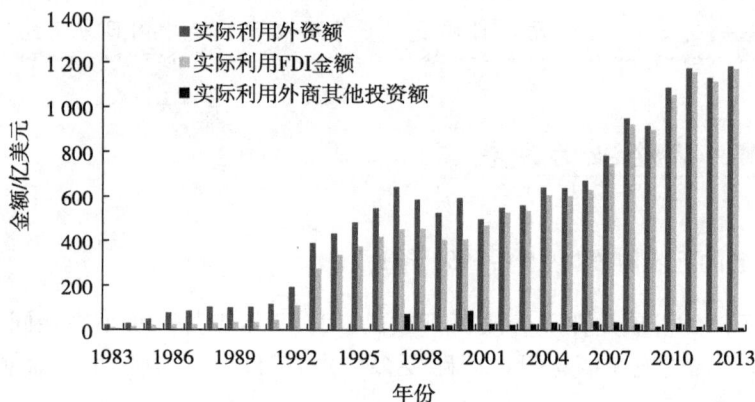

图7.6   1983～2013年我国实际利用FDI情况
资料来源：国家统计局

1995年6月，国务院批准发布《指导外商投资方向暂行规定》和《外商投资产业指导目录》。1997年12月，国务院批准了对《外商投资产业指导目录》的修订，对外商投资鼓励类、限制类、禁止类项目做出规定，进一步明确了鼓励外商投资的方向，促进了外商投资的积极性，我国利用外资的实践得到健康发展。

3. 外资企业发展新时期（2002～）

2001年12月11日中国正式加入WTO，颁布了新修订的《指导外商投资方向规定》和《外商投资产业指导目录》。2002年11月召开的中共十六大提出，"进一步吸引外商直接投资，提高利用外资的质量和水平"。

2003年中国颁布了《鼓励外商投资高新技术产品目录》。随着对外开放不断扩大和加入WTO过渡期的结束，2004年和2007年，中国又两次对《外商投资产业指导目录》进行修订。特别是《外商投资产业指导目录（2007 年修订）》在 2004 年版的基础上，进一步扩大了开放领域，尤其鼓励发展节能环保产业，这与限制"两高一资"（即高污染、高能耗和资源性）产品生产和出口政策措施是一致的。同时，积极促进贸易平衡和区域协调发展，在鼓励外商投资产业目录中不再列入"限于中西部地区"的条目。

我国三大产业在实际利用外资方面的差异较大，第三产业在实际利用外资金额及外资企业数方面占有较大优势。表 7.6、图 7.7 具体展示了 2013 年我国第一、二、三产业利用外资的情况。

表 7.6　2013 年我国第一、第二、第三产业利用外资情况

行业名称	企业数/家	比重/%	实际使用外资金额/亿元	比重/%
第一产业	757	3.32	18.00	1.45
第二产业	6 931	30.37	495.69	40.00
第三产业	15 131	66.31	725.42	58.55
总计	22 819	100	1 239.11	100

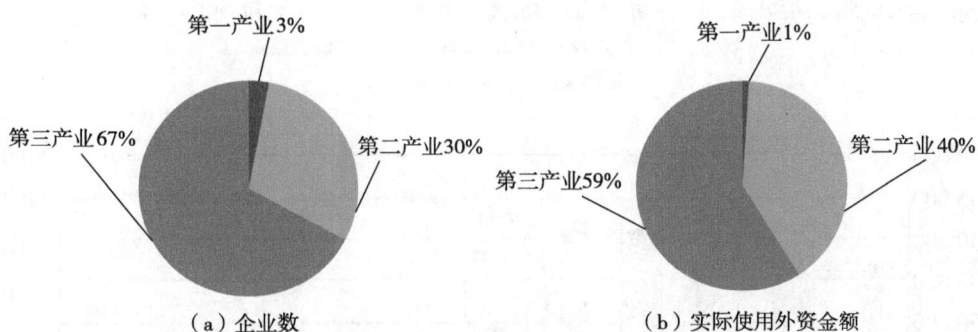

图 7.7　2013 年我国第一、第二、第三产业利用外资情况
资料来源：商务部外资统计

为促进中西部地区的发展，2000 年中国颁布了《中西部地区外商投资优势产业目录》。2004 年 7 月，对《中西部地区外商投资优势产业目录》进行了修订，以鼓励外商向中西部地区投资。如图 7.8 所示，截至 2013 年，外商投资企业 83.52% 集中在东部经济发达地区，西部地区仅为 5.86%。

目前，由于中国国内经济总体形势向好，国内的投资环境及需求状况得到极大改善，外资经济在我国得到了很好的发展，现已形成中外合资、中外合作、外资、外商投资股份制等多种类型的外资企业[9]，如图 7.9 所示。中国也成为外资偏好较强的国家，联合国贸易发展会议发布的《世界投资展望调查（WIPS）》列出了跨国公司投资者对投资目的地选择的排序，46% 的受访者选择中国内地，居于首位，前 10 名中有 6 个是发展中国家和地区，如图 7.10 所示。

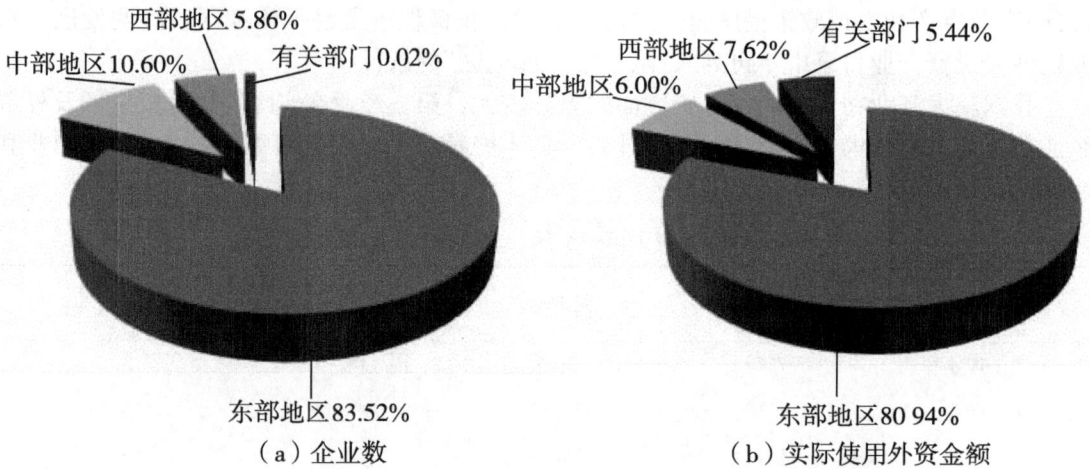

西部地区5.86%
中部地区10.60%
有关部门0.02%
东部地区83.52%
（a）企业数

西部地区7.62%　有关部门5.44%
中部地区6.00%
东部地区80 94%
（b）实际使用外资金额

图 7.8　截至 2013 年东、中、西部外资企业数及实际使用外资金额

注：有关部门项下包含银行、证券、保险行业吸收 FDI 数据；东部地区：北京、天津、河北、辽宁、上海、江苏、浙江、福建、山东、广东、海南；中部地区：山西、吉林、黑龙江、安徽、江西、河南、湖北、湖南；西部地区：内蒙古、广西、四川、重庆、贵州、云南、陕西、甘肃、青海、宁夏、新疆、西藏

资料来源：商务部外资统计

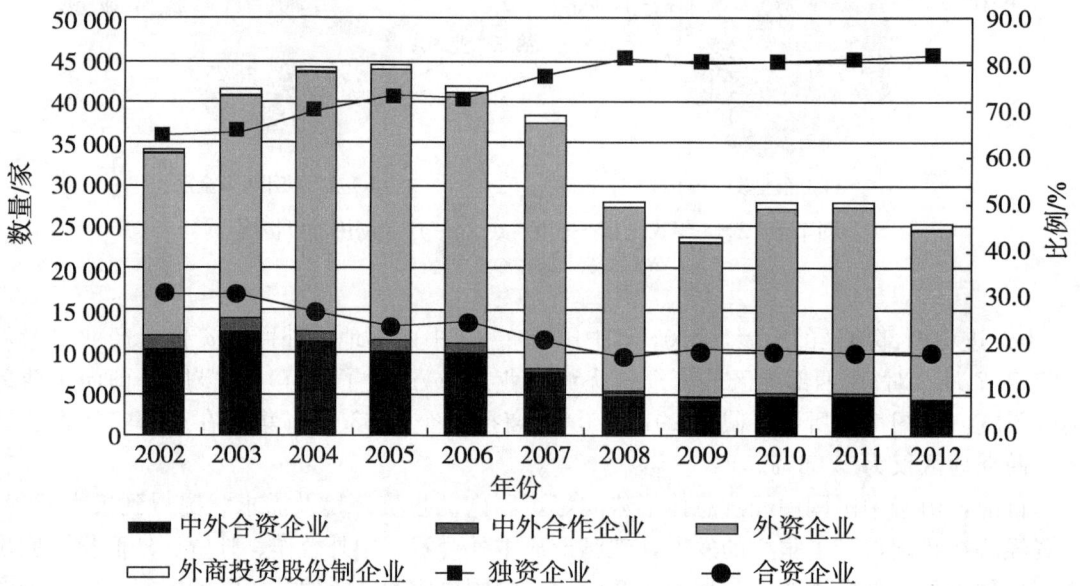

中外合资企业　　中外合作企业　　外资企业
外商投资股份制企业　　独资企业　　合资企业

图 7.9　外商投资企业类型：以项目数计算

资料来源：商务部外资统计

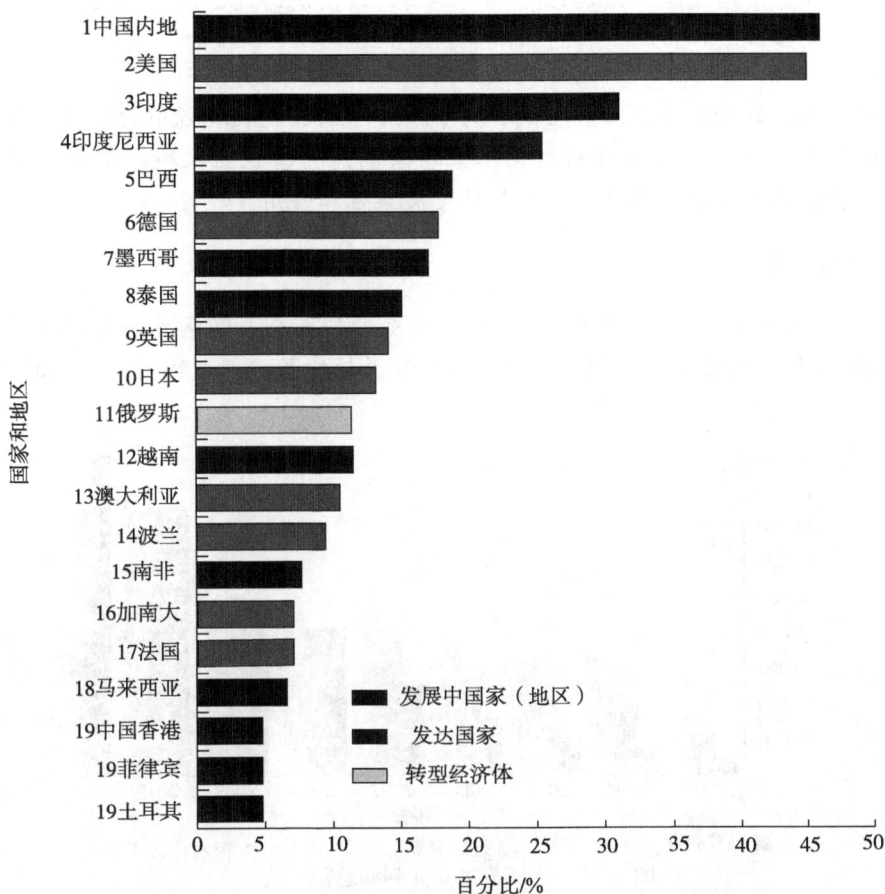

图 7.10　2013～2015 年跨国公司对投资目的地选择的排序

资料来源：联合国贸易发展会议调查报告，依据对首要目的地经济体的选择百分比排名

专题 7.9

中国(上海)自由贸易试验区

中国(上海)自由贸易试验区[China (Shanghai) Pilot Free Trade Zone](简称自贸区)于 2013 年 8 月 22 日经国务院正式批准设立，9 月 29 日上午 10 点正式挂牌开张，总面积 28.78 平方千米。

自贸区设立一年多来，围绕外商投资负面清单管理、贸易便利化、金融服务业开放、完善政府监管制度等，在体制机制上进行了积极探索和创新，形成了一批可复制、可推广的经验做法。党中央、国务院已决定在更大范围推开，推动实施新一轮高水平对外开放。

"建设好、管理好中国上海自由贸易试验区，形成可复制可推广的体制机制，并开展若干新的试点。扩展内陆沿边开放，让广袤大地成为对外开放的热土。"——摘自国务院李克强总理 2014 年两会《政府工作报告》第三部分"2014 年重点工作"。

专题 7. 10

国有企业、民营企业、外资企业的对比分析

国有企业、民营企业、外资企业作为中国市场经济发展过程中的重要主体，发挥着重要作用[10]。本专题通过分析对比三者在盈利能力、就业人数、工资、全社会固定资产投资方面的贡献，比较三个主体的发展地位和作用。

1. 盈利能力

如图 7.11 所示，2003～2011 年，民营企业、外资企业利润总额呈现逐年上涨趋势，在 2009 年，民营企业利润、外资企业利润总额均首次超过国有企业利润总额。

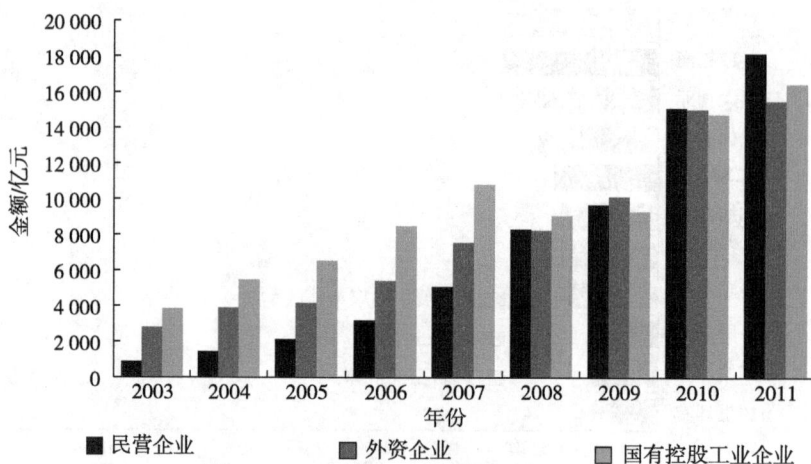

图 7.11　不同类型企业利润总额对比图

资料来源：国家统计局

在表 7.7 中，2014 年 1～9 月，在每百元资产实现的主营业务收入中，国有企业的 74.1 元远低于全国规模以上工业企业 122.6 元的平均水平，更远低于民营企业的 195.0 元。同时，国有企业的产成品存货周转天数也多于民营企业的天数。国有企业在一定程度还存在着经营质量不高、效率不高等问题。

表 7.7　2014 年 1～9 月规模以上工业企业质量效益情况

分类	每百元资产实现的主营业务收入/元	每百元主营业务收入中的成本/元	主营业务收入利润率/%	产成品存货周转天数/天
全国	122.6	86.04	5.52	13.7
民营企业	195.0	87.80	5.41	11.3
国有企业	74.1	82.66	5.84	15.2

2. 就业人数

"凡是民营经济发达的地方,下岗的人就少,民营经济发展慢的地方下岗人数就多。民营经济除了直接雇佣人才以外(直接就业),也创造了为其提供原材料、营销、交通运输等大量服务性就业岗位(间接就业)。"

——厉以宁

民营企业在创造就业方面发挥着重要作用。如图 7.12 和图 7.13 所示,2000～2012 年,民营企业城镇就业人员逐年上涨,在 2011 年首次超过国有企业城镇就业人员。与此同时,外资企业就业人员人数总量较小,但也呈现上涨趋势。

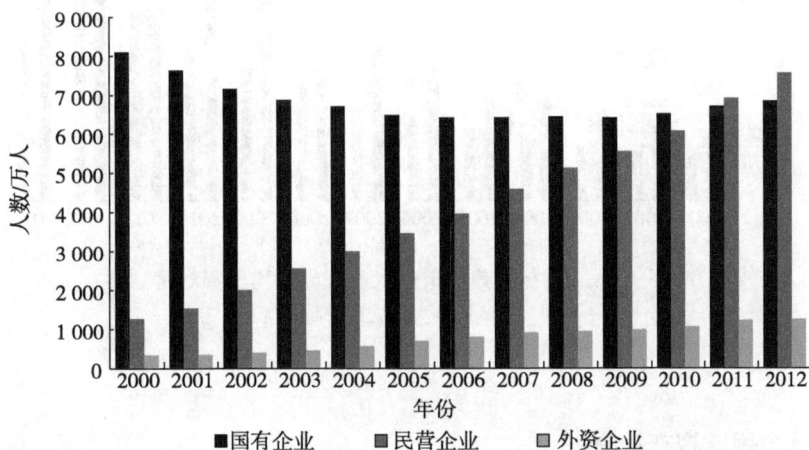

图 7.12　国有企业、民营企业、外资企业城镇就业人数对比

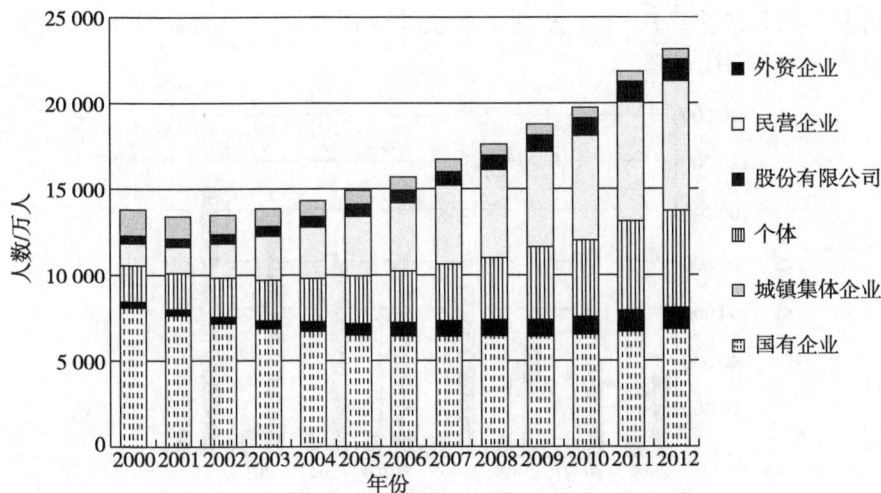

图 7.13　各类型企业城镇就业人数对比

资料来源:国家统计局

3. 工资

在职工工资方面，国有企业就业人员平均从 2004 年开始连续 10 年高于其他单位就业人员平均工资（图 7.14）。

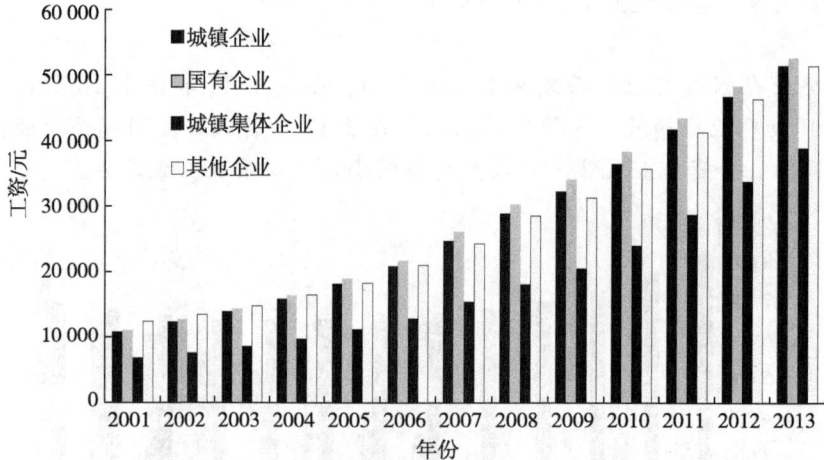

图 7.14　国有及其他企业就业人员平均工资对比

资料来源：国家统计局

4. 全社会固定资产投资

全社会固定资产投资方面，外商投资额一直较少，而国有和民营企业全社会固定资产投资近些年增长较快。2013 年民营企业全社会固定资产投资额首次超过国有全社会固定资产投资额（图 7.15）。

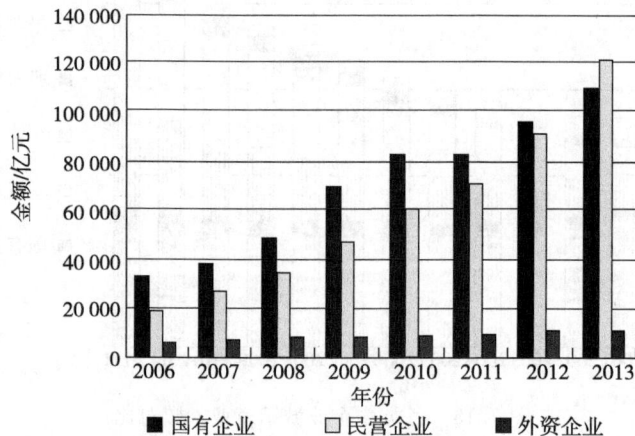

图 7.15　国有企业、私营企业、外资企业全社会固定资产投资

参考文献

[1]王劲松，史晋川，李应春．中国民营经济的产业结构演进——兼论民营经济与国有经济、外资经济的竞争关系．管理世界，2005，(10)：82-93.

[2]黄速建．国有企业改革三十年：成就、问题与趋势．首都经济贸易大学学报，2008，(6)：5-21.

[3]Siqueira K，Sandler T，Cauley J. Common agency and state-owned enterprise reform. China Economic Review，2009，(20)：208-217.

[4]勃兰特 L，罗斯基 T. 伟大的中国经济转型．方颖，赵扬等译．上海：上海人民出版社，2009：57-59.

[5]杜海燕．国有企业资本信用化与效率——769 家企业样本数据统计分析．经济研究，1992，(4)：44-49.

[6]陈志武．为什么中国人勤劳而不富有．北京：中信出版社，2010：40-42.

[7]吴晓波．激荡三十年：中国企业 1978-2008．北京：中信出版社，2014：56-61.

[8]张维迎．市场的逻辑．上海：上海人民出版社，2012：97-102.

[9]Bajona C，Chu T S. Reforming state owned enterprises in China：effects of WTO accession. Review of Economic Dynamics，2010，(13)：800-823.

[10]Tenev S，Zhang C，Brefort L. Corporate governance and enterprise reform in China：building the institutions of modern markets. Washington：World Bank and the International Finance Corporation，2002.

第 8 章

中国经济的对外开放

　　1978～2014 年是新中国自 1949 年成立以来，最令国人振奋的一段时期。仅仅三十余载的经验探索，中华民族发生了天翻地覆的变化，取得了骄人的成绩，也令世界瞩目。这一切都要归功于我国的改革开放政策。1979 年的春天，一位老人在中国的南海边画了一个圈，自此，中国的大门开始向世界敞开，而后奇迹般聚起座座金山、崛起座座新城，用自己的方式向世界传递着中国声音，中国特色社会主义重新焕发出蓬勃生机。

　　本章将会着重探讨中国是如何进行对外开放的，回顾改革开放的历史进程，系统地总结改革开放的历史经验，并结合中国的实际国情展望改革开放的未来。

■ 8.1　对外开放的历史演变

8.1.1　中国的对外开放历程

　　经过 30 多年的漫漫求索，在国人的艰苦奋斗、不懈努力下，改革开放取得了巨大的进步，书写了一个又一个中国奇迹。对外开放的过程大体可以分为五个阶段，每一步都被深深烙上了"中国特色"的印记。

　　（1）创办经济特区。1980 年，第五届全国人大常委会批准设立深圳、珠海、汕头和厦门为经济特区。1983 年 4 月，党中央、国务院批准了《加快海南岛开发建设问题讨论纪要》，1988 年海南成立经济特区，成为我国最大的经济特区。对外开放，创办经济特区是第一步，也是最关键的一步。实践证明，这是成功的一步，中国自此正式迎来了对外开放的大浪潮。邓小平把经济特区看做对外政策的窗口，同时也是技术、管理、知识的窗口。

　　经济特区相比于其他地区，实行不同的经济政策，同时率先进行多项改革，以外向型经济为龙头带动全国经济健康发展，作为中国经济体制改革的试验和示范基地，起到了良好的模范带头作用。

　　（2）开放沿海港口城市。1984 年 5 月，党中央、国务院批准了《沿海部分城市座谈会纪要》，决定进一步开放 14 个大中沿海港口城市，从北到南依次包括大连、秦皇岛、天津、烟台、青岛、连云港、南通、上海、宁波、温州、福州、广州、湛江和北海。1990年 4 月，邓小平把上海浦东提升到了前所未有的战略高度，党中央、国务院随即做出决定，正式宣布开发开放上海浦东，以浦东为起点建设现代化新上海，谱写上海经济发展的新篇章，并最终使上海成为一个国际金融、贸易、经济和航运中心。

借助政府给予的优惠政策和经济活动自主权，沿海地区利用对外开放，吸引大量外商投资，引进先进的技术和经验，经济开始逐步发展。

(3)建立沿海经济开放区。1985 年 2 月，党中央、国务院批准了《长江、珠江三角洲和闽南厦漳泉三角地区座谈会纪要》，决定开辟 3 个沿海经济开放区，分别是长江三角洲、珠江三角洲，以及闽南厦门、漳州、泉州三角地区，一条从南到北的沿海经济开放带初具雏形。1988 年年初，辽东半岛和山东半岛相继开放，同大连、秦皇岛、天津、烟台、青岛等沿海开放城市连成一片，形成环渤海开放区，扩大和完善了沿海经济开放带。与此同时，在中央的提议和领导下，贸—工—农一体化这种新型的生产结构也开始在这些经济开放区内逐渐形成。

沿海经济开放区的建立是我国改革开放和社会主义现代化建设具有重要战略意义的举措，使我国对外开放由城市扩展到广大农村，拓宽了对外开放的规模和领域[1]。

(4)开放沿江及内陆和沿边城市。1992 年，邓小平同志视察武昌、深圳、珠海和上海等城市，发表了重要的南方讲话，更进一步加快了对外开放的步伐。不久之后，党中央、国务院先后批准开放了 5 个长江沿岸城市①、17 个内陆省会城市②，与此同时，15 个内陆边境的沿边城市也逐渐开放门户。

到 1993 年，经过多年实践，对外开放取得巨大成功，"经济特区—沿海开放城市—沿海经济开放区—沿江和内陆开放城市—沿边开放城市"的格局基本形成，这是一个宽领域、多层次、有重点、点线面结合的极富中国特色的全方面对外开放新格局。至此，我国对外开放的城市覆盖范围已扩大至全国，遍布所有省(自治区、直辖市)③。

(5)加入 WTO。2001 年 12 月，在长达 15 年的不懈努力和争取下，我国终于正式加入 WTO，这意味着我国的对外开放又进入一个全新阶段。自此，对外开放大格局发生改变，全方位的对外开放取代了原区域性推进的对外开放；开放领域有所扩大，不再局限于传统的货物贸易，而是更多地向服务贸易扩展；市场准入程度提高；随着一系列法律法规的制定和完善，市场环境更加平等化、透明化和规范化；最惠国待遇、国民待遇等 WTO的基本原则和我国加入 WTO 的承诺，成为我国对外开放政策所遵循和参照的基本依据[2]。

专题 8.1

复关入世，路漫漫其修远兮

从 1986 年 7 月 10 日，我国驻日内瓦代表团钱嘉东大使代表政府正式提出申请，

---

①　5 个长江沿江岸城市：芜湖、九江、岳阳、武汉和重庆。
②　17 个内陆省会城市：合肥、南昌、长沙、成都、郑州、太原、西安、兰州、银川、西宁、乌鲁木齐、贵阳、昆明、南宁、哈尔滨、长春和呼和浩特。
③　对外开放．必应词条，http://cn.bing.com/.

恢复中国在关税及贸易总协定(简称关贸总协定)中的缔约方地位,到 2001 年 11 月 10 日我国加入 WTO,用了整整 15 年的时间,代表中国谈判的代表团换了几批,从黑发人谈成了白发人。

我国于 20 世纪 80 年代初期恢复了在世界银行及国际货币基金组织中的地位。但关贸总协定还没有恢复我国地位,这无疑是无形的压力。中国改革开放以后我们的对外贸易发展很快,关贸总协定所有成员相互之间的贸易总额占到世界贸易总额的 85%,中国当时跟关贸总协定成员相互之间的贸易占中国对外贸易总额的 85%。所以不管我们是否参加关贸总协定,其协议、协定、规则都对我们有较大的影响。

1986 年 1 月 10 日,关贸总协定总干事阿瑟邓克尔第一次访问中国。时任中国总理接见了他,并向他表示希望中国能够用“关税减让”的方式复关。这是中国第一次在此问题上公开表态。1989 年 5 月,中美在北京举办第五轮双边磋商,在复关、发展中国家地位、价格改革、关税谈判和选择性保障条款等方面达成全面共识,美国承诺修改最惠国待遇,复关形势较好。

然而,1989 年使一切又回到了原点,西方各国决定制裁中国,其中一个非常重要的手段就是停止与中国的复关谈判。恰在这时,苏联解体,这无异于雪上加霜,给了中国狠狠一击,复关所有可能的航道都被牢牢封锁。国务院原总理李鹏亲自给 100 多个国家首脑写信,希望缓和关系,佟志广临危受命,开启破冰之旅。

1994 年的谈判其实是有可能取得突破性进展的。澳大利亚代表和新西兰代表表示,只要中国同意每年进口 18 万吨羊毛,他们将全力支持中国。澳大利亚和新西兰是西方国家,如果西方国家的谈判营垒出现了分裂,那么中国复关成功的机会就很大了。但是中国代表团只同意每年进口 16.9 万吨。于是在那次谈判后,澳大利亚和新西兰坚决站在美国方面,态度非常强硬。令人遗憾的是,当年我国的实际进口量是 31 万吨。1994 年的复关冲刺没有成功。1995 年 1 月 1 日,关贸总协定变成了世贸组织,中国想成为创始成员的想法落空,申请了 8 年,我们的复关之路还遥遥无期。

1997 年,龙永图宣布中国将再次降低关税,赢得与会代表的一致欢迎。紧接着,中国和新西兰、韩国、匈牙利、捷克签订了协议。虽然一切都在进展,但仍有很长一段路要走。

1999 年,朱镕基总理赴美谈判。当时的美国总统克林顿发表演讲说:“如果中国愿意遵循世界贸易规则,而美国不接受中国的话,将会是一种无法解释的错误。”中美双方各自在农业、电信、金融领域做出让步,但结果克林顿还是拒绝签字,美国国会因此抱怨错失良机。同年,中国驻前南斯拉夫大使馆遭到以美国为首的北约组织的悍然轰炸,美方对此深表歉意,希望能够恢复谈判。由于谈判双方互不相让,态度强硬,最终还是朱总理选择让步以达成协议。1999 年中美双方在北京签署协议,克林顿说,这是中美人民及世界经济的三赢,而 WTO 总干事穆尔补充说,还要再加上 WTO,是四赢。

接下来就是中国和欧洲谈判了。在与一些小国家谈判时,中方进展较为顺利,如与冰岛只谈了一个多小时就结束了。但是欧盟却成了一块难啃的骨头。由于实力逐渐与美国抗衡，再加上最惠国待遇原则的运行，欧盟希望和中国单独讨价还价，指责中国不可能把请美国人吃饭的菜单再请欧洲人一遍，他们有自己的要求。2000 年，中欧达成协议。至此，中国所有的谈判任务均顺利完成。到 2001 年批准那日，中国终于走完了 15 年的艰辛岁月。

专题 8.2

对外开放的新高度：上海自贸区

自贸区于 2013 年 9 月 29 日正式挂牌成立，目前已涵盖上海市外高桥保税区、外高桥保税物流园区、洋山保税港区、上海浦东机场综合保税区、金桥出口加工、张江高科技园区和陆家嘴金融贸易区 7 个区域。

自贸区总体方案规定，经过 2~3 年改革的试验，加快政府职能转变，积极推进服务业扩大开放和外商投资管理体制改革，大力发展总部经济和新型贸易业态，加快探索资本项目可兑换和金融服务业全面开放，探索建立货物状态分类监管模式，努力形成促进投资和创新的政策支持体系，着力培育国际化和法治化的营商环境，力争建设成为具有国际水准的投资贸易便利、货币兑换自由、监管高效便捷、法制环境规范的自由贸易试验区，为我国扩大开放和深化改革探索新思路和新途径，更好地为全国服务。

作为中国大陆境内第一个自由贸易区，上海自贸区具有以下四点创新。

(1)行政体制创新。参照国际标准，推进政府管理向注重事中、事后监管发展；建立一口受理、综合审批和高效运作的服务模式，完善信息网络平台，实现不同部门的协同管理机制；加强在各个领域的监管并提高行政透明度，营造公平竞争的环境。

(2)扩大投资领域。政府探索建立负面清单管理模式，扩大开放金融服务、航运服务、商贸服务、专业服务、文化服务和社会服务，构建高效自由化的经济体系。

(3)贸易监管制度创新。上海自贸区实施"一线逐步彻底放开，二线安全高效管住，区内货物自由流动"的创新监管服务模式。其中，一线是指从自贸区到境外，二线是指从自贸区到境内。在一线，创新监管技术及方法，简化进出境备案清单，简化国际中转、集拼和分拨等业务进出境手续；在二线，推行"方便进出，严密防范质量安全风险"的检验检疫监管模式，通过风险监控、第三方管理、保证金要求等方式实行有效监管[3]。

(4)金融领域创新。在风险可控前提下，可在试验区内对人民币资本项目可兑换、金融市场利率市场化、人民币跨境使用等方面创造条件进行先行先试。在试验区内实现金融机构资产方价格实行市场化定价。如果这些措施最终能够落实，各项交易成本将大大减少，并为企业提供便利。

截至 2014 年 11 月底，上海自贸区投资企业累计 2.2 万多家、新设企业近 1.4 万家，境外投资办结 160 个项目，中方对外投资额近 38 亿美元，进口通关速度比区外快 41.3%，出口速度快 36%。自成立到现在，企业盈利水平增 20%、设自由贸易账户 6 925 个、存款余额 48.9 亿元[4]。

英国的《经济学人》高度赞扬了上海自贸区这一创举，认为这是中国新领导人的一项"顶层设计"。上海自贸区作为新时期改革的试验场，肩负着重大的历史责任，开创了贸易、投资、行政等全新的运行模式，将成为引领中国的标准，用改革推动中国走向更深层次的开放。

8.1.2　贸易政策的演变

1978 年 12 月，中共第十一届三中全会在北京举行，对外开放这一伟大决策正式提出，自此，一波又一波改革开放的大浪潮开始席卷全国。中国经济社会改革开放 30 多年的历史画卷，风云激荡，波澜壮阔，在中国历史上留下了浓墨重彩的一笔。30 多年来中国的经济之所以能够持续而稳定发展，改革开放起到了中流砥柱的作用，也在中国与世界之间搭建了一座桥梁，使我们能融入世界经济发展的潮流，并占据一席之地。

30 多年的风雨兼程，我国的对外开放一路走来，从量变到质变，实现了"大跃进"。改革开放初期，我国货物进出口总额为 355 亿元，而 2013 年为 258 267 亿元，增长幅度达到了惊人的 727 倍多，世界排名也从第 32 位跃升至第 1 位。弱国的历史已成过去，新的世界市场上的领导者正在崛起，而我国外贸水平一路高歌猛进的主要原因在于外贸体制的持续改革和战略的及时调整，同时，人民币汇率制度的适时改革也起到了重要作用。

(1)1978～1992 年，国家统一领导和有限开放条件下的保护贸易政策。改革开放之前，计划经济体制长期占据着主要地位，政府直接干预，宏观调控强，市场和贸易居次要地位。十一届三中全会后，我国开始实行对外开放，其主要内容是外贸经营权下放至企业，以承包经营责任制度规范管理，以扩大出口贸易为核心和关键，大力发展对外贸易；注重对国外前沿技术，特别是能够帮助企业进行技术革新的技术及先进设备的引进；更加合理地进行外资分配利用；逐步提高对外承包工程及劳务合作的比例；以多种形式积极开展与他国的互利合作，并对外提供经济支持和技术援助。

第一，采取出口鼓励战略。对出口型产业进行政策上的鼓励和扶持，积极引进技术设备，并采用合理分配物资、合理调整税收和利率等措施实施进口限制。而在经济特区，则另外试行外汇留成制，对出口产品给予一定补贴，更进一步鼓励出口。

第二，采取进口限制战略。由政府出面，采取征收关税、进口许可证、外汇管制、进口商品分类经营管理等措施来限制进口。

第三，鼓励吸收外国直接投资，鼓励利用两种资源、两个市场和引进国际先进技术。

总体来看，虽然国家统一领导仍是这一时期我国外贸政策的大方向，但是闭关锁国的状态已被我们打破，各方面的对外交流都大大加强。这一阶段，我国的经济有了一定程度的发展，从此我国开始走上经济快速发展的道路[5]。

（2）1992～2001 年，入世前社会主义市场经济体制下的有贸易自由化倾向的保护贸易政策。中共十四届三中全会通过了《中共中央关于建立社会主义市场经济体制若干个问题的决定》，标志着我国已开始进入社会主义市场经济，与经济体制相对应，对外贸易政策随即发生变化。鼓励出口、限制进口的政策虽仍旧存在，但自由化的轮廓已在经济体制中逐渐形成。

第一，调整关税政策，采用《国际商品名称及编码协调制度》中所规定的有关税则，对共 225 个税目的进口税率进行适当幅度的下调，随后又多次下调各项税目的关税水平，到 1996 年为止，中国的平均关税总水平已整体下降了 23 百分点。

第二，减少、规范非关税措施，进口许可证等控制进口的措施被大量限制或取消，配额的分配方式也发生了改变，其中，公开招标和规范化分配制度的比例逐渐上升。

第三，继续执行出口退税政策，通过各类国际性贸易博览会和展览会等平台来增加企业对外交流的机会，鼓励企业踏出国门，走向世界。

严格上说，顺利加入 WTO 才是上述政策实施执行的根本出发点，各项准备工作也是为加入 WTO 作铺垫。但它的确加快了我国改革开放的进程，促进了我国向社会主义市场经济制度的过渡，这一点毋庸置疑。

（3）2001 年至今，入世后促进经济结构转型的保护贸易政策。2001 年 12 月，历经千辛万苦，WTO 终于接纳了中国。为了遵守规则，履行自己在入世时所做的承诺，并尽快适应国际经济大环境，中国大幅度调整了自己的贸易政策。通过对对外贸易商品结构、国别结构及国内外政治经济关系的理解和把握，这阶段中国的对外贸易政策目标已经成为促进对外贸易发展，构造有利于经济均衡发展的产业结构，实现产业的持续升级，推动中国经济在适度内外均衡基础之上高速发展。自 1996 年开始，中国的机电产品出口取代传统的纺织品，成为中国最主要的出口产品，但这仍然改变不了中国主要是以廉价劳动力吸引世界范围内的跨国公司进驻中国的局面，所以对外贸易政策的选择应倾向于出口商品结构的优化，改变中国处于低端产业链的被动局面[6]。

中国是贸易大国，每年将大量物资以较低的价格销往世界各个国家和地区，贸易摩擦形势依然严峻，外贸风险依然很大。当前，国际贸易保护主义以更隐蔽、更多样化的形式回潮甚至升级，中国产品在世界范围内引起的贸易摩擦呈现上升趋势。2014 年前 3 个季度，针对中国出口产品发起的贸易救济调查共计 75 起，共涉及 21 个国家（地区），同比增长 17%，而其中有不少摩擦是以中国战略性新兴产业为对象，且涉案金额大，这无疑是给中国外贸转型升级增加了巨大的阻力。部分发达国家持续放宽立案标准，并加强贸易执法，反倾销和反补贴调查力度不断加大，用较高的反倾销和反补贴税率来裁定中国企业，抑制中国的出口。新兴经济体发展放缓，一些国家制造业陷入困境，保护本国产业的呼声上升，导致对中国的贸易摩擦也趋于增多①。因此，中国需要加快出台相应的贸易政策，保护中国企业的正当权益，减少贸易摩擦的发生。

8.1.3　人民币汇率制度的演变

汇率是货币之间的兑换比率，它是调节各国之间经济换算的运行机制，所以选择什么

---

① 中国对外贸易形势报告 . 2014.

样的汇率制度对本国经济的健康运作至关重要，不同的国家应在不同时期根据当前的实际国情来调整其汇率制度以适应国家经济的健康发展。汇率不是某一个国家的内部事务，世界上每个国家的汇率都是息息相关的，所以其他国家的汇率变动也会对本国经济产生或多或少的影响。例如，1997 年的亚洲金融危机爆发后，泰国宣布放弃固定汇率制，实行浮动汇率制，一场遍及东南亚的金融风暴便随即出现。由此可以看出，若汇率制度调整不当，会将危机传播到周遭地区甚至是全世界。因此，如何选择并实施好适合国情的汇率政策是每个国家的必修课。

图 8.1 是 1978～2012 年我国美元兑人民币的汇率图。通过分析其走势，可以将汇率制度的演变大致分为以下四个时期。

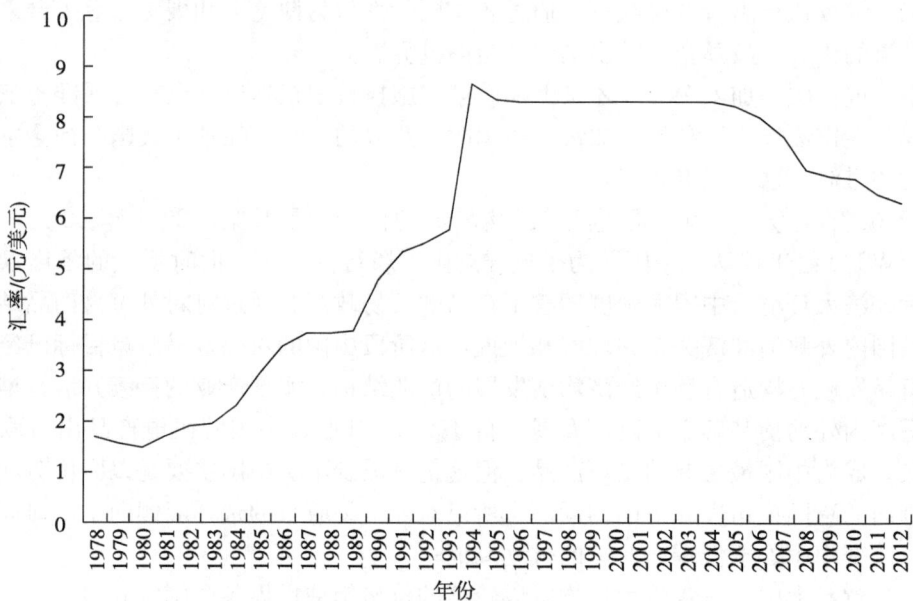

图 8.1　1978～2012 年我国美元兑人民币的汇率图
资料来源：National Accounts Main Aggregates Database

(1)1981～1984 年，官方汇率与贸易外汇内部结算价并存。随着 1978 年年底改革开放政策的提出，从 1979 年起，经济改革浪潮席卷全国，当时我国经济增长率有大幅度提升，但由于国内供给不足，致使人民币贬值，实际汇率高估，因此国内出现了两种汇价。非贸易外汇收支采用官方汇率，也是对外公布的汇价，而贸易外汇收支采用内部结算价，不对外公布。官方汇率的计算依据是"一篮子货币"，为 1.5 元/美元，而内部结算价定为 1 美元等于 2.53 元外加 10% 的利润，即 1 美元约为 2.8 元。

这一制度的存在有效地促进了出口，但当时我国的经济实力根本无法与其他国家相提并论，以购买力平价衡量的均衡汇率水平高于内部结算汇率，人民币的贬值压力很大，迫使政府不断提高人民币官方汇率。

(2)1985～1993 年，官方汇率与外汇调剂价格并存。从 1985 年 1 月 1 起内部结算价在全国范围内停止使用，均采用官方汇率结算，并根据"一篮子货币"随时进行调整。但调剂外汇市场的存在，使外汇调剂价应运而生。这段时期，国内物价逐渐放开，出口换汇成本逐渐提高，使官方汇率不断下调，从 1985 年 1 美元兑换 2.94 元，降到 1990 年 1 美元兑换 4.78 元，再降到 1993 年 1 美元兑换 5.76 元。在政策的支持下，出口企业对外汇的需求与日俱增，致使外汇调剂价也随之变化，其与官方牌价的差距也越拉越大。

但是这种汇率制度存在较大的局限性，不利于外汇资源的合理配置，更不利于建立一个出口企业之间公平竞争的大环境，所以后继的改革便势在必行。

(3)1994～2005 年，以市场供求为基础的、单一的、有管理的浮动汇率制度。1994 年 1 月 1 日，汇率制度改革。新制度允许企业和个人通过银行进行外汇买卖，市场汇率由银行间外汇市场的交易决定，与此同时，中央银行通过设定一定的汇率浮动区间来调控和维持汇率的整体稳定，新的汇率为 1 美元兑换 8.72 元。然而 1994～1996 年这两年间，由于严重的通货膨胀的出现及资本的大量内流，人民币有效汇率在这段时期内呈现升值趋势。经历 1997 年的亚洲金融危机后，2001 年官方宣布维持人民币名义汇率，而 2001 年我国入世以后形成国际收支顺差，美元带动下的实际有效汇率贬值[7]。

这一汇改造成的结果就是，相对于美元而言，人民币汇率缺乏弹性，波动小，而对其他主要货币而言，汇率波动却很频繁，因而在一定程度上影响了中国的进出口贸易。

(4)2005 年至今，以市场供求为基础、参考"一篮子货币"进行调节、有管理的浮动汇率制度。这种制度的出现使人民币汇率标准不再单单以美元为着眼点。经中国人民银行授权，当日人民币对美元、欧元、日元、港币汇率中间价由中国外汇交易中心对外公布。银行间即期外汇市场在保留撮合方式的基础上进一步引入询价交易方式。

这次汇率改革使人民币在国际经济关系中对配置起到基础性作用，国际收支机制更加健全，促进了中国经济的可持续发展[8]。但中国要做的还远远不够，需要更进一步的行动来改变外汇体制目前依旧存在的问题。Dooley 等认为，与其他亚洲国家类似，中国也采用干预外汇市场的方式来管理汇率，采用限制货币升值的方式来维持增长导向的贸易顺差，因此中国属于货币被低估国家[9]。2005 年 7 月 21 日，为了减轻货币压力，中国政府并没有选择直接调整汇率，而是采取了一系列其他措施来进行间接的缓解。例如，政府以平均 3% 的幅度来降低出口产品增值税的退税率，使中国出口的产品在国际市场上的交易价格提高，并保证了进口品在国内市场的交易价格不会降低。该项举措的实施，增加了外汇需求或减少了外汇供给，也使官方外汇储备的增加量减少。

发展一个更加灵活的、可兑换货币的外汇体制是我国政府一直在努力的一个方向，从长远利益来看，这是合理的，但就目前的国情和中短期发展战略来看，政府对资本的控制不会轻易放弃。因此，比较好的做法是，在短期内对货币重新进行估值，在较晚期，即在国内银行系统转型完成以后，转向取消资本控制，同时使货币浮动[10]。

■8.2　对外开放的现状

8.2.1　贸易概况

迎着改革开放的春风，我国的对外贸易水平取得了空前的进步。1978 年改革开放前夕，我国的进出口总额分别为 187.4 亿元和 167.6 亿元，相比之下，进口大于出口。而经过 30 余载的努力，2013 年，这两个数字分别上升到 121 097 亿元和 137 170 亿元，与之前恰恰相反，出口远远大于进口。尤其是我国于 2001 年入世后，积极融入全球化浪潮，在国际产业转移的大趋势下，抓住机遇，应对挑战，对外贸易迎来了历史上最好最快的发展阶段，取得了关键性的进步。在全球贸易体系中，我国的地位也有了显著提高，改革开放初仅列第 29 位，而目前已跃升至第 1 位，2010 年成功赶超日本，成为继美国之后的世界第二大经济体，同时也成为第一大贸易国和第一大外汇储备国。我国紧紧把握着世界经济发展的脉搏，并在经济全球化大潮中发挥着无可替代的作用。

我国的外贸水平始终保持着快速、大比例的增长。2013 年全球货物贸易总额较上年相比，增长 1.7%，其中，我国贡献了 25.83 万亿元，超过美国 10.38%，占世界总量的 11.05%，而 1978 年我国所占的比例仅仅只有 0.79%。作为目前世界上最大的出口国，我国的贸易伙伴遍布世界各地，与许多国家和地区保持了长期的贸易往来。图 8.2 是 2013 年中国内地与前 10 大贸易伙伴进出口额及比重，欧盟依旧独占鳌头，是中国内地第一大贸易伙伴。

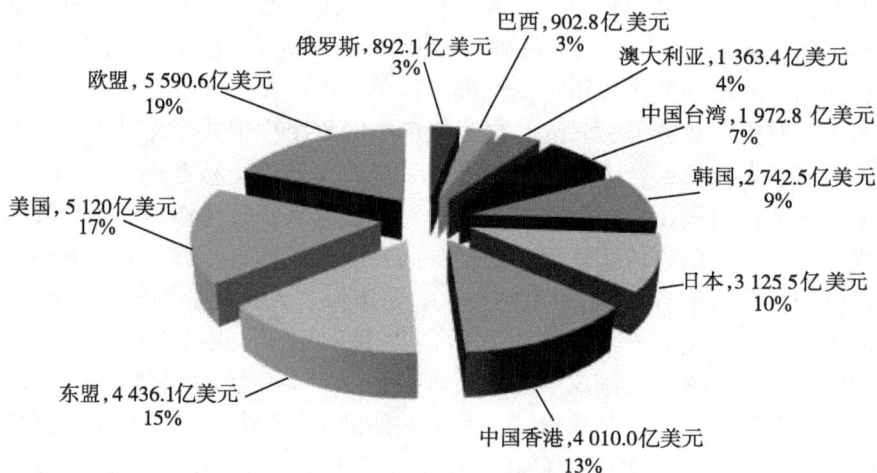

图 8.2　2013 年中国内地与前 10 大贸易伙伴进出口额及比重
资料来源：海关总署

1. 外贸依存度

随着我国在国际经济中参与度的不断提高，与世界经济关联程度的不断加大，与之相对应，若世界经济产生波动，则我国受影响的可能性也越大。一般来说，对他国的依赖性越高，发生变动时其经济越容易崩溃。而对外依赖程度在国际上有统一的衡量标准，外贸依存度（foreign trade degree of dependence，FTD）就是一个很重要的衡量指标。外贸依存度是反映一个地区的对外贸易活动对该地区经济发展的影响和依赖程度的经济分析指标，其计算公式为

$$FTD = (EX + IM)/GDP$$

其中，EX、IM 分别为货物出口、进口总额；GDP 为国内生产总值。

通过收集和分析 1978 年至 2013 年的进出口贸易相关数据，我们制作了我国的外贸依
存度图，见图 8.3，而图 8.4 则显示了我国与其他国家的外贸依存度对比。

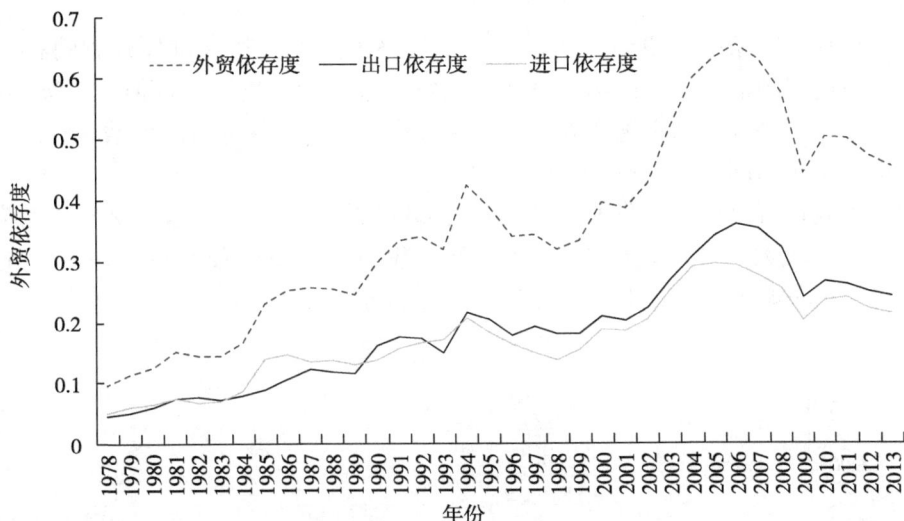

图 8.3　我国的进出口外贸依存度

资料来源：《中国统计年鉴 2013》

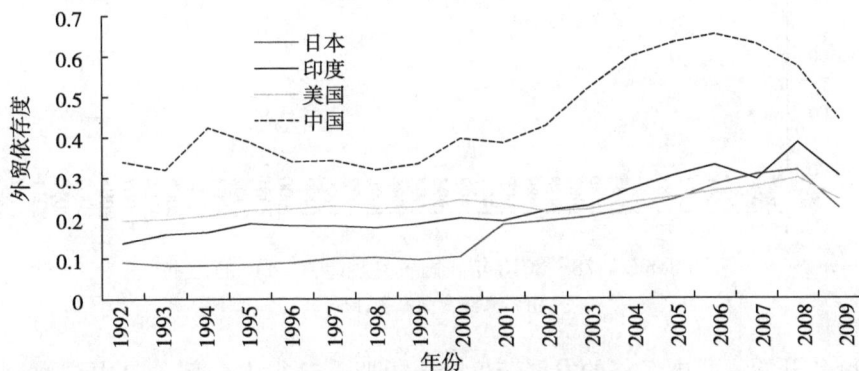

图 8.4　我国与其他国家的外贸依存度对比图

资料来源：WTO 数据库

从图 8.3 可以看出，我国对外贸易的发展势头十分勇猛，相应的外贸依存度也在逐年
提高，中间虽有许多的起起伏伏，但曲线整体的上升走势并未改变。这一趋势在 2000 年
以后尤其明显，外贸依存度大幅增长。而且，相比于进口依存度，我国的出口依存度的整
体水平较高，这与这一时期我国加入 WTO 和国内处于新一轮经济增长期有关[11]。还有
一点不可忽略，国内的开发程度还不高、发展潜力十分巨大。我国的对外贸易年均增速在
10％左右，GDP 平均增速一般在 7％左右，想要进一步扩大对外贸易的规模关键在于统筹
国内发展和对外开放[12]。

从图 8.4 可以看出，我国的外贸依存度是远远高于美国、日本、印度，而日本这样既
缺少资源又生产规模巨大的国家的外贸依存度却最低的原因是贸易依存度主要取决于"规

模效应"和"地理效应"的影响[13]。印度由于近年来发展速度较快，导致其对世界市场的依赖程度较高，从而外贸依存度反超美国。而对美国来说，外贸依存度整体水平不高，变化幅度也较小。

下面我们用贸易顺差来说明外贸依存度对经济的影响。随着对外开放的程度不断加深，我国大量的产品输入世界市场，虽然我国每年进口额成倍增长，但已连续 20 多年保持着贸易顺差。贸易顺差越来越大并不是一件好事，相反是件危险的事情，这意味着一国对外依存度对本国 GDP 的影响过大。

从图 8.5 我们可以看出，我国贸易顺差占 GDP 的比重总体上是呈现上升趋势的，中间经历了几个比较大的波动。从 1994 年开始，我国一直保持着贸易顺差，而到了 2005 年，贸易顺差增长幅度巨大，但是近几年呈下降趋势。

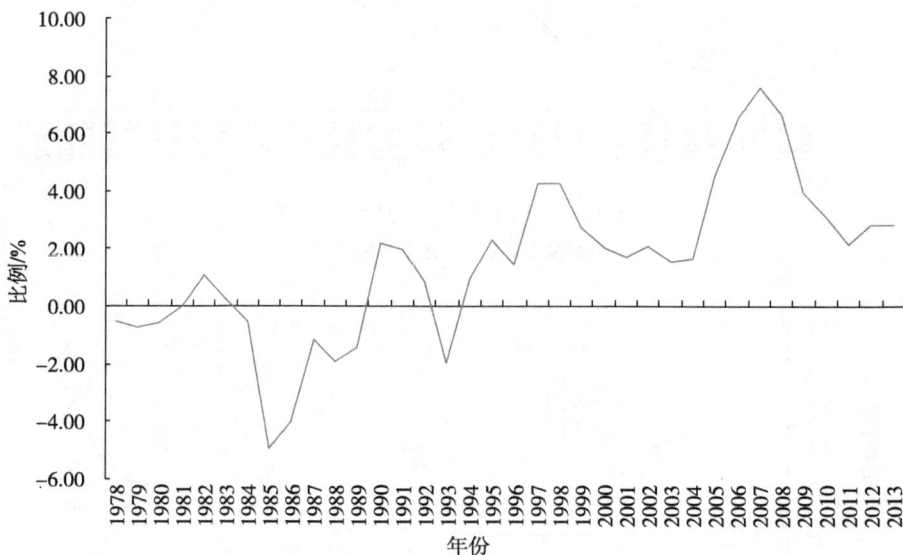

图 8.5   1978～2013 年我国贸易顺差占 GDP 的比重
资料来源：国家统计局

从 1999 年开始，我国经济的发展速度令人惊叹，这很大一部分是由进出口的快速增长带动的。但不可否认的是，巨大的贸易顺差是一把双刃剑，它在带动中国经济高速发展的同时，也使我国与其他国家的贸易纠纷越来越多，我国的外汇储备快速增长，使人民币面临着巨大的升值压力。

从图 8.6 可以很明显地看出，近十多年来，我国的外汇储备以直线的形式增长，从 2004 年的 6 099.32 亿美元至 2013 年的 38 213.15 亿美元，增长了 5 倍多。而外汇储备的不断增加，迫使美国对中国施加压力，强烈要求人民币升值。特别是近几年，美元汇率不断下跌，现在基本维持在 1 美元兑换 6.2 元，1 美元兑换 8 元的时代已经一去不复返。

2. 进出口商品结构

除了外贸整体水平大幅度提升，我国的外贸结构也随着经济的不断发展发生了巨大的变化。从出口的角度看，工业制成品增长势头迅猛，且在出口总量中占据了绝大部分，与

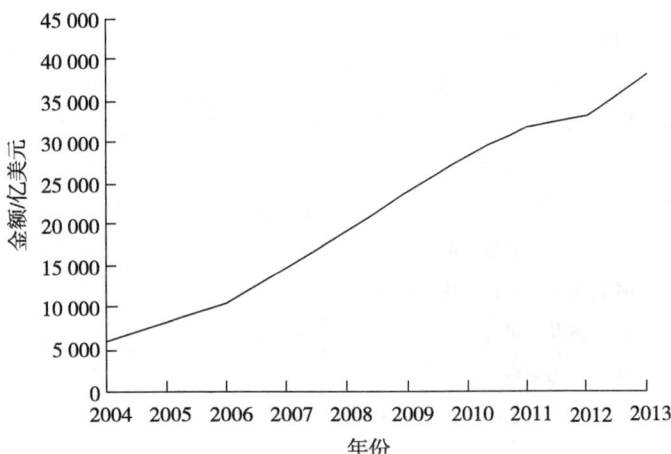

图 8.6 2004～2013 年我国外汇储备总额
资料来源：国家统计局

之相比，初级产品的增长却十分缓慢。1980 年，初级产品出口额为 91.14 亿美元，占出口总额的 50.3%，而到了 2012 年，其出口额仅仅增长到 1 005.58 亿美元，所占比例更是降到了 4.91%。从进口的角度看，与出口相比，初级产品的增长速度有了较大的提升且在总进口中所占的比例也不低，但我们必须注意到，工业制成品仍占据主要地位。从改革开放初期到 2012 年，初级产品的进口比重不但没有下降，反而从 34.8% 上升了 0.1 百分点，明显高于在出口商品中所占的比例。图 8.7 和图 8.8 反映了我国改革开放以来，初级产品和工业制成品在进出口贸易中的构成比例。其中，食品及主要供食用的活动物，饮料及烟类，非食用原料，矿物燃料、润滑油及有关原料，动、植物油脂及蜡，即前 5 项为初级产品，而从化学品及有关产品开始的后 5 项属于工业制成品。

3. 贸易方式

一直以来，一般贸易和加工贸易是我国两种主要的贸易方式。由于经济全球化和生产国际化是当今世界经济发展的方向，加工贸易自然会顺应历史潮流。在我国，一开始加工贸易在对外贸易中一直处于主导地位，是第一大贸易方式，高达 14.4% 的年均增长率，超出 GDP 增长 7 百分点之多。由图 8.9 可以看出，2005 年加工贸易在总出口中的占比为 54.66%，是历年来最高，而之后大致呈逐年下降的趋势，到 2011 年，在出口占比中，一般贸易超过加工贸易。

2005 年，一般贸易的出口占比为 41.35%，到 2013 年，这一数字上升到 52.82%，其发展趋势迅猛，不仅出口占比呈现逐年上升趋势，而且赶超加工贸易的势头十分强劲。从图 8.9 我们可以看出，相比于加工贸易，一般贸易的增长更加显著。其主要原因是，一般贸易拥有较长的国内产业链，自主研发对其影响较大，并具有明显的行业带动效应，是提高国民经济和优化外贸结构强有力的推动力，而加工贸易则呈现出较低的稳定性，外部环境对其的影响较大。除此之外，其他贸易虽无法与前两者抗衡，但也占据了一定比例，比重虽小，但也呈现出逐年上升的趋势。

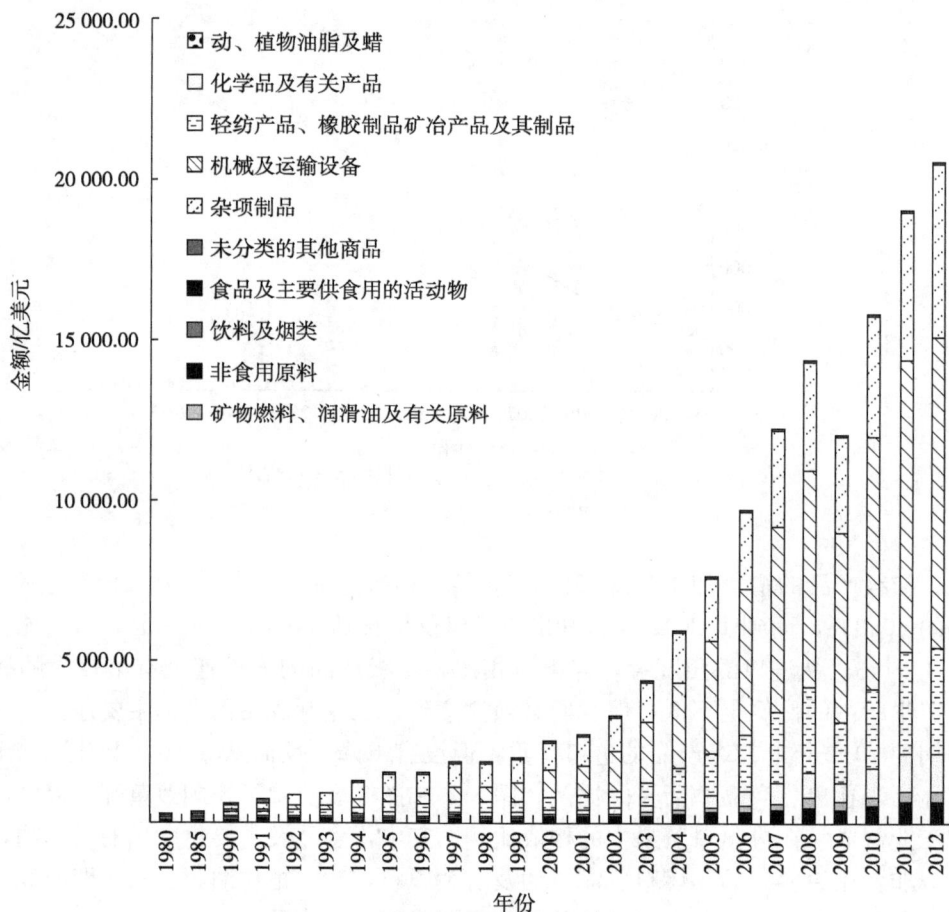

图 8.7　改革开放以来我国出口产品结构变化

动、植物油脂及蜡
化学品及有关产品
轻纺产品、橡胶制品矿冶产品及其制品
机械及运输设备
杂项制品
未分类的其他商品
食品及主要供食用的活动物
饮料及烟类
非食用原料
矿物燃料、润滑油及有关原料

金额/亿美元

年份

资料来源:《中国统计年鉴 2013》

4. 商品贸易和服务贸易

商品贸易是指以商品买卖为目的的纯商业方式的贸易活动。这种贸易方式包含着很多不同的交易方法,如经销(总经销、独家经销、特约经销和一般经销)、代理(总代理、独家代理、特约代理和一般代理)、寄售、拍卖、招投标及展卖等。

改革开放的大政策和经济的飞速增长使商品贸易能够在一个良好的环境中发展,世界产业转移也为商品贸易提供了一个重要的发展契机。改革开放以来,我国的商品贸易飞速发展,货物出口贸易额于 2012 年成功超过美国,位列世界第一。中国贸易地位的提升在全球贸易低位增长的时候至关重要。

服务贸易是指国与国之间互相提供服务的经济交换活动。服务贸易有广义与狭义之分,狭义的服务贸易是指一国以提供直接服务活动形式满足另一国某种需要以取得报酬的活动。广义的服务贸易既包括有形的活动,也包括服务提供者与使用者在没有直接接触下交易的无形活动。服务贸易一般情况下都是指广义的。

20 000

- ■ 食品及主要供食用的活动物
- □ 饮料及烟类
- ▨ 非食用原料
- ▱ 矿物燃料、润滑油及有关原料
- ■ 动、植物油脂及蜡
- ▨ 化学品及有关产品
- ▥ 轻纺产品、橡胶制品矿冶产品及其制品
- ▧ 机械及运输设备
- ▨ 杂项制品
- ■ 未分类的其他商品

15 000

10 000

5 000

0

金额/亿美元

1980 1985 1990 1991 1992 1993 1994 1995 1996 1997 1998 1999 2000 2001 2002 2003 2004 2005 2006 2007 2008 2009 2010 2011 2012

年份

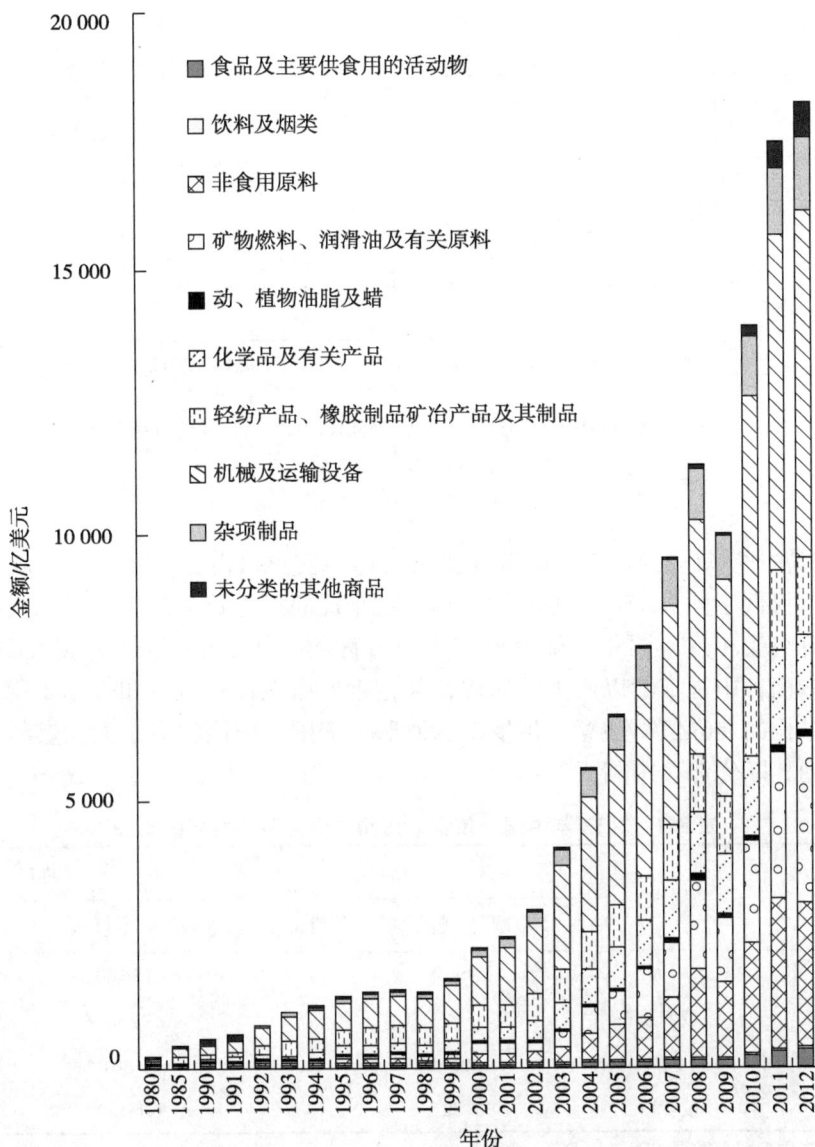

图 8.8　改革开放以来我国进口产品结构变化

资料来源：《中国统计年鉴 2013》

　　借着改革开放这个大平台，我国的服务贸易也呈现出良好的发展势头，1985 年的进出口贸易总额中，服务贸易贡献了 55.79 亿美元；20 世纪 90 年代后，年增长率达到了 20%，并于 2003 年成功突破 1 000 亿美元大关。相比于世界平均水平，我国服务贸易的增长幅度遥遥领先，但在国际进出口市场占有率上，我国所占的比例却很低，在 2%～4%，与部分发达国家相比，是美国的 18%，英国的 38%，日本的 54%。而当今世界服务贸易总出口额的 75% 以上是由发达工业化国家贡献的，相比之下，中国还有很长一段路要走。

　　而与俄罗斯这个转轨中的大国相比，中国交出了一份令人满意的答卷。1983 年，中

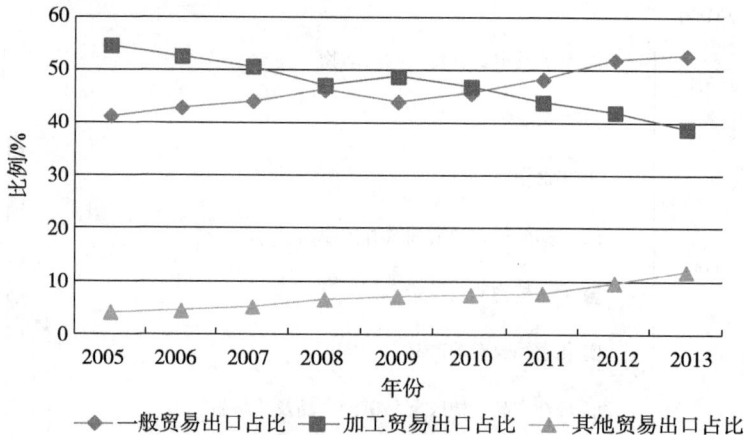

图 8.9　我国的贸易出口占比

资料来源：中诚信数据库

国的货物出口占比为 1.2%，而此时苏联尚未解体，其出口占比为 5.0%。30 年后，2012 年的中国以仅仅低于美国 150 亿美元的成绩，在全球的货物贸易额榜上位列次席。与中国强有力的上升势头相反，同年，俄罗斯在出口方面相对于 2011 年却有较大幅度的下降；在服务贸易方面，中国依然以巨大的领先优势把俄罗斯甩在身后，如表 8.1 所示。但是其中有个贸易结构的差异值得注意：俄罗斯为欧盟、美国、中国供应了大量燃料，这是俄罗斯自然资源的禀赋优势，中国无法达到[14]。

表 8.1　2012 年中国、俄罗斯货物和服务贸易发展的比较

类型	国别	出口		进口	
		金额/亿美元	年增长/%	金额/亿美元	年增长/%
货物贸易	中国	20 490	7.9	18 180	4.3
	俄罗斯	471.12	−7.2	3 125.67	2.2
服务贸易	中国	1 905	4.6	2 801	18.2
	俄罗斯	582.29	6.8	1 041.03	19.2

资料来源：中国商务部数据中心，WTO

专题 8.3

中国距离叩开 TISA 的大门还要多久

国际服务贸易协定（Trade in Service Agreement，TISA）简称服务贸易协定，是致力于推动服务贸易自由化的贸易协定。目前由 23 个 WTO 成员组成，中国不包括在内。

TISA 谈判市场准入采取正面清单的模式，国民待遇采取负面清单的模式。同时，

在 TISA 达成的协议里，成员承诺产生的收益只限于协议签署国[15]。

中国在 2013 年 9 月 30 日正式宣布申请参加 TISA 的谈判，但是这条路走得并不顺利。美国向中国提出了 5 个非常苛刻的条件，并认为中国只是简单表达了加入的愿望，而没有用具体的行动来证明。西方国家以自我为核心的价值评判标准，使中国在国际贸易开放的道路上举步维艰。

因此，中国应加大力度推进服务业的改革开放，深化区域经济在服务贸易中的合作，维护中国经济发展的利益。

8.2.2　中国的外商直接投资

1. 中国外商直接投资的发展历程

早在 1979 年邓小平同志就指出："利用外资是一个很大的政策，我认为应该坚持。"[16]同年 7 月，中国第一部外商投资企业法《中华人民共和国中外合资经营企业法》审议通过。此后，在 20 世纪 80 年代和 90 年代初期，邓小平同志都不断地强调和说明利用外资的必要性和重要性[17]。

21 世纪初期，在中国经济发展中，外资经济扮演了一个重要角色，对推动中国经济持续健康稳定的发展起着重要作用。图 8.10 是截至 2012 年的中国实际外商投资额。

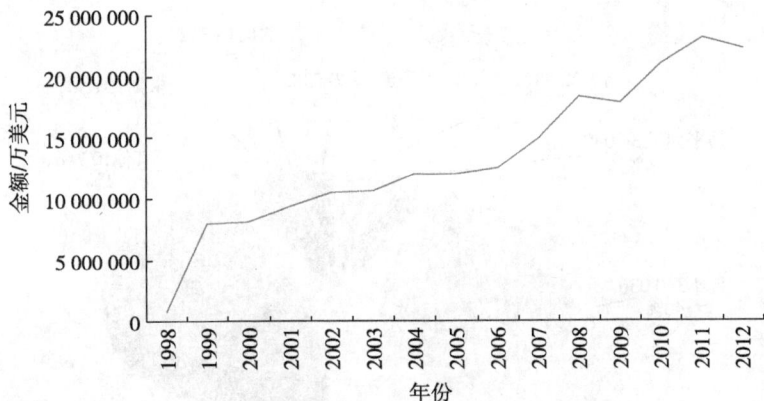

图 8.10　截至 2012 年的中国实际外商投资额
资料来源：中诚信数据库

根据其规模、增速、政策和空间分布的不同，FDI 在中国的发展大致可以分为以下几个阶段。

(1)1978～1982 年，起步阶段。这一阶段投资规模小，增长慢，投资的主要方式为中外合作。截至 1982 年年底，所有被批准的外资项目加起来也不足 1 000 个，实际利用外资额为 84.52 亿美元。该阶段的投资者大都小心谨慎，劳动密集型的中小工业项目是他们首选的投资对象，如何规避风险是他们考虑的主要因素，因此对外借款成了大部分外资来源。

　　(2)1983~1991年，稳定发展阶段。这段时间内，随着众多城市的对外开放，中国的大门进一步向世界敞开，国家级的经济技术开发区和高新技术开发区如雨后春笋般涌现。与此同时，针对外商，中国政府加快出台优惠政策，调整和颁布法律法规，这些举措使中国的投资环境得到改善，更直接促使 FDI 的飞速增长。1991 年的实际利用外资额为 115.54 亿美元，与起步阶段相比，增长幅度达到 36.7%。此时的外商结束了第一阶段的试探性投资，对企业的控制权成了其首要考虑的因素，同时，投资项目的规模亦不断扩大。

　　(3)1992~1997年，飞速增长阶段。1992 年邓小平同志的南方谈话开创了我国对外开放的新格局。经济决策权下放、国有企业股份制改革等举措相继实施，我国对外开放的脚步进一步加快。银行业、保险业、零售业等领域也开始吸引更多的外商进行投资，外资企业逐渐开始与中国企业共享市场份额。该阶段，我国的实际利用外资额从 1992 年的 192.03 亿美元直接飙升到 1997 年的 644.08 亿美元，增长速度之快令人震惊。这一阶段内的 FDI 总额直线上涨，攀升至世界第二，仅次于美国，这也使 FDI 这一形式成为该阶段我国利用外资的主要方式。

　　(4)1998~2000年，略微缩水阶段。经历了 1997 年东南亚的金融危机，整个亚洲地区大量资本开始缩水，资本输出量减少，部分外资项目宣告停产。同时，购并方式开始大量占据国际资本流动。据统计，约占资本流动总量的 2/3，以电信、金融、石化、航空等领域居多，而中国的对外资购并尚未对这些敏感领域开放。图 8.11 显示了 1998 年各国的实际外商投资额。

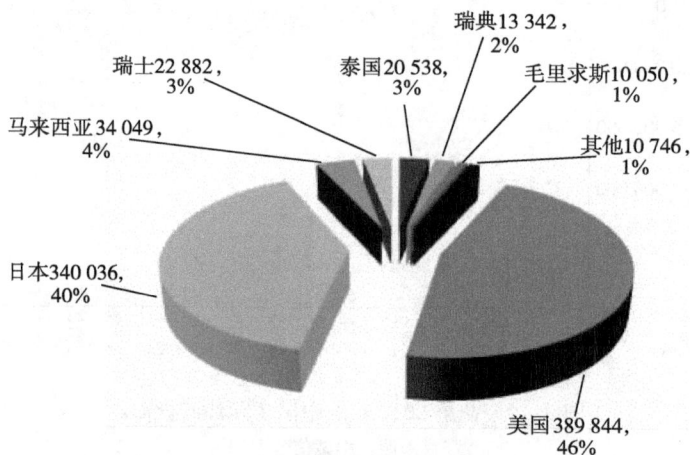

图 8.11　1998 年各国的实际外商投资额
资料来源：中诚信数据库

　　(5)2001 年至今，与国际接轨阶段。2001 年年底，中国加入 WTO，使世界范围内的资本流动更加便利、迅捷。在入世谈判中，中国做出了许多承诺，包括遵循贸易规则、按照国际惯例对外商投资者一视同仁、开放以第三产业为代表的更多类型的产业来吸引外资、减少外资壁垒等。同时，我国于 20 世纪末提出西部大开发战略，其顺利实施也使中国可以用更开放的姿态和更诚恳的态度来吸引外资。2012 年，我国的外商直接投资额为 1 132.94 亿美元，跃居世界第一，成为实际利用 FDI 最多的国家。图 8.12 显示了近 30 年来，我国的实际利用外资额。由图 8.12 可知，其增长迅速。同时，我们也给出了一些国家和地区 2010 年的实际外商投资额（图 8.13），我们可以从中看出巨大的变化。1998 年，美国、日本是最主要的外商，而 2010 年，中国香港摇身一变，成了领头羊，其所占比例也将一些国家和地区远远甩在身后。

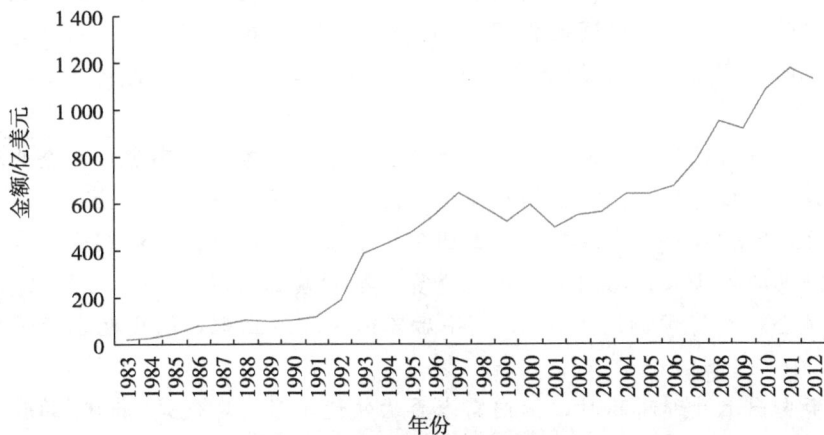

图 8.12　我国实际利用外资额

资料来源：中诚信数据库

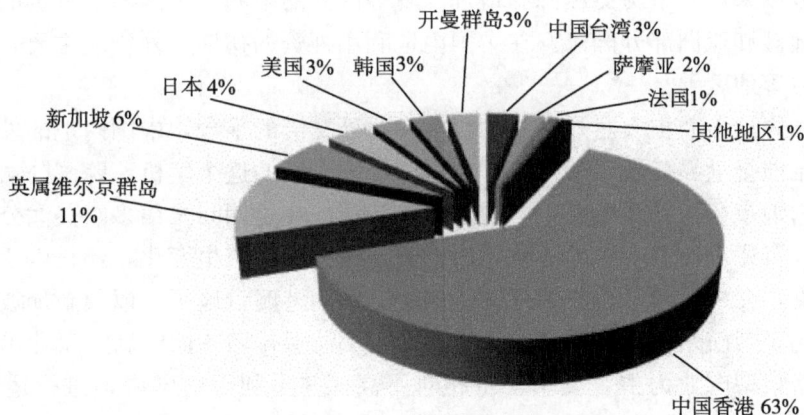

图 8.13　2010 年实际外商投资额

资料来源：中诚信数据库

专题 8.4

1989 年以后的 FDI 的起起落落

中国 1989 年以后 FDI 的变动，标志着外国投资者构成的改变。中国的 FDI 发展速度在 1989 年急剧下降，到了 1992 年以后才开始逐步恢复并且以较大的速度增加，但这同时也带来了一些问题。外国投资者瞄准了当地市场，为了获得该区域的主导权配备了一定的资源，随着时间的推移，部分企业的预算已支撑不住；在当时，大部分企业和当地的国有企业合并成合资企业，因为中国企业运行管理等不足，企业效率较低。

随着中国政府进行入世前的谈判，政府出台了一些条款提高了外国企业在华的自由度，协议直接投资几乎立刻就增加了，实际利用 FDI 水平也开始上升。

到了 20 世纪 90 年代中后期，亚洲出现了金融危机，企业的利润开始减少，政府采取多次减息的方法来拉动内需，扩张借贷。尽管震惊世界的"9·11"事件在一定程度上放慢了全球经济步调，但在 2002 年后又很快反弹上来，FDI 也在稳步下降后又强力回弹。

当投资支出上升到新高时，国内需求再次快速扩张，即使是"非典"的暴发也不能阻挡经济的增长。2003 年后期，政府就采取措施试图抑制过度的投资，但这些措施取得的进展并没有被很好地保持下去[10]。

2. 外资来源

改革开放以来，由于历史渊源和地理环境等因素的限制，中国内地外资的主要来源还是中国港台地区和亚洲部分国家。在中国内地利用外资的初期，外资的主要来源地是日本和中国港澳台等地区[18]。

随着中国内地不断扩大对外开放的程度和对外交流的平台，中国内地的外资来源逐渐多样化，开始向全世界拓展。近几年来，借由中国入世的这个契机，跨国公司逐渐把视线放到了中国内地市场，并开始向中国内地大量注资。在这期间虽很多欧美大公司加大了对中国内地的投资比例，但中国内地整体的投资结构并没有产生变化，还是以亚洲为主。

由此可见，在中国内地目前的外资结构中，中国港澳台地区，以及新加坡、韩国等新兴工业国家仍名列前茅，发达国家的比重相对较小。但排名靠前的新兴工业国家的投资主要是以劳动密集型产业为主，技术含量相对不高，并不利于中国内地进行适时的产业转型。所以，中国内地的外资投资结构尚需进行必要的调整与改变，制定更多的优惠政策来吸引欧美发达国家投资，提高外资质量和外资利用效率，最终帮助我们进行产业转型升级。

3. 外资投资方向

改革开放之初，中国的对外程度还很低，很多外商对中国的国情几乎一无所知，但他们还是冒着极大的风险，以劳动密集型的加工工业项目为着眼点，向中国注入资金，包括服装、鞋帽、电子产品、五金和化工等产业。自此开始，此类的制造业领域开始迎来盛世，蓬勃发展。而 20 世纪 90 年代以后，新的外资格局开始出现。

1997～2000 年，外商的投资方向尚未呈现多元化，以农林牧渔业、制造业、建筑业、房地产业等为主。其中，外商对房地产业尤为青睐，十分看好，投资量和投资速度增长之快令人惊叹。但比重最大的行业却依旧是制造业，1997 年，在外商投资企业总数中，制造业占据了 86.2%，而投资总额中的 68.7% 也归属于制造业。此时，制造业无疑还是外资投资最集中的行业。

而从 2001 年开始，外商的投资领域开始多样化，中国经济的所有角落几乎都能看到外商的影子。上至文化、体育和娱乐业，金融业，水利、环境和公共设施业，下至住宿和餐饮业，卫生、社会保障和社会福利业，甚至是科学研究、技术服务和地质勘查业等，范围之广完全超乎我们的想象。目前，中国已成功获得 QFII 资格，虽然外商投资进入中国证券市场的时间不长，但是其强大的资金实力、丰富的市场经验及独到的投资战略，能够保证其在市场中发挥出色，并起到关键作用。

从总体上看，工业领域仍然是外商们关注的焦点所在，其包含的领域很广，制造业和电力、煤气及自来水等行业均属其中。第二产业吸引了大量外资，所占比重最大。对于第三产业，房地产业一直以来备受青睐，撑起了第三产业的一片天，也超过了其他第三产业的总和。而第一产业似乎对外商的吸引力不够，投资最少。

总的来说，外商投资企业是中国对外贸易的重要组成部分，对中国的经济发展做出了巨大贡献，对中国的出口增长也起到了强有力的推动作用。首先，它直接影响外贸总额，使我国的外贸总额飞速增长，使中国成为名副其实的贸易大国；其次，促进贸易结构优化，技术含量较高的制成品逐渐代替初级产品，成为发展主流。此外，FDI 的发展能够带来所谓的间接贸易效应，如生产技术和营销知识的外溢、市场网络的转移和示范效应等，能够进一步改善国内制成品企业的出口状况，提升中国企业竞争力，从而推动中国经济的发展。

8.2.3　中国对外直接投资

1. 对外直接投资的发展历程

长久以来，发达的资本主义国家一直都是中国对外直接投资(outward foreign direct investment，OFDI)的对象国，而发展中国家则扮演着吸收外资投资的角色。因为资本稀缺、技术落后等不利条件，我国对外投资的这种模式直到 20 世纪 70 年代末开始改革开放后才逐渐改变。图 8.14 显示了近二十年来中国 OFDI 流量情况，从中可以看出，后 10 年我国的 OFDI 飞速增长。

改革开放后，我国 OFDI 的情况开始改变，大致可以分为以下三个发展阶段。

(1)1978～1991 年，探索阶段。1978 年 12 月中国共产党第十一届三中全会明确了经济建设应打开"国内市场"和"国外市场"、综合利用"国内资源"和"国外资源"的方针政策，自此，中国正式拉开了 OFDI 的序幕。1979 年，国务院颁布的《关于经济体制改革十五项

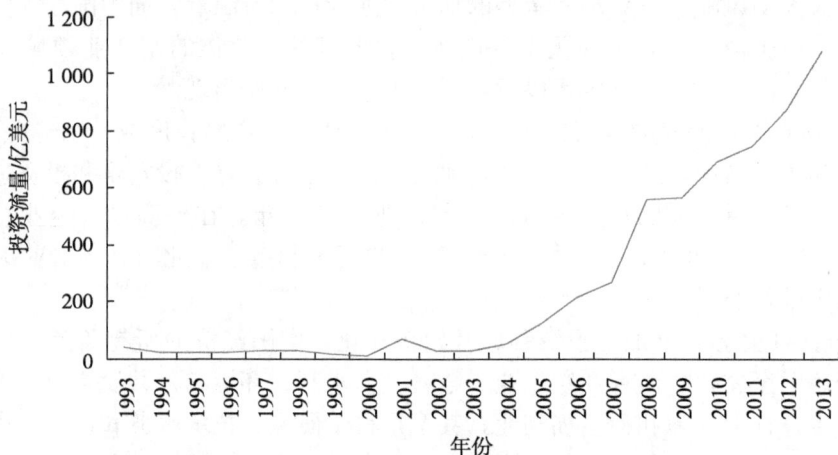

图 8.14　1993～2013 年中国 OFDI 流量情况
资料来源：《2013 年度中国对外直接投资统计公报》

措施》文件中，首次提出了到国外创办企业的想法。1984 年中共十二届三中全会颁布了《中共中央关于经济体制改革的决定》，再次重申要进一步落实"对内搞活、对外开放"的政策，大力提高中国的生产力水平。这些政策都为 OFDI 的发展奠定了坚实的政治基础，也极大地激起了很多企业对 OFDI 的兴趣。但光有兴趣是不够的，这一阶段的中国，社会主义市场经济经验不足，企业又没有掌握足够的资金，不仅企业经营规模小，甚至自主权也受到较大限制，能够真正做到出国开厂的可谓是凤毛麟角，政府主导了绝大多数的OFDI 项目和决策。

(2)1992～2001 年，震荡阶段。这一阶段以邓小平 1992 年的南行为起点，进一步深化经济体制改革的号角响彻神州大地。中共十四大号召加快社会主义市场经济建设和对外开放的步伐，并明确提出中国建立社会主义市场经济体制的目标，要"积极扩大我国企业的对外投资和跨国经营"。

这一阶段我国的 OFDI 有两个显著特征，一是总投资额明显增长，二是"大起大落"，有较大的波动。在我国市场化经济体制改革展开和对外开放进程加快这个大背景下，当时的国内企业不仅扩大了规模，而且也获得了更多的自主权，开始了有目的的探索并不断扩大 OFDI 规模。但当时的企业仍然受到很多条件的限制，大部分的 OFDI 是在短期利益的驱动下进行的，并具有明显的偶然性，而不是从企业的长远发展角度考虑，大部分企业还是缺乏长远的战略定位，也没有一个清晰的 OFDI 目标。

(3)2002 年至今，快速发展阶段。随着我国对外开放程度的不断加深，2001 年《国民经济和社会发展十五计划纲要》正式把"走出去"列入国家发展计划纲要。2002 年中共十六大决定实施"走出去"战略，支持和鼓励各类具有绝对和比较优势的企业开展 OFDI 活动。2005 年中国共产党十六届五中全会再次明确，支持有条件的国内企业走出去，依照国际通行的规则到国外进行直接投资，鼓励和支持境外工程承包和劳务输出等经济活动。2007 年中共十七大提出要不断创新对外投资合作方式等国家战略，并且出台相关政治表示支持。2012 年党的十八大再次提出，要进一步加快走出去战略，并努力提高企业核心竞争

力和国际化经营能力[19]。与之前的两个阶段形成鲜明对比，这一阶段我国的 OFDI 增长
快速稳定，规模持续大幅度扩大。

2. 影响我国对外直接投资的因素

1）经济规模

一般认为，投资国的经济规模对该国公司的经营规模与能力以及进行海外投资时募集
资本的能力具有较大的影响。国家的经济规模越大，那么公司的经营规模越大，生产技术
和管理水平越先进，企业的竞争力越大，故 OFDI 的成功率也就越大。以 2013 年为例，
图 8.15 简要地描述了中国内地在 2013 年对外投资的情况。

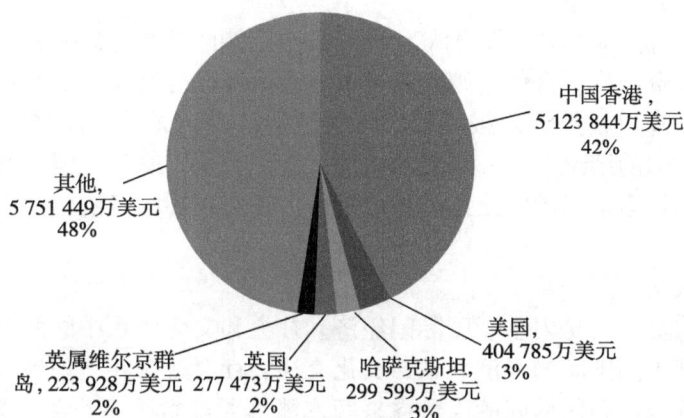

图 8.15　2013 年中国内地 OFDI 流量图

资料来源：中诚信数据库

2）与贸易伙伴国的贸易摩擦

根据贸易学理论，贸易摩擦对两国之间的正常贸易往来有极大的阻碍作用，而贸易往
来的减少会导致出口减少从而刺激企业进行 OFDI。一直以来，中国与世界上很多的主要
贸易伙伴之间的贸易摩擦数量不断增加，摩擦类型也逐渐多样化，这一点在中国入世后尤
其明显，各国开始使用反倾销、反补贴等保护措施来向中国施压，贸易壁垒也与日俱增。
根据 2013 年 WTO 统计的数据，中国连续 18 年成为遭遇反倾销调查最多的国家，连续 8
年成为遭遇反补贴调查最多的国家。在贸易保护主义问题上，各国都多少受到了影响，而
中国无疑是受影响最严重的一个国家。

3）经济成分结构

从经济结构方面分析，到目前为止，在中国 OFDI 企业中，国有和国有控股的大型能
源和资源类企业是领头羊，但这一现象正在逐渐发生改变。中国的经济体制改革造就了私
有经济异常迅猛地发展，其已成为 OFDI 企业中的生力军。以劳动密集型产业为主的民营
经济也开始向世界进军，不断扩展它们的版图。而国有企业存在诸多不足，在产权结构、
管理体制、经营机制和分配制度等方面存在一些漏洞，这些问题在跨国经营中暴露无遗，
显然已很难适应瞬息万变的国际市场环境。

4）政府对外直接投资的政策

中国的经济实力较强，政府所拥有的政治权利也很强，政府有关外资与外贸的相关政策能够极大地影响企业 OFDI 情况，也直接影响企业"走出去"的方式和模式的选择。近年来，无论是内部还是外部，中国经济的发展环境发生了极大变化，企业也增强了其 OFDI 的内部张力。政府在这方面的定位也进行了相应调整，最初是控制企业的 OFDI，而目前则发展为政策鼓励与措施扶持，企业的自主性大大提高，也极大地增强了企业 OFDI 的内部推动力。各级地方政府和部门积极响应中央号召，采取扩大鼓励政策效应、加快立法、完善企业管理和产业引导、创造有利的国际环境、加大对企业的支持力度、限制企业的国内投资等方式，加快推进企业 OFDI 的发展。

5）人民币对美元的汇率

20 世纪 90 年代以前，国际普遍认为 OFDI 与汇率的变化没有影响，因为几乎所有的研究都认为如果投资国货币升值，则其投资成本会下降，但其投资所获得的回报若以本币结算时也会相应下降，故投资回报率相同，与汇率的变化无关。反之，若投资国货币贬值，也能够得到类似的结论。这一观点从表面上看似乎是正确的，但它必须有一个重要的假设作为前提，即货币市场的完全性，然而货币市场在现实的经济生活中有可能出现不完全现象。

6）年出入境人次

文化交流与人员交往是内生于国际间经济、社会和文化体系中的两个重要变量，年出入境人次可以体现出两国间的经济联系、文化交往、社会融合和地理地缘。国际经济理论与实践表明，两国或两个区域间的人员往来频率能够对经贸关系产生一定影响。一方面，经贸规模的增加促进了各类人员的相互往来和劳动力这一生产要素的跨境流动；另一方面，人员往来的增加既是经贸规模增加的结果，也会继续促进新的经贸合作领域的开拓，所以，两者间应为互为因果的关系[20]。

专题 8.5

中投——OFDI 的领导者

中国外汇储备的规模日益扩大，如何利用好这笔资金变得日益迫切，于是国务院决定把外汇投资独立出来，组建外汇投资公司来运营管理，这就诞生了中国投资有限责任公司（简称中投公司）。

中投公司成立于 2007 年 9 月 29 日，组建宗旨是实现国家外汇资金多元化投资，在可接受风险范围内实现股东权益最大化，以服务于国家宏观经济发展和深化金融体制改革的需要。中投公司下设两个完全独立的子公司：中投国际有限责任公司专门负责开展境外投资和管理业务；中央汇金投资有限责任公司主要业务是根据国家金融体制改革的需要，依法对国有重点金融机构进行股权投资，并按照公司治理原则开展股权管理[10]。

中投公司的第一次海外投资是购买美国黑石集团的股权，每股 29.605 美元，共1.01 亿股，并承诺在 4 年内不出售。然而它没有挺过 2008 年的金融危机，产生了大量的亏损，投资黑石饱受质疑。2008 年 10 月 20 日，中投公司继续向该公司增持股票，从原来的 9.9% 到 12.5%，这大约需要消耗近 3 亿美元。

　　美国证券交易委员会的公告显示，中投公司将大量的资金投资于美国货币基金，即 54 亿美元投资在 Reserve Primary Fund，21 亿美元投资在景顺的 Aim Liquid Assets Portfolio，23 亿美元投资在摩根大通 Prime Money Market Fund，另外 15 亿美元则投资在德意志资产管理公司的 DWS Money Market Trust[11]。

　　图 8.16 是一张中投公司境外投资组合分布及比例图（截至 2013 年 12 月 31 日），从中我们可以看出中投公司主要将投资目标瞄准在公开市场股票，其次是长期资产，并且取得了较好的成绩。2013 年，中投公司境外投资业务账面净收益率为 9.33%，公司自成立以来的境外投资累计年化净收益率达 5.70%，较好实现了受托外汇资产的保值增值。

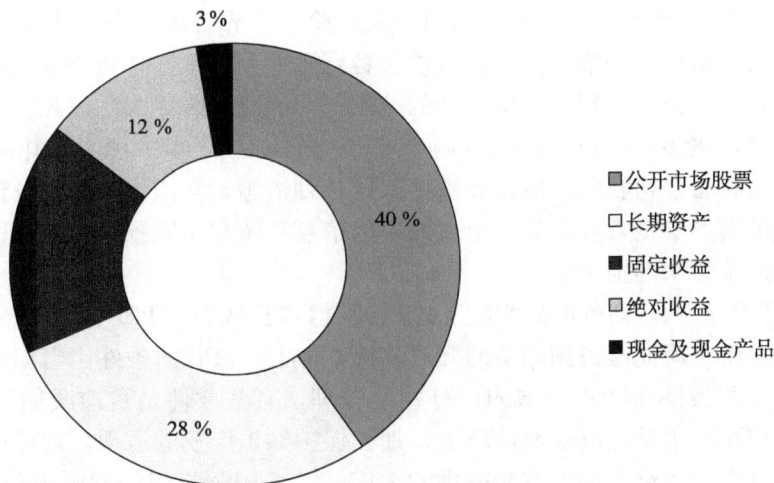

图 8.16　中投公司境外投资组合分布及比例
资料来源：中投公司官网．http://www.china-inv.cn/

8.3　对外开放的新目标

　　改革开放历经 30 余载，虽然中国仍然是世界上最大的发展中国家这一基本国情没有改变，但人们的生活水平不仅有了量的提高，更有了质的飞跃。从前的我们还在为温饱问题奔波忙碌，而现在已经基本进入小康社会。特别值得一提的是，入世十几年来，当初我们做出的承诺已基本兑现。故此，有观点认为我国的开放已经达到了一个相当高的程度，并没有一个明确的目标来指导下一步的开放。2013 年 11 月 12 日，中国共产党第十八届中央委员会第三次会议通过了《中共中央关于全面深化改革若干重大问题的决定》，提出实施更积极主动的开放战略，进一步扩大开放力度的明确目标。

　　(1)进一步扩大内陆沿边开放。改革开放促使我国的国门逐渐向世界敞开。我国首先创办经济特区，其次开放沿海港口城市，再次建立沿海经济开放区，最后开放沿江及内陆和沿边城市，形成了一个宽领域、多层次、有重点、点线面结合的全方面对外开放格局。但我们必须注意到，由于历史遗留问题和地理位置等因素的限制，我国的中西北地区仍然处于相对落后的状态，而东南沿海地区则发展程度较高。所以，趁着全球产业重新布局这个千载难逢的良机，我国的内陆沿边城市应该利用好区域优势来推动内陆贸易，吸引投资，随之带动技术革新，加快本地区的经济发展；优化产业结构，创新贸易模式，以推动内陆产业集群发展为目的建立健全适宜的体制机制；开设国际客货运航线，运作方式多样化，形成一条贯东穿西、联南结北的对外经济走廊，使内陆同沿海沿边的通关协作更加顺畅，提高口岸管理相关部门的工作效率，实现信息互换、监管互认、执法互助。

（2）确保我国的经济安全。根据商务部的报告，目前我国经济还存在着较大的风险漏洞，所面临的问题主要有两个：一个是外贸面临的国际市场风险，另一个是外资冲击国内市场的风险[21]。因为美国次贷危机引起的金融风险，世界各地的股市大幅下降，众多保险、信贷、投资金融机构濒临倒闭，影响殃及各行各业，特别是外贸企业同时面临国内国外两个市场，业务经营环节较多，所牵涉的范围广，经营风险更大。近几年外资冲击国内市场越来越频繁，很多外商想要并购国内企业。例如，2011年中国本土化品牌丁家宜被全球化妆品巨头科蒂公司收购。所以政府要采取各种措施，实施风险控制，建立内部控制制度确保企业的财产安全，要建立一个高效率的信息系统和风险预警机制，以帮助企业最大限度地减少风险带来的损失。

（3）加入TPP谈判。商务部研究院王志乐说过，"我认为，TPP或将是一个能带动中国改革全局的、跳一跳能够得到的新的开放目标"。加入TPP的条件比当年加入WTO更为苛刻，或许有些条件是针对中国的，有些不合理，有些条件是目前我们还没实力做到的，但我们仍应积极主动地改善经济环境，加强保护知识产权的意识，规范法律法规，提升产品的科技含量和质量，加大节能减排的力度，按照国际组织的规则来公平参与竞争，找出新的经济增长点，在国内继续推行改革。为使中国经济更好更快的发展，我们要重视TPP谈判对中国经济发展的影响，促进中国国际贸易规模的扩大和国际投资的增长，促进中国经济结构转型与升级。

专题8.6

美国在国际贸易中的两大王牌

目前世界范围内已经形成了以美国为主导的国际贸易新格局，其倡导主张的跨太平洋伙伴关系（The Trans-Pacific Partnership，TPP），全称跨太平洋战略经济伙伴关系协议（Trans-Pacific Strategic Economic Partnership Agreement），亦译泛太平洋战略经济伙伴关系协定和跨大西洋贸易与投资伙伴协议（Transatlantic Trade and Investment Partnership，TTIP)是新王牌，包揽东西两半球。

TPP是由亚太经济合作会议成员中的新西兰、新加坡、智利和文莱四国发起，从2002年开始酝酿的一组多边关系的自由贸易协定，旨在促进亚太区的贸易自由化。跨太平洋伙伴关系协议第一条第一款第三项规定，"本组织支持亚太经济合作会议，促进自由化进程，达成自由开放贸易之目的"。

TPP可能整合亚太的两大经济区域合作组织，亦即亚太经济合作组织和东南亚国协重叠的主要成员，成为亚太区域内的小型世界贸易组织。

跨太平洋战略经济伙伴协定是一个综合性的自由贸易协定，包括一个典型的自由贸易协定的主要内容，如货物贸易、原产地规则、贸易救济措施、卫生和植物卫生措施、技术性贸易壁垒、服务贸易、知识产权、政府采购和竞争政策等[①]。

截至2015年8月，TPP共有12个成员，除了4个发起国之外，还有澳大利亚、加拿大、日本、马来西亚、墨西哥、秘鲁、美国、越南。2013年11月，中国台湾和韩国也对外宣布了加入TPP的意愿。令人遗憾的是，中国大陆并没有被邀请参与TPP谈判。

TPP被戏称为一个没有中国大陆参与的俱乐部，那么中国为什么不能加入TPP呢？首先，成立TPP的真实目的之一就是要限制中国的对外贸易。特别是中国加入WTO后，世界市场全面为中国开放，中国出口的产品数量增长迅速，抢占了国际市场，对外贸易顺差越来越大，这很明显威胁到了美国的市场地位，所以美国必须采取行动加以遏制。同时，美国为了阻止亚洲形成统一的贸易局面，维护自己在亚太地区的战略利益，想要控制TPP。"如果我们不为亚洲确立游戏规则，那中国就会"，为美国政府和大公司代理贸易诉讼的大律师加里·霍力克这样转述奥巴马总统的话。

其次，中国当初在参加WTO谈判的时候曾做出承诺，要全面开放市场、市场经济更彻底等，然而发展到今天，中国仍没有兑现这些承诺，这导致其他国家的不满。美国贸易代表署前顾问克劳德·巴菲尔德坦言，"中国要想加入TPP确实需要先修改贸易政策、管制措施等，让其他9个成员接纳中国。但这就像WTO一样，只有通过艰辛的谈判才能实现"。

最后，中国一向以世界工厂著称，廉价的劳动力吸引了大批外商投资，但随着现在劳动力成本越来越高，很多跨国公司已经搬离中国，他们把眼光投向成本更低的国家，如越南、柬埔寨、印度等。这些国家生产的产品足以满足美国的市场，但是中国一旦失去美国这个合作伙伴，市场经济将会大幅度萎缩。

"现在TPP所有规则的谈判其实还是'瞄准中国'，即为未来中国可能的加入做准备"，所以中国应做好以下准备。

(1)对国内市场造成的损失做出评估，并实施相应的调整。要大力发挥拉动中国经济的"三驾马车"的作用，特别是拉动内需，增加经济体系的稳定性，尽可能减少外界因素的影响，并为中国经济的持续稳定快速的发展创造新的条件。

(2)进一步拓宽与亚洲各国的经济合作。美国一心想插手亚洲地区的事务，巩固并控制自己的霸权地位。所以为了有效应对美国的威胁，中国需要加快实施区域经济一体化战略，巩固中国与东盟等地区的经贸合作关系，在一些重要的领域展开实质性的对话。

---

① TPP. 维基百科, http://zh.wikipedea.org/wiki/.

　　(3)发展环保产业，提升现代服务业的水平。如今，中国的经济发展仍然以牺牲环境为代价，而美国一直强调对绿色环境的关注，所以很可能出台一系列针对中国的绿色环境贸易的条例，我们应在这一方面做好准备①。

　　(4)制订应对劳工标准的预案。美国希望通过 TPP 谈判，将其打造成一个 21 世纪贸易协议的标准模式，而美国一直推行劳工标准。为了防止未来的中国企业面临进退两难的难堪局面，中国应该尽快制订自己的方案。

　　TTIP 是美国和欧盟双方通过削减关税、消除双方贸易壁垒等来发展经济、应对金融危机的贸易协定。一旦正式启动，将成为史上最大的自由贸易协定：美欧将实现零关税，占据世界 1/3 的贸易量，约占全球 GDP 的 1/2。

　　虽然谈判进程缓慢，但美国对此十分重视，在此倾注大量的努力，希望带动欧洲、日本跨洋合作，在技术标准、医药、医疗服务、电子产品规格及环保指标方面建立新的全球标准。最重要的是促进经济增长，提供就业岗位。

　　TTIP 同 TPP 一样，旨在打造一个协议范围内高度自由，却对非成员国家或地区竖起高不可透的壁垒的体系，依旧把中国拒之门外。中国还是无法享受互利互惠的国际市场份额，无法制定游戏规则。目前美欧是我国最大的两个出口市场。TPP 现已有 12 个成员，已把东盟、日本与美国连在一起，我国排名前 10 位的贸易伙伴基本上都被拉进去了。如果 TPP 和 TTIP 最终达成协议，那么除中国和金砖国家之外的主要经济体都进入这两大贸易区之内，届时中国的处境将十分被动。

　　综上所述，中国作为世界第二大经济体，应加速改革开放的进程，更积极主动地参与国际竞争，获取更有利的国际地位。

8.4　构建对外开放新格局

　　(1)完善开放体制，向中性体制转变。长期以来，由于中国处于社会主义初级阶段这一国情，我们的对外开放政策一直是鼓励出口，限制进口，形成出超的局面；鼓励外币大量流入，限制本国资金流出，创收一定的外汇储备。而这些带有明显倾向性的政策，是由中国的经济发展状况、产业结构、技术水平等决定的。现阶段，中国已加入 WTO，积极融入经济全球化的大背景中，所以是时候重新调整对外开放战略，提高自身竞争力。

　　"中性"是指企业自主权、市场地位、汇率形成机制、外汇管理等各个方面，对贸易和要素的双向流动都给予平等地位，没有特殊和突发因素，不再特别支持或约束某个方面，实现商品、服务、要素和人员更加自由的双向流动[22]。所以，在企业管理方面，政府应适当放权，减少本国中小企业发展壁垒，把国有企业放置在市场竞争中，相应削减外企享有的政策优惠；在进出口方面，鼓励出口的保护性政策应适当减少，以保持进出口的平衡；在外资方面，改变现阶段本币和外资的投资状况，使之保持"中性"。要使中国真正贯

---

　　① TPP. 维基百科，http://zh.wikipedea.org/wiki/.

彻落实"中性"体制，我们还有好长一段路要走，而目前最重要的是尽快出台相应的法制予以保障，使大家处在一个更加公平的环境中，竞争市场份额。

专题8.7

亚投行

亚洲基础设施投资银行（Asian Infrastructure Investment Bank，AIIB，简称亚投行）是一个政府间性质的亚洲区域多边开发机构，重点支持基础设施建设，总部设在北京。

作为由中国提出创建的区域性金融机构，亚洲基础设施投资银行的主要业务是援助亚太地区国家的基础设施建设。在全面投入运营后，亚洲基础设施投资银行将运用一系列支持方式为亚洲各国的基础设施项目提供融资支持——包括贷款、股权投资及提供担保等，以振兴包括交通、能源、电信、农业和城市发展在内的各个行业。

截至 2015 年 4 月 15 日，亚投行意向创始成员确定为 57 个，其中，域内国家 37 个，域外国家 20 个，涵盖了除美国、日本之外的主要西方国家，以及亚欧区域的大部分国家，成员遍及五大洲。其他国家和地区今后仍可以作为普通成员加入亚投行。

目前，美国和日本还未加入。美国认为，中国另起炉灶搞亚投行，是对传统的以美国为首的国际金融秩序的挑战，西方社会应该联合起来抵制，并阻挠韩国、澳大利亚等国家加入亚投行。日本紧随美国的脚步，对华有政治心结，又有经贸制衡情结。日本多次表示，在 2015 年 6 月底亚投行成立之前，将"谨慎判断"加入亚投行是否明智。

联合国前秘书长安南表示："亚投行的出现给那些拒绝改革的人上了一课，同时也向世界发出信号——中国已准备好在国际舞台上扮演更重要的角色。"

亚投行的成立对促进亚洲国家的经济发展意义非凡，它有效弥补了亚洲地区基础设施建设的资金缺口，更好地推进了亚洲区域一体化的进程。同时，它有利于扩大全球投资需求，使世界经济良性发展。它通过提供平台将本地区高储蓄国家的存款直接导向基础设施建设，实现了本地区内资本的合理配置，并最终促进亚洲地区金融市场的迅速发展。

（2）优化外贸体制，向结构合理转变。"十二五"规划纲要提出，中国应采取更加积极主动的开放战略，更深层次地开拓新的开放领域。当我们在贯彻落实新的开放战略时，优化对外贸易结构、加快转变外贸发展方式是我们努力的方向。1978 年，以食品、农副产品及原油等为主的初级产品出口占出口产品总额比重为 53.5%，而截止到 2012 年年底为 4.9%，工业制成品所占比重由 1978 年的 46.5% 上升到 2012 年的 95.1%。这些数字大比例的变动从一方面说明我国生产和产品的结构在不断调整，但从另一方面说明我国总体还处于技术水平低下、加工产品附加值小的阶段。因此，我国应从以下几个方面加快实行平衡性战略。

首先就是调整产业结构。产业结构要随着社会经济的增长而不断变化，以第二产业驱动为主，逐步实现以第三产业为主带动经济增长，大力培养高素质劳动力，发展高新技术产业、新兴服务业，为经济增长创造更好的环境，实现资源的合理配置。

其次要改变出口倾斜政策。自从中国加入 WTO 以后，中国的出口总额每年增长速度较快。大量出口虽然使中国制造占据了世界市场的大部分份额，但同时贸易摩擦和纠纷不断上演。即使加入 WTO，贸易全部开放，各缔约国仍可遵循 WTO 中"反补价、反倾销"原则对认为危害本国工业发展的中国进口商品征收反倾销税等[23]。

最后要深化企业内部改革。目前我国政企分开仍然不彻底、不充分，政府和国有企业的关系过于密切，所以应改革旧的外贸体制，使政企职能分开，把集中经营变为分散经营，使企业成为独立经营、自负盈亏、富于活力的经济实体，这样才能实现经营机制的根本改变，才能实现社会主义对外贸易的目的[24]。

（3）改变外资格局，向全新格局转变。1979 年我国通过了《中华人民共和国中外合资企业法》，并在广东、福建设立了四个经济特区，分别是广东的深圳、汕头和珠海及福建的厦门。设立经济特区的目的就是逐渐减少政府对经济的管制，建立社会主义市场经济制度，并作为进一步深化经济改革的窗口和试验地，为以后的全面开放奠定基础。1992 年至今，FDI 的增长速度在不断加快，中国加入 WTO 后，为跨国公司进入中国创造了更多的机会。2012 年，FDI 实际使用金额为 1 117.16 亿美元，相对于 1983 年的 17.32 亿美元，短短的 30 年时间增长了近 64 倍。

面对节节攀升的外资数量，我们必须创新利用外资的方式，优化利用外资的结构，发挥外资在推动自主创新、产业升级、区域协调发展等方面的积极作用。同时，我们在承接跨国企业的产业链环节时，要把更多的高端产业、研发中心转移到中国，充分发挥高科技的辐射作用，促进中国的自主创新和高新技术产业的发展。

同时，我们要建设更有吸引力的市场，打造优越的投资环境，出台健全的法律法规，实行高效的管理流程，采用国际上通行的各种利用外资的方式，包括认真做好外商投资特许权项目等新投资方式的试点，加强国内资金配套，提供有效的服务；依法保护外商投资企业的权益，逐步实行国民待遇，并加强对他们的引导和监督；借用国外贷款要根据我国实际经济发展需要、国家产业政策和偿还能力，做到科学判断、适度高效；积极拓展筹资渠道，引入竞争机制，降低借款成本；加强和改善对外借款的宏观调控和项目管理，建立责权利统一的借、用、还管理系统[25]。

面向 21 世纪利用外资的根本思想应该转向"积极引进先进技术、注重消化、吸收和创新"[1]。所以在追求高新技术产业发展速度时，应保持长远的战略眼光，选择可持续发展的、有无限市场潜能的技术，取其精华，去其糟粕，使其富有活力与竞争力，实现技术突破。

专题 8.8

一带一路，共建繁荣

"一带一路"（One Belt and One Road，OBAOR；或 One Belt One Road，OBOR；或 Belt and Road，BAR）是丝绸之路经济带和 21 世纪海上丝绸之路的简称，

---

①　《中国共产党十五届四中全会关于国有企业改革和发展若干重大问题的决定》。

是由中国国家主席习近平于 2013 年 9 月和 10 月分别提出的建设新丝绸之路经济带和 21 世纪海上丝绸之路的战略构想。

"一带一路"不是一个实体和机制，而是合作发展的理念和倡议，是依靠中国与有关国家既有的双多边机制，借助既有的、行之有效的区域合作平台，旨在借用古代丝绸之路的历史符号，高举和平发展的旗帜，主动地发展与沿线国家的经济合作伙伴关系，共同打造政治互信、经济融合、文化包容的利益共同体、命运共同体和责任共同体。

目前，已经有 60 多个国家和国际组织积极响应"一带一路"的倡议。这些国家的总人口约 44 亿人，约占全球总量的 63%，经济总量约 21 万亿美元，约占全球总量的 29%。共建"一带一路"，将深刻地改变中国，也将激发沿线国家的经济发展潜力，实现互利共赢。

图 8.17 是"一带一路"路线图。"一带"有 3 个走向，从中国出发，一是经中亚、俄罗斯，到达欧洲；二是经中亚、西亚，到达波斯湾、地中海；三是从中国到东南亚、南亚、印度洋。"一路"的重点方向有两条，一是从中国沿海港口过南海到印度洋，延伸至欧洲；二是从中国沿海港口过南海到南太平洋。

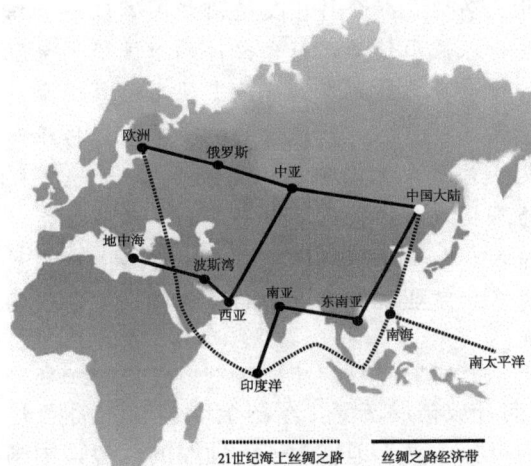

图 8.17　"一带一路"路线图

一端是发达的欧洲经济圈，另一端是极具活力的东亚经济圈，由此带动亚洲的发展，并且带动非洲的发展。"一带一路"是开放包容的，各施所能，惠及沿线国家的人民。

沿线各国资源禀赋各异，经济互补性较强，彼此合作潜力和空间很大。以政策沟通、设施联通、贸易畅通、资金融通、民心相通为主要内容，重点在以下方面加强合作。

政策沟通。加强政策沟通是"一带一路"建设的重要保障。加强政府间合作，积极构建多层次政府间宏观政策沟通交流机制，深化利益融合，促进政治互信，达成合作新共识。沿线各国可以就经济发展战略和对策进行充分交流对接，共同制定推进区域合作的规划和措施，协商解决合作中的问题，共同为务实合作及大型项目实施提供政策支持。

设施联通。基础设施互联互通是"一带一路"建设的优先领域。在尊重相关国家主权和安全关切的基础上，沿线国家宜加强基础设施建设规划、技术标准体系的对接，共同推进国际骨干通道建设，逐步形成连接亚洲各次区域及亚欧非之间的基础设施网络；强化基础设施绿色低碳化建设和运营管理，在建设中充分考虑气候变化影响。

贸易畅通。投资贸易合作是"一带一路"建设的重点内容。宜着力研究解决投资贸易便利化问题，消除投资和贸易壁垒，构建区域内和各国良好的营商环境，积极同沿线国家和地区共同商建自由贸易区，激发释放合作潜力，做大做好合作"蛋糕"。

资金融通。资金融通是"一带一路"建设的重要支撑，要深化金融合作，推进亚洲货币稳定体系、投融资体系和信用体系建设，扩大沿线国家双边本币互换、结算的范围和规模，推动亚洲债券市场的开放和发展，共同推进亚洲基础设施投资银行、金砖国家开发银行筹建，有关各方要就建立上海合作组织融资机构开展磋商；加快丝路基金组建运营，深化中国—东盟银行联合体、上合组织银行联合体务实合作；以银团贷款、银行授信等方式开展多边金融合作；支持沿线国家政府和信用等级较高的企业及金融机构在中国境内发行人民币债券，符合条件的中国境内金融机构和企业可以在境外发行人民币债券和外币债券，鼓励在沿线国家使用所筹资金。

民心相通。民心相通是"一带一路"建设的社会根基。传承和弘扬丝绸之路友好合作精神，广泛开展文化交流、学术往来、人才交流合作、媒体合作、青年和妇女交往、志愿者服务等，为深化双多边合作奠定坚实的民意基础。

随着经济合作的深入，"一带一路"将可能成为世界上跨度最长的经济大走廊，带来更大的市场空间，更多的就业机会和更广的合作领域，沿线国家将形成更紧密的利益、命运和责任共同体。

（4）促进地区合作，向开放格局转变。经济全球化的浪潮势不可挡，世界范围内各个国家之间的经济联系密不可分。由于地域上得天独厚的优势，中国与周围其他国家展开了频繁的贸易往来，逐渐形成了亚太地区的合作。中国的改革开放很大程度上促进了亚洲地区的区域化程度，可以这么说，没有中国的对外开放，就不会有区域化进程的迅猛发展。亚太地区合作的组织形式主要有东盟、中日韩合作、东亚峰会、亚太经济合作组织等。作为地区合作的先行者，东盟将加速各国的联系，完善基础设施的建设，落实交通、通信、能源等相关领域的合作与交流，确立东盟的中心地位。中国、日本、韩国三国地理位置相近，经济互补性强，再加上地缘政治需要及历史、文化因素，三国进行合作应是顺理成章的事[26]。中国、日本、韩国合作成立10多年来，其经济辐射到达整个东亚地区，促进了经济一体化。东亚峰会虽然启动的时间不长，但成员较多，包括中国、美国、俄罗斯、日本等，它创造了一种区域合作的新模式，将基于相同利益的国家紧紧联系在一起，强化了合作的性质。WTO包含的国家拥有26亿的人口，大约占世界总人口的40%；各国GDP总和超过19万亿美元，大约占世界总体的56%；贸易额约占世界总量的48%。不难发现，WTO 在世界经济的活动中扮演着至关重要的角色。

中国对外开放 30 多年来，参与区域经济合作也有很长的时间，经济发展硕果累累，已经成为世界第二大经济体。在昂首阔步向前的同时，我们必须意识到我们还处于社会主义初级阶段，还是发展中国家，距离实现百年计划还有一定的距离，所以我们仍要进行体制内改革，下定决心全面地开放更多地方、更多领域，继续促进区域经济的合作与发展，妥善处理好阻碍合作的矛盾点。同时，新的合作领域要触及非利益方面，包括政治上的不干涉内政、相互尊重、维护地区的安全与稳定、多国之间建立相互信任的关系。

（5）参与国际分工，向专业生产转变。从 20 世纪 90 年代开始，世界市场日益形成，各国之间的竞争越来越激烈，使各国生产者争相抢占先机，在全球范围内进行要素配置，尽一切可能地降低生产和交易成本，来获得更多的利润。在这样的背景下，国际分工开始发挥实质性的作用。中国自改革开放以来，国际贸易的总量大幅度上升，但主要是凭借廉价的劳动力这一禀赋优势，逐渐融入国际分工的全球生产网络体系中，并发展成为全球产业链低端加工与组装性生产环节的重要基地[27]。基于国际分工的基本理论，中国在积极参与国际分工时应注意以下几点。

第一，要充分发挥我国的比较优势。中国企业在参与国际分工时，可以充分利用生产要素的优势，如廉价的劳动力、广阔的土地资本等，主要生产以劳动密集型为主的产品，促进加工贸易的发展，进一步渗透到国际市场，密切与其他国家之间的经济往来。

第二，要加强建设企业核心能力。当前我国企业还处于低端生产环节，并没有多少核心技术，而面对如此激烈的国际竞争，我们应通过学习并吸收其他国家的管理经验和先进技术，运用"学习曲线"成本下降的学习效应，同时加大本土企业的研发，实现技术的追赶与突破，实现在产业与产品结构上的跨越式发展，提高产业结构的层次[28]，加强企业的自身能力。

第三，因时制宜。所有的经济活动都是一个动态的过程，随着我国经济发展到不同的阶段，我们应适时制定出不同的政策来保护企业参与国际竞争，完成从比较优势战略向竞争优势战略转变。以信息产业为代表，使航空航天技术、新能源的开发与利用等高新技术产业得到迅速发展，引领中国经济的发展方向。

专题 8.9

人民币火速上位

2014 年 12 月，人民币已经超过加元和澳元，成为全球第五大常用支付货币，市场份额达到 2.17%，紧随美元、欧元、英镑和日元。

环球同业银行金融电讯协会称，人民币全球付款额创历史新高。人民币不断升值、交易量的急剧扩大及这种货币作为投资组合渠道的吸引力越来越大，推动其使用量激增。2014 年，人民币支付价值总额同比上涨 102%，大幅超过同期其他货币的支付价值增速。

这意味着人民币的国际化意义不断加深。2013 年至今，中国先后指定 14 家人民币清算行，并已就在瑞士建立人民币清算安排达成协议。专业人士预计，在人民币国际化加快推进的背景下，中国将推出更多的跨境投资计划。

据路透社的报道，人民币有望明年进入 IMF 特别提款权的一篮子货币之中，这对人民币的自由兑换和成为国际储备货币有着非常重要的现实意义。

近期，在二十国集团领导人第九次峰会上，习近平总书记提出 IMF 份额改革进程。份额对成员来说意义重大，它意味着投票权、获得贷款等与国家利益切身相关的权力。然而这项改革面临着重重的阻力。截至 2015 年 1 月，共有 146 个国家表示支持，但是美国拥有一票否决权，国会拒不通过此方案，使更多国家的利益无法满足。

想要推动改革方案的落实，不仅需要联合新兴市场国家和发展中国家，还要善于发现与西方国家在 IMF 的利益聚合点，并敦促美国政府加快推动此改革的进程。

参考文献

[1]常健．中国对外开放的历史进程．http://www.cas.cn/zt/jzt/ltzt/dlqzgxdhyjltwx/dhbg/200809/t20080928_2671087.shtml，2008-09-28.

[2]中国(海南)改革发展研究院．新阶段改革的起点与趋势——2008 中国改革评估报告，2008.

[3]王孝松，张国旺，周爱农．上海自贸区的运行基础、比较分析与发展前景．经济与管理研究，2014，7：52-64.

[4]中国自由贸易实验区协同创新中心．上海自贸试验区扩区后首次接受集体采访　改革经验向全市辐射．http://www.china-shftz.gov.cn/NewsDetail.aspx? NID=e08cbb89-3a7d-49bc-a645-405416483-be2&CID=f672f518-99a3-4789-8964-1335104906b4&MenuType=1，2014-12-30.

[5]王宏霞．我国对外贸易发展的政策取向研究．山西财经大学硕士学位论文，2012.

[6]刘似臣．中国对外贸易政策的演变与走向．中国国情国力，2004，8：48-50.

[7]李维刚．基于内外均衡的人民币汇率政策研究．上海交通大学博士学位论文，2012.

[8]外汇通．我国的人民币汇率制度是如何演变的？http://www.forex.com.cn/html/c350/2010-10/2080096.htm，2010-10-20.

[9]Dooley M P, Folkerts-Landau D, Garber P M. An essay on the revived Bretton Woods System. NBER Working Paper, No.1997, 2003.

[10]勃兰特 L，罗斯基 T．伟大的中国经济转型．方颖，赵扬等译．上海：上海人民出版社，2009.

[11]李善同．2030 年的中国经济．北京：经济科学出版社，2011.

[12]易行健．我国外贸依存度高低的判断与长期趋势预测：一个发展阶段假说．国际贸易问题，2006，6：10-14.

[13]关权．日本贸易依存度之谜．日本学论坛，2005，(Z1)：108-113.

[14]张燕生．对外开放的历程、发展经验及前景．宏观经济研究，2008，10：18-23，28.

[15]杜琼，傅晓冬．服务贸易协定(TiSA)谈判的进展、趋势及我国的对策．中国经贸导刊，2014，31：24-26.

[16]邓小平．邓小平文选(第二卷)．北京：人民出版社，1994.

[17]邓小平．邓小平文选(第三卷)．北京：人民出版社，1993.

[18]郝瑶．我国利用外资结构状况研究．河南大学硕士学位论文，2009.

[19]许杨敏．我国对外直接投资发展阶段、模式及策略研究．浙江大学硕士学位论文，2014.

[20]张为付．影响我国企业对外直接投资因素研究．中国工业经济，2008，11：130-140.

[21]王双立．论我国对外开放的新战略．哈尔滨市委党校学报，2009，1：10-12.

[22]江小涓．制度变革与产业发展：进程和案例研究．北京：北京师范大学出版社，2010.

[23]刘佳．经济全球化视域中我国对外开放新格局的战略思考．山东大学硕士学位论文，2008.

[24]张卓元．中国经济学 30 年．北京：中国社会科学出版社，2008.

[25]孙明．对外开放的新格局．厦门大学博士学位论文，2001.

[26]杨泽瑞．亚太地区合作的进展和中国面临的挑战．亚非纵横，2011，1：22-28，36，57-58.

[27]陈建青．我国参与国际分工的地位变化及战略调整．理论探讨，2009，3：74-78.

[28]郭炳南．中国参与国际垂直专业化分工的经济效应研究．华东师范大学博士学位论文，2011.